“山东省高等教育名校建设工程”
应用型人才培养特色名校·法学特色专业丛书
丛书主编◎韩明暖

知识产权法概论

ZHISHI CHANQUANFA GAILUN

刘宇光　吴雪莲　姜文明
宋世勇　葛凤华　编著

中国社会出版社
国家一级出版社·全国百佳图书出版单位

图书在版编目（CIP）数据

知识产权法概论/刘宇光等编著．—北京：中国社会出版社，2018.5

（“山东省高等教育名校建设工程”应用型人才培养特色名校·法学特色专业丛书／韩明暖主编）

ISBN 978-7-5087-5982-1

Ⅰ.①知…　Ⅱ.①刘…　Ⅲ.①知识产权法—中国—高等学校—教材　Ⅳ.①D923.4

中国版本图书馆 CIP 数据核字（2018）第 105383 号

丛 书 名：“山东省高等教育名校建设工程”
应用型人才培养特色名校·法学特色专业丛书
丛书主编：韩明暖
书　　名：知识产权法概论
编　　著：刘宇光　吴雪莲　姜文明　宋世勇　葛凤华

出 版 人：浦善新
终 审 人：李　浩
责任编辑：陈　琛

出版发行：中国社会出版社　**邮政编码**：100032
通联方式：北京市西城区二龙路甲 33 号
电　　话：编辑室：（010）58124835
销售部：（010）58124837
传　真：（010）58124837
网　　址：www.shcbs.com.cn
shcbs.mca.gov.cn
经　　销：各地新华书店

中国社会出版社天猫旗舰店

印刷装订：北京虎彩文化传播有限公司
开　　本：185mm×260mm　1/16
印　　张：20.5
字　　数：300 千字
版　　次：2018 年 7 月第 1 版
印　　次：2018 年 7 月第 1 次印刷
定　　价：60.00 元

中国社会出版社微信公众号

总　序

本系列教材的出版主要基于以下考虑：

一是在山东省高等教育名校建设工程和应用型人才培养特色名校支持下法学特色专业建设的需要。

齐鲁工业大学（山东省科学院）文法学院法律系于 2011 年设立，2013 年法学专业成为校级特色专业。借助特色专业建设的东风，法学专业教师群策群力，结合学校科教融合的发展大势和实践教学相关数据的分析，开始了为期五年的系列自编特色教材的撰写工作。我作为专业负责人和学科带头人，很欣喜地看到法律系各位教师能够团结一心，共同为本系列教材的出版贡献着自己的力量。

二是本系列教材共包括《高等教育法概论》《知识产权法概论》《模拟审判》《中外公司法比较》四册。《高等教育法概论》主要服务于齐鲁工业大学“德融教学”的实际需求；《知识产权法概论》纳入了法律系开设的所有知识产权法模块课程内容；《模拟审判》和《中外公司法比较》是基于老师们以往实践教学的数据整合而来。四册教材从素质教育到专业教育、从理论教学到实践教学，进行了全面的整合，为法律系今后的特色教学提供了很好的基础和依据。

齐鲁工业大学（山东省科学院）文法学院院长

2018 年 1 月 1 日

前　言

本教材依据以下指导思想而编著。

第一，本教材为齐鲁工业大学文法学院法律系专业教师集体编写，汇集了多年来教学过程中的积累和心得，参照多部知识产权法相关教材的编写体例，最终在多位教师辛勤努力的基础上得以完成。本教材立足专业教学的课程体系布局和特色，分为基础理论和实践拓展两个相对独立的篇章。其中基础理论篇包含有总论、著作权法、专利法和商标法四部分。“知识产权法”作为教育部确定的法学专业十四门核心课程之一，依据《知识产权法教学基本要求》的规定，一般应包括有总论、著作权法、专利法、商标法、反不正当竞争法和与知识产权有关的国际公约六部分。根据本专业教师多年的教学实践和对相关知识体系的理解，反不正当竞争法已包含在经济法的课程内容之中，而与知识产权有关的国际公约部分在相应的制度体系中也多有涉及，故本书对上述两部分未另设专章阐述。在实践拓展篇，本书根据齐鲁工业大学法律系的课程设置、专业特色和发展方向，结合相关教师的研究成果，另设商业秘密法和企业知识产权战略两部分内容，以辅助读者在形成体系化的理论思维之上，引发其在更多实践运用中的启迪与思考。

第二，本书各部分相互独立，由刘宇光、吴雪莲、姜文明、宋世勇、葛凤华五位教师分别撰写（署名顺序按照所著章节顺序排定），因此各部分在体例安排和写作风格上多有不同，敬请读者包涵谅解。其中，刘宇光撰写第一编总论和第二编著作权法部分，吴雪莲撰写第三编专利法部分，姜文明撰写第四编商标法部分，宋世勇撰写第五编商业秘密法部分，葛凤华撰写第六编企业知识产权战略部分。

基于上述种种原因，本教材在体例设置和写作思路上与其他知识产权法教材多有不同。由于水平有限，本教材难免存在着一些疏忽和缺陷，敬请广大读者和专家们给予批评指正。

目 录 CONTENTS

第四编　商标法

实践拓展篇

第五编　商业秘密法

第六编　企业知识产权战略

基础理论篇

第一编

知识产权法总论

第一章　知识产权的概念和范围

第一节　知识产权的概念

目前，国际社会对知识产权尚未有一个权威的定义。缘于其渊源的多样性，以及知识产权法自身定位的不清，理论界对于本学科的研究对象的本质仍存在诸多分歧，乃至于某些学者尚且认为迄今为止知识产权法学体系化依然比较贫弱，总体处于尚未成熟阶段。单纯依词源，“知识产权”对应的英文“Intellectual Property”而言，不足以概括知识产权客体的共性。环顾法学界基本共识的“知识产权”客体体系中，包含有智力成果、经营标识、商业资信、公共信息等诸多因素不一而足，但显然很难用“Intellectual”一词涵盖其权利体系的共同属性。以“Intellectual Property”作为一种概念性的称谓，只可推演为其乃约定俗成的一种模糊性的语源，黑格尔在《法哲学原理》中讲道：“定义大多从语源演绎而来，特别是从特殊事件中抽象出来，所以是以人们的感情和观念为基础的。于是定义的正确与否就看它是否与现存各种观念相符合而定。采用这种方法，就会忽略科学上唯一本质的东西，即在内容方面忽略事物本身的绝对必然性，在形式方面忽略概念的本性。”①

即便单就其智力成果的属性而言，我国将“Intellectual Property”译作“知识产权”，更是一种难以自明的历史性谬误，究其本质，以“知识”定义概念不符合其智力活动的本义，故最终将其认定为智慧财产权则更贴近该权利本来之面目。

但智力成果性绝非知识产权的本质属性，一般而言，知识产权客体包括但不限于以智力成果为基础的大量信息。那么知识产权是否可以理解为：知识产权本质是一种信息化的特定财产。所谓信息化，即在概括过程中将传统意义上的创造性的智力成果和经营性的标识两个并行不悖的体系中凝练出共性，亦可兼顾游离

① 黑格尔：《法哲学原理》，北京·商务印书馆，1961年版，第50页。

于二者边缘的资信和符号性财产等诸多庞杂客体。所谓特定财产在于：第一，这种财产权利有别于有形财产在于其对象本身是非物质性的。非物质性指代知识产权的对象以非物质形态存在，知识产权领域的非物质形态有知识经验、商业信誉和经营资格三种类型，分别对应创造性成果、经营性标记和经营性资信三种客体。第二，知识产权是法定之权。这种财产权利尽管也带有一定的自然属性，但从某种意义上讲其权利的合法性仍需要法律来认可。知识产权在法律规定的期间内存续，同时在法律确定的时间后灭失。这种权利拟制特性明显有别于传统意义上依物而存且自生自灭的有形财产权。

第二节 知识产权的本质

同样，对知识产权研究对象的基本性质，学者们仍然众说纷纭，难以定论。除了一种常见的将知识产权统一认定为无形产权的理论，还存在着认为其为“符号”“形式”“信息”产权的说法。学者刘春田从权利关系的本质角度出发，认为知识产权是针对“形式”而产生的权利。学者李琛在此基础上则认为，符号是商业标记和智力成果的共同构成要素，符号的指代功能保证了商标的价值属性的实现；而符号的创生功能则是作品和专利存在的基础，所以知识产权的本质是一种“符号”组合的财产。对于“信息”产权，中山信弘和北川善太郎依此做出了理论上的推演，北川善太郎认为“信息和知识产权具有同质性”，版权领域下的作品、专利范围内的技术方案和受保护的商标、商号本质上都可以看作是一种信息。①

由于历史因素以及权利自身的特殊性所致，现行知识产权法律机制中充斥着各种层次法律意义上的“矛盾”，形成了其机制的独特风景。具体而言，第一，知识产权可以看作一种具有公权趋势化的私权。知识产权的私权化本质原本毋庸置疑，但在对知识产权规制现象的研究中，国家政策、经济形势乃至于意识形态特征等诸多因素都会对知识产权的权利形态特征和利用方式施加影响。而原本脱胎于自然权利的知识产权本身，亦需要在传播过程中或因习社会政策或协调公共利益。导致知识产权立法体系中的自身限制因素较多。所谓限制，指的是对知识产

---

① 李琛：《论知识产权法的体系化》，北京·北京大学出版社，2005 年版，第 135—139 页。

权的时间限制和对权利效力的限制，[1] 其最终机制力求在理念上求得一种利益兼顾的平衡。这种在法律和政策多方干预下形成的知识产权，与传统意义上的绝对权利相距甚远。第二，知识产权亦可以被看作一种带有部分人格权属性的财产权利。知识产权本质上是财产权，根据古典自然法学派的财产权劳动理论，“只要他使任何东西脱离自然所提供的和那个东西所处的状态，他就已经掺进了他的劳动，在这上面掺加了他自己所有的某些东西，因而使它成为他的财产。既然是由他来使这件东西脱离自然所安排给它的一般状态，那么在这方面就由他的劳动加上了一些东西，从而排斥了其他人的共同权利。因为，既然劳动是劳动者的无可争议的所有物，那么对于这一有所增益的东西，除他以外就没有人能够享有权利。”[2] 主体对其智力劳动所取得的成果享有之财产权利无可厚非，但审视知识产权，其权利属性中除了财产权益本质，仍随时可见其人格权的因素。如著作权则为最典型的“一体两权”，因大陆法系的法律传统中，将作品视为作者人格的外化，“作品乃作者人格外延”，故其权利体系中的人格权属性色彩在相关著作权法中体现得尤为鲜明。第三，知识产权作为一项民事财产权，其调整规范虽以实体法为主，但综观之下，不难发现其法律体系中同时兼括了大量的程序法法律规范。此类规范广泛存在于专利和商标的申请确权机制中，构成了知识产权调整机制中不可或缺的一部分。第四，知识产权本质上为财产权，故其权利义务主体无疑具有鲜明的绝对性，但其权利特质中仍有鲜明的相对性可供挖掘。如一般意义上而言，商标的排他性不及于非类似种类的商品，作品的专属也不能排除独立创作的巧合作品拥有相同的著作权。就专利而言，虽强调一专利一权，但先用权人仍然以合理的前提保留自己的使用权。此外，权利限制措施的体系化和制度性存在也有力地制约了知识产权的绝对性。

第三节　知识产权的范围

鉴于国际社会并未对知识产权的外延形成统一性的认识，知识产权在各国的法律体系划定中仍然是一个相对开放而且较为模糊的概念。无论是公约的规制展望，还是国内法的指向界定，知识产权的范围在不同法律环境和制度背景下往往

① 刘春田：《知识产权法教程》，北京·中国人民大学出版社，1995 年版，第 7 页。

② 洛克著，叶启芳、瞿菊农译：《政府论（下篇）》，北京·商务印书馆，1964 年版，第 19 页。

可大可小。从1967年《建立世界知识产权组织公约》的有关规定，到1994年关贸总协定乌拉圭回合谈判的TRIPS协议（即Agreement on Trade-Related Aspects of Intellectual Property Rights，与贸易有关的知识产权协议），知识产权的范围划定总体日益宽泛。但各国的国内法依据各自的法律传统、经济模式等实际情况，仍然对知识产权体系不断伸展的外延呈相对保留的态度，真正能把世界知识产权组织所列举的知识产权内容全部作为国内法保护对象的国家并不多见①。

在此我们以TRIPS协议下知识产权的范围为例，对其构成的主要性和边缘性的因素展开具体分析。

一、版权和邻接权

版权和著作权在一般语境下是可以相互替代的概念，我国著作权法中明确宣称，“本法所称的著作权即版权”，相对于知识产权的其他客体，版权是作者对其所创作的包含独创性成果的作品依法所享有的权利总称，而创作所满足的是带有普遍性的人类在精神生活领域的探求，它的外在形式可谓纷繁多样，如书籍、乐曲、绘画、雕塑、电影、建筑、地图、程序等，许多形式可能适当介入其他客体领域，构成了不同法律概念和保护模式的重叠和交叉，既可以享受多重权利模式下的周全保护，也可能为权利的冲突和分解埋下伏笔。邻接权则是依附于作品形成的，针对作品在传播领域中的相关法律主体利益而设立的权利体系。一般情况下它主要的保护对象是表演者（如演员、歌手等），也包括音像制品的制作者和广播组织等。

二、商标

商标为一种标志或者标志的组合的展现，其目的是通过对该标示的辨认，能够将特定企业的商品与服务和其竞争者的同类商品和服务相区别开来，从而满足其选购特定主体所提供之商品和服务的需求。从上述概念中得知，商标的最基础的分类可依据其适用领域分为商品商标和服务商标两大类。在商品经济高度发展的现代社会，商标可谓无处不在，商标制度的规范对企业乃至各个领域的发展和促进作用可谓举足轻重。

---

① 郑成思：《知识产权法》，北京·法律出版社，2003年版，第5页。

三、地理标志

地理标志为表明商品来源于某个地域，且该商品的品质、声誉或者其他特性由该地域的人文因素或者自然因素所决定的标记。地理标志某种意义上等同于原产地名称（original name），但较之原产地名称的保护，某种程度上还可以涵盖除地名以外的其他标志，总体而言其内涵更为宽泛①。地理标志不仅能够对该地域内相关产品经营者的经营权益给予必要的保障，同时也能够彰示产品的真实来源，维护消费者的合法利益。目前国际社会对地理标志的法律保护主要存在两种模式：一种是以法国为代表的专门性立法模式，如法国于 1919 年率先颁布《原产地名称保护法》，20 世纪末又将有关规定纳入《消费者权益保护法》，同时推动欧盟对葡萄酒的地理标志实施专门性的法律保护；另外一种立法模式以美国和德国为代表，则是通过商标法中的集体商标和证明商标，对地理标志实施同等的注册保护，如《美国商标法》第 1054 条规定“按照现行适用的关于商标注册的规定，集体商标和证明商标，包括原产地标记，应适用于本法……予以注册，并且在注册后，有权享受本法为商标提供的保护……”。《德国商标法》第 99 条规定：“不受第 8 条第 2 款第（2）项所述规定影响，在商业中可以标明商品或者服务地理来源的标志或者标记可以构成集体商标。”② 我国现行商标法中第 16 条明确规定“商标中有商品的地理标志，而该商品并非来源于该标志所标示的地区，误导公众的，不予注册并禁止使用；但是，已经善意取得注册的继续有效。”同时第 2 款指明，“前款所称地理标志，是指标示某商品来源于某地区，该商品的特定质量、信誉或者其他特征，主要由该地区的自然因素或者人文因素所决定的标志。”结合商标法第 3 条有关集体商标和证明商标的规定，可以认定我国主要采取的是商标法体系下的地理标志保护，但我国仍然存在着关于地理标志保护的单行性立法，如 1999 年国家质量技术监督局以规章发布的《原产地域产品保护规定》和 2001 年国家检疫检验局制定的《原产地标记管理规定》，同时在《中华人民共和国产品质量法》《中华人民共和国消费者权益保护法》《中华人民共和国反不正当竞争法》以及 1994 年颁布的《集体商标、证明商标注册和管理办法》中仍然存在着大量涉及地理标志的相关规定，既反映了我国理论界对地理标志体征认知的多元化，也无意间促成了我国地理标志保护法出多门、体例混乱的障碍性局面。

---

① 李琛：《知识产权关键词》，北京 · 法律出版社，2006 年版，第 66 页。

② 张楚：《知识产权法》，北京 · 高等教育出版社，2007 年第 1 版，307 页。

四、工业设计

工业设计指代工业品外观设计，是指对产品的外观所做出的富有装饰性作用并适合工业应用的全新设计。尽管 TRIPS 协议中，对工业设计明确提出法律保护的要求，但允许各国根据各自的法律传统和体系理念选择不同的立法保护模式。鉴于外观设计承载着工业产品和艺术作品双重属性，各国在选择保护模式上往往因观念侧重不同而形态各异，如巴西采用《工业产权法》，日本实施单行的《外观设计法》，美国则将其纳入《版权法》体系之内，我国在专利法第二条明文规定："本法所称的发明创造是指发明、实用新型和外观设计"，将其收至专利法麾下。随着知识产权理论的深入发展和国际社会交往的增强，更多的国家则是以相对变通的方式对工业品外观设计实施多角度的交叉保护。如德国、比利时、荷兰、瑞士等国家，外观设计既可以受到版权法的保护，也可以根据外观设计法而受到保护①。

五、专利

我国现行专利法中，专利权的客体包括发明、实用新型和外观设计三部分，源于三者功能效用上的贴近和单一保障机制的便利，但事实上这种以一部专利法案包容上述三种客体保护的立法体例在国际法律中并非普遍。作为工业产权的一个不可或缺的组成部分，专利制度有效地推动了世界科技的进步和当今工业化布局的形成。全球化进程中西方经济优势的确立更有赖于普遍存在于各国的专利制度的有效保障。从 1884 年的《保护工业产权巴黎公约》到 1994 年的 TRIPS 协议，即《与贸易有关的知识产权协议》，一百余年间，专利制度在西方各国的推动下在国际社会得到了长足的发展。我国既是《保护工业产权巴黎公约》的成员国，也是 TRIPS 协议的缔约方，顺应国际社会的潮流，同时也表明融入世界经济的决心，我国专利法自 1984 年通过之后，先后历经 1992 年、2000 年、2008 年、2012 年四次修订，从制度体系至审查标准等各个方面基本已经跟上了国际专利制度发展的脚步。

六、集成电路布图设计

集成电路布图设计是流行于当前的电子信息工业技术的核心，也是信息化产

① 吴汉东：《知识产权基本问题研究》，北京·中国人民大学出版社，2005 年版，第 368 页。

业的必要技术支撑。对于集成电路布图设计，亦可称作掩膜作品或拓扑图，是有关附着于各种载体之上的电子元件和连接这些元件的连线的布局设计。集成电路布图设计既具有版权的独创性和可复制性的特点，同时兼具工业产权的实用性和商业性的特征。迄今为止，各国在对集成电路布图设计的保护模式中，多半采用单独立法保护的模式。我国相关产业并不发达，似乎从现实角度无迫切保障之必要。但我国于2001年就颁布实施了《集成电路保护条例》，对集成电路布图设计特殊法保护模式，对集成电路布图设计实施登记保护，由此可见我国融入国际知识产权保护体制的态度和决心。但在具体的法律实践中，相关申请可谓门可罗雀，具体有关诉讼也十分罕见。

七、未透露信息

未透露的信息一般指代处于保密状态下的，具有一定商业价值的信息，亦可用商业秘密的概念予以置换。未透露信息隶属知识产权领域在于其具有一定的新颖性和实用性，此特征某种程度上接近专利法中的发明，但未透露信息既包含有技术信息，同样也不排除大量的经营信息的模式，后者显然不是以创造性为重要标准的发明专利制度所能够涵盖的。未透露信息抑或商业秘密还具有一个偏离知识产权体素的重要特征——保密性。正因为如此，商业秘密无论是理论上还是实践中很少以权利化的形态出现，一般认为对其的保护应采用合同模式或者反不正当竞争法模式更为便捷有利，但反不正当竞争法的保障机制多偏重于行为规制，其力度明显弱于财产权利的排他性保护。对于技术信息的保护，相对于专利机制，商业秘密保护的模式无须烦琐的申请和获权程序即可获得，同时因其保密性的存在，克服了知识产权固有的时间性和地域性的法律约制。对于经营者而言，即使拥有一个可获专利的商业秘密亦可选择秘而不宣，用一个没有固定期限的弱保护来换取短时效的强保护，可谓失之东隅，得之桑榆，利益取向的何去何从也在无意间彰显了商业秘密制度独立存在的必要性和合理性。

第四节　知识产权的分类

工业产权和著作权的划分由来已久，追溯至19世纪后半叶，当时的国际知识产权法领域基本上以1884年《保护工业产权巴黎公约》（以下简称《巴黎公约》）和1886年《保护文学艺术作品著作权的伯尔尼公约》（以下简称《伯尔尼公约》）为核心的蔚为大观的两大公约，二者在调整范围上分别针对工业产权和著作权两大领域。《巴黎公约》和《伯尔尼公约》在保护机制上的并驾齐驱也意味着国际立法已经对工业产权-著作权二分法已形成共识。工业产权外延极大，包括发明专利、实用新型、外观设计、商标的所有权，也涵盖服务标记、厂商名称、产地标记和原产地名称以及制止不正当竞争等相关的权利，其适用领域往往超出了工业本身，涉及农业、商业、林业、矿业等诸多领域；著作权则以独创性为准据确定了自身针对文学、艺术和科学领域内的特定表达方式所提供必要的保护。工业产权和著作权的划分主要依据二者的功能不同，作品的艺术性和工业产品的实用性是其各自确立的价值核心。但毋庸置疑，二者在客体分布上存在大量的交叉重叠，如外观设计的实用性和版权性、计算机程序的符号性和功能性等都不能排除其工业产权-著作权二者兼具的特性。依据理论界的个别学者的观点，人们将计算机软件专有权、集成电路布图设计复制权、艺术作品的工业复制权等工业产权与著作权相交叉的知识产权称为“工业版权”。[①] 二者在保障机制上略有分别，工业产权依据其面临工商业竞争的特性而一般采用较强的排他性和单一维度的先进性作为价值标准，而著作权也凭借其独有的审美功能倾向于适用相对的排他性和多维度的差别性为其判定依据。除此以外，在1992年国际保护工业产权协定（AIPPI）东京大会将知识产权划分为“创造性成果权利”和“识别性标记权利”，以智力活动成果与否作为划分依据，似乎更接近知识产权属性的本质。

在我国，更为流行且被公众普遍认知的知识产权划定方式为著作权、专利、商标三大领域，除此以外，反不正当竞争法的许多规定可以为上述三大权利领域的空隙和失误提供权宜的兜底保护。考虑到我国的当前国情和法制传统，三分法的存在具有一定的合理性。从客体研究的直观上看，著作权包含着相对复杂的权利体系，专利权更具有较强的技术背景，而商标因其商业活动的社会性而形成“以人为本”的观念，表现为制度设计上较为灵活变通的判定基准。三者在保护范围确立上体现出泾渭分明，但实践活动中其客体往往彼此难分并相互作用影响，甚至以在先权利的形式表现出权利体系的重叠交叉或者相互约束干扰。

---

① 冯晓青：《知识产权法》，武汉·武汉大学出版社，第4页。

第二章 知识产权的基本特征

第一节 无形性

无形性是知识产权的首要特征，是理论上知识产权特征体系构成的核心和基础。严格说，知识产权的无形性特征可表述为“非物质性”。相对于有形财产而言，知识产权具有独特的权利表现形态。无形，英文对应词汇为“intangibility”，其本意为“不可触摸”，据此有的学者曾对“无形”作为知识产权的基本特征提出异议，他们认为“知识即形式”，而这一命题恰恰为我们展示了知识产权是一种可以用“形”来约度的符号财产体系，只不过该符号体系的“形”与实物体系的“形”有着外观上的明显差异，所以知识产权体系内的“形”可被称之为“有形而无体”，进一步结论为如将“intangibility”解释为“无体”较之为“无形”则更为适宜。

单从字面理解，无形或者无体本无实质性区别，许多学者在其著述中将无形或者无体概括为知识产权的“基本性质”或者“本质特征”，似乎选择将其作为一个剖析知识产权权利体系的角度来进一步试图揭露其本质规律，在此引用澳大利亚学者 Peter Drahos 的分析：“无体物是获得对有体物控制的途径。如一个专利技术（无体物指代）可以同无数专利产品（有体物）有效地联系在一起，而连接二者的法律途径就是国家对专利的认可，专利权作为一项无体权利成了该权利人控制诸多有体物的专利成品的有效工具。在此需要说明的是有体无体、有形无形并非权利本身的区别，而只表现为权利指向客体性质的区别。”

遑论各家之言，单说无形该如何认识，无形是知识产权的权利对象在人们被认识过程中的一种外在表现。相对于有形财产，知识产权的权利指向的确是无形的。譬如一本书，其作为有形财产的标的物，是由固定规格纸张装订而成的具备一定形状和重量的实物，该物的可触可见也仅仅表示其能满足有形财产权利指向的特征；而对于书籍内所展现智力成果的利用则不在有形物的自身调整范围之内；换言之，对作品载体（如书籍本身）的使用行为与对作品内容的利用行为应分属于不同的法律调整体系；前者涉及有形物的权利行使，如对书籍作为物实际占有、有形损耗的使用、消灭物的事实处分和交付物的法律处分，都是书籍本身的所有者围绕作为有形物的书籍可以独立排他实施的行为；而后者对作品本身的利用，则体现为如对书籍中内容的复制、传播、演绎等诸多利用作品本身的行为的权利，这类权利只能由该书的版权人排他享有并行使，而与书籍载体本身的实际所有者无关。

讨论并分析知识产权的无形，无论是在理论研究抑或保护实践等各个领域都具有一定的指导意义。在理论研究过程中，我们通过认识清楚知识产权保护对象与对象的实际载体存在着质的区别，可以在一个承载著作权的有形物上归结出有形财产与无形财产的双重的权利，并且进一步厘清这两种权利体系的性质、权利归属以及权利运行状况。同时，只有认清知识产权之无形的特征的基本前提，方可进一步讨论其他各项如期限性和地域性等相关特征所具备的理论合理性，同时也可以更为深入地理解知识产权各项制度以及相关规定的设定与发展。鉴于知识产权的无形特征，使得该权利的行使较之有形财产权利则要复杂得多，如作为无形财产的作品常常表现为单一的作品之上承载着著作权权能下层次不同的若干权利，如复制、发行、演绎、演绎作品的再演绎等，进而导致同一权利对象的不同项目的权利可以由不同主体在不同时间和地点分别行使，这在有形财产权利保护中是无法设想的。再如知识产权的利用与保护，也是由于其无形之特征，一方面权利人可以无须通过实际占有权利对象而实施对相关权利的控制，似乎无形给权利人行使权利带来了相当的便利。但另一方面，仍因其无形之特征，导致非权利人完全可能不经过权利人许可在任何时间地点内对权利对象进行事实上的使用，即使这种做法没有合法的依据；因权利人最初毫不知情，这种非法行为只有在权利人意外发现或该行为已给作者造成严重权益侵害的情形下才有可能通过法律途径被制止，这无疑给合法权利人的权益保护造成很大的不便和一定的难度；权利人不可能以实际控制的方式主动防止侵权行为的发生，只有通过诉讼等相关法律途径才能解决诸如此类的问题，这似乎给大家一种错觉，知识产权只有在诉讼中才得到充分的表现，无怪乎英美法系中称知识产权为“诉讼中的准物权”。

第二节 专有性

专有性又称排他性，是指知识产权的权利人对其客体享有占有、使用和处分的权利。分析知识产权的专有性，应首先从其无形性的本质特征入手，侧重与有形财产进行概念性的分析和类比。有的学者指出，专有性不是知识产权所特有的属性，故不应被认定为知识产权的基本特征。[①] 的确，作为一项独立的财产权，既能以专有形式涵盖无形，也可以专有性质指代有形。但知识产权的专有性和有形财产权利的专有性表现形式大相径庭；有形财产权利的专有可以表现为财产权利人直接对物的支配并排除他人干涉，而知识产权则因其权利的非物质形态而表现为缺乏对物直接有效的控制，无法产生类似有形物权的支配性效果；与有形物自然产生的权利界限不同，知识产权的权利界限必须依赖法律的赋予与规则的界定，知识产权的法定性通过权利唯一获得的方式衍生了其专有性，而其专有性还表现为权利利用的排他性，即在未经授权的前提下排除他人对其有形物载体的仿制行为、假冒行为或者复制行为。如果不了解知识产权专有性的这一点特征，权利人往往很难厘清自己的权利，甚至无法在错综复杂的法律关系中洞悉自身的法律地位。

进一步分析知识产权的专有性，可以将其专有权利视作一种“合法垄断”。垄断并非必然背离社会正义，其合理性存在与否需要结合其产生的社会效果在具体的法律情境下分析。如专利的形成必然导致一个技术领域内的垄断，但专利的形成只是限制了社会体系内对个体创造的新技术的无偿利用，并非对现有技术形成广泛的阻碍和羁绊。总体而言，所有的专利垄断不但没有丝毫减损社会已有的福利，而且通过一幅法律垄断形成的技术优势的发展愿景图极大地刺激了企业提高现有生产效率的积极性，进而坚定了自身致力于技术革新的信念。这种垄断在法律的制约下具有良好的社会效应，它在一定程度上符合“社会正义”的目标，无疑是值得提倡的。

不同知识产权客体因其调整范围与社会目的的不同，其专有的形式和效力也会有明显区别。专利因其调整范围为技术领域，故包含某些特定要求，如先进技术必然代替落后技术，而且针对解决同一技术问题的技术方案重复率较高，制度

① 张玉敏：《知识产权的概念和法律特征》，载《现代法学》2001年第5期，第55页。

导向立足鼓励技术及早公开和推广，故为了保障该制度的稳定和效率，法律赋予专利权较强的排他性。正所谓“一专利一权”，专利制度在严格控制并且竭力避免对同一个技术方案的重复授权（尽管某种程度上也是从节约有限的法律资源的角度考虑），已获权或者先申请的专利享有较强的排他性，一般情况下可以直接抵触他人就同一技术方案所享有的相关权利，即使他人对该技术方案的取得途径完全正当。而商标保障商业领域内的公平竞争，所以商标权虽然仍以专有作为鲜明特征，但其专有一般仅限于其所注册的（或者与其注册范围相近似的）商品类别。也就是说，商标专用权一般只在其注册商品范围内享有排他性，而不同类别的商品领域原则上可以存在相同或相近似的商标。因司法实践中一般从消费者认知的角度认定商标侵权成立与否，在不同或不近似类别的商品中排除相同或相近商标似无明显必要。当然，现实情形中已注册的驰名商标的保护机制可以适当突破商品类别归属的限制，但考虑到其事后认定、个案有效的特定要求，并不是权利化形态存在的基础，只能看作一种为维护特定情形下利益公平采用的以特例方式进行保护的机制，是对现有商标保护制度的补充。相对于专利权的绝对排他，商标权排他性的效力较弱，相对性特征比较明显。而版权，以满足公众精神领域的需求为己任，以独创性理论作为权利判定的“试金石”，作品究其本质并无高低优劣之分，只有表现形式的差异，而现实情形中这种差异性往往是无限的。正因如此，版权保护体现出与工业产权不同的目的性和方向性，反映在制度设置上存在着明显的差异，如版权无须获取程序而自动取得，原则上两个作品只要分别为独立创作完成，即使完全相同也能各自享有完整独立的版权，由此可见，类似于“一专利一权”的绝对排他性在版权领域并未完全得到贯彻。尽管三者的专有性在确立过程中表现出不同的张力和质感，但在行使过程中，专利也好，商标、版权也罢，总体而言三者的专有性都显著存在，形态各异且不分伯仲。故专有性仍可以被视作知识产权的一项鲜明的基本特征。

第三节　地域性

知识产权的地域性体现在国内所获得的专利权、商标权、著作权等，在外国不能理所当然地享有该国的相关权利保护机制，换言之，除非在域外申请获权或者依据国际协议，否则任何知识产权都不具备绝对的域外效力。

权利本质上是一个法律概念，而法律本质上是一种国家工具。所以任何权利的获得和行使都只和权利主体的国内法有关，这个命题在某种程度上是成立的。有形财产在普遍奉行的“涉外物权平权原则”的“权利推定”下，产生了无地域性的权利表象。但实质上一旦进入他国，保护财产的法律准据已发生国别的变化。这种针对传统意义上有形财产的普遍相似的保护制度令我们产生一种“法律无国界”的错觉。

但知识产权由于历史渊源和现实环境的因素，目前还不具备这种普遍意义上的相似性，各国对拥有知识体素的产品的权利认定都抱有一定程度上的谨慎和保守的态度。究其原因，第一，与有形财产不同，知识产权是一种以“符号系统”为核心体素的权利形态，与各国社会状况、意识形态、道德观念、经济制度、历史传统、文化习俗都有极为深厚的渊源。国情不同，导致各国对知识产权的获权标准、权利体系、保护期限、责任机制都大相径庭，无法整齐划一。如果听凭他国知识产权的权利形态不受约制地进入本国法制系统，势必会对本国的法制运行造成极大程度的冲击和混乱。第二，早期知识产权的产生源于封建君主的“恩赐特权”，由于君主势力间的分割和敌对，这种单独的特权必然只允许在该君主的领地里行使。尽管随着近代国际社会的发展，这种“特权”制度已无其存在的土壤，但这种知识产权的地域性仍然不自觉地保存了下来，并最终形成了知识产权的一种独有的特征。

在当前全球经济一体化的浪潮冲击下，知识产权的地域性所造成的权利差别和冲突成了国际经济贸易发展的桎梏。为了协调各国的知识产权体系，消除知识产权的地域性障碍，国际社会长期以来一直致力于各国知识产权的规范和统一，因此产生了大量的调整国际知识产权的国际公约和双边协议。为了实现国际间知识产权制度的大同，国际社会给予的普遍关注、长足努力和最终获得的重大成果，是其他财产权利制度无法望其项背的。但人们对自身利益的短视和国家立场的过分坚持使得国际间的通力合作的美好愿望难以达成，这里既有发展中国家和发达国家的立场矛盾，也有不同法系国家法制传统的对立冲突，时至今日，知识产权一体化只在小范围的国际社会取得重大进展（如欧盟和法语非洲国家）。总体而言，各国间知识产权制度仍然存在普遍的差异性，知识产权的地域性特征依旧十分明显，国际知识产权一体化的进程仍然路漫漫其修远兮。

第四节　时间性

知识产权的时间性意味着任何形态的知识产品都没有可能享受绝对不受期限的保护，法律为各类知识产权设定了一般性的保护期限，期限届满则导致权利人的相关权利自动丧失，该知识产品作为公共财富进入社会公有领域，任何人无须获权都可以不受约制地对其加以利用。

尽管知识产权的时间性是其一项普遍特征，但法律制度仍然针对不同性质的客体而分别设立了差别较大的保护期限。专利作为“科技之源”，与社会生产方式联系较为紧密，且专利技术本身更新较快，单位时间内淘汰率较高，社会对其有较为迫切的推广需求，成本回收周期较短，所以针对专利权设置的保护期相对较短，其中发明专利为20年，而实用新型和外观设计专利仅为10年。版权乃“文化之帆”，承载着延续并弘扬人类精神领域财富的神圣职责。与专利相比，作品无先进落后之分，其价值往往体现在表现形式的差异，这种差异性虽然丰富了人类社会的文明，给公众的精神世界发展带来可观的裨益，但与物质生活无直接关联，即使价值巨大也不呈现迫切需要的态势，其收回成本相对较慢，因此针对版权设置的保护期限相对较长，如《伯尔尼公约》规定自然人作者的作品保护期应不少于其有生之年加上死后的五十年。而商标为“商誉之标”，商标本身就具有非智力成果性的特征，商标权设置宗旨非依据智力成果权的激励和保障原则，而更多的是出于维护商标与权利人之间的真实联系。社会对于商标权没有迫切进入公有领域的需要。所以商标权在十年保护期限之外，又规定了权利人可以以十年为期反复续展，直至最终放弃商标专用权，这恰恰反映出法律对商标权的由权利人自愿维持的一种态度。

知识产权的时间性特征与其无形财产的本质是密切关联的。一方面，相对于有形物的自然毁损，知识产品作为一种符号体系往往不依赖某个特定载体而存在，而其载体的广泛性也导致其很难像有形财产一样被轻易毁损或者随意灭失。所以其有形物自然存在的权能体制很难适用于知识产权。另一方面，知识产品因其无形导致易于复制传播，这使得其较之有形财产具有更为显著的社会属性，法律在赋予权利人享有专有权利的同时，不得不为社会公众对知识产品的合理需求认真考虑。知识产权的时间性可以认定为法律在制度设计上有意对知识产权的专有权利设置限制，其目的是基于成本收益原则的考虑，平衡权利人自身和社会整体对于知识产品相关的利益需求，在针对创作者的激励作用的保障机制发挥之余，制度构筑开始向构成利用者一方的社会公众倾斜。

第五节　可复制性

可复制性意味着知识产权从经济学的角度独立成为一种资产的可能性——作为价值载体的知识产权，本身通过不断复制自身形成了向其他载体持续转移持续使用价值的客观性。例如，单纯的学术思想或者科学理论很难得到法定权利的保护，因其过于主观而无法预测，很难以较为固定的尺度被复制下来，但法律可以授予依据其思想理论所形成的作品或技术方案以专有权利，因后者存在着较为客观的外在表现形式，能够被复制在有形的载体上并传播。

可复制性是信息产权的共同属性，它的提出赋予了知识产权的客体较大的开放性，为不同功能形态的信息客体突破传统的智力成果权体系的桎梏，并且随着信息技术革命的发展而进化到新的权利形态提供了理论基石。随着传播技术的日新月异，许多单纯具有可复制性特征基础的信息客体（如数据库、商业秘密）往往出于现实保护的需要而被不同层次地纳入知识产权法律体系的调整范围之中。

可复制性不仅仅意味着知识产品价值实现的可能性，同样也预示着法律对信息客体提供有效权利保护的必要性。可复制性意味着知识产权的权利客体可以伴随有形载体物任意转移而摆脱权利人的直接控制和支配，鉴于权利人无法以直接占有的形式排除他人对权利客体的不法行为，相对于有形财产，知识产权客体在传播过程中往往处于一种权利人鞭长莫及的未知状态，更容易受到不确定的权利侵犯。

可复制性的基本特征源于知识产权的无形性。智力活动成果的无形特征是可复制性价值存在的首要前提，但如果可复制性放在商标权的本质价值讨论过程中，其存在的合理性往往受到一定程度的质疑。有的学者指出，因商标自身的显著性特征的要求，商标存在的必要前提是其分辨事物的可识别性而非转移价值的可复制性，即与智力成果权不同，商标的价值本质体现于其所指代的商标背后的商家的商业信誉而非商标符号本身所负载的信息。但无可否认，作为一种以符号或信息为元素的权利体系，商标同样具有鲜明的可复制性特征。

上述特点是知识产权有别于其他财产权的显著性特征，但不同学者因分析角度各异，对上述特征的归纳仍存在较大差别。有的学者认为无形性是知识产权的本质属性而非基本特征[①]，有的学者进一步认为知识产权的其他特征都是从客体的无形性派生出来的[②]。无论怎样，了解知识产权的特征有助于我们深刻了解知识产权的价值属性，更加准确界定知识产权的范围，避免将权利标的和权利载体相混淆，将已进入公有领域的客体和未进入公有领域的客体相混淆，将他国法和本国法的效力相混淆，将权随物和权不随物的情况相混淆。就是说，综合考虑知识产权的这些特点，不仅从辩证法的角度、从理论的角度看是适当的，而且从实践的角度看也是有益的。[③]

① 吴汉东：《知识产权法》，北京·法律出版社，2014年版，第12页。

② 张楚：《知识产权法》，北京·法律出版社，2010年版，第5页。

③ 郑成思：《知识产权法》，北京·法律出版社，2003年版，第19页。

第三章 知识产权法概述

第一节 知识产权法的概念

知识产权法是指调整在创造、利用智力成果和商业标记过程中所产生的各种权利义务关系的法律规范的总称。

从概念中得知，目前我国的知识产权法是一个体现较强综合性的法律部门，它既包括专利、商标、著作权、反不正当竞争等若干法律领域，又兼及实体法和程序法相关法律规范。在当前知识产权全球化背景的大潮中，我国的知识产权法体系则更普遍性地受到了国际知识产权法律制度的影响和冲击。

研究知识产权法律体系的概念，对于更加深刻地认识该制度的形成规律和演进前景，更加明确地掌握当前知识产权体系完善的学术动态和发展方向，更有利地开展相关理论的学习和研究工作，无疑都具有重大意义。

第二节 知识产权法的渊源

知识产权的渊源，是指知识产权法律规范的具体外在表现方式。

（1）宪法。宪法是我国的根本大法。宪法中关于保护科学技术和文化艺术方面的规定是知识产权的立法根据。我国宪法第二十条规定："国家发展自然科学和社会科学事业，普及科学和技术知识，奖励科学研究成果和技术发明创造。"

（2）法律。法律是知识产权法的主要渊源，包括著作权法、专利法、商标法、反不正当竞争法等各项法律，以及民法、刑法等法律中有关知识产权方面的法律规范。

（3）行政法规。行政法规是指国务院和有关知识产权主管机关制定的有关知识产权的各项条例、细则、决定、命令等。如《著作权法实施条例》《商标法实施细则》《计算机软件保护条例》《知识产权海关保护条例》等。

（4）司法解释。司法解释是指最高人民法院就有关知识产权法律适用于具体事项或者具体案件时所做的解释。其表现形式为最高人民法院关于法律适用的意见、对有关法律问题的解释、对个案的请示所做的批复。其中包含大量与知识产权保护有关的法律文件，如《最高人民法院关于审理著作权民事纠纷案件适用法律若干问题的解释》《最高人民法院关于审理涉及计算机网络著作权纠纷案件适用法律若干问题的解释》《最高人民法院关于审理非法出版物刑事案件具体应用法律若干问题的解释》等。

（5）国际条约。国际条约泛指有关的知识产权多边国际公约和双边协定。目前我国参加的知识产权的国际公约和双边协定已有十多个，如《伯尔尼公约》《巴黎公约》等。它们既是知识产权国际保护的基础，又对国内知识产权立法起着指导作用。

总体而言，我国知识产权法律渊源为以宪法中“保护科学艺术方面的智力成果”相关条款立意为指导宗旨，以商标法、专利法、著作权法等基本法律为核心，包括诸多行政法规与部门规章，也包括具有法定效力的司法解释和国际条约等法律文件，相互协调统一构成的法律体系。

第三节　我国知识产权法律体系

纵观我国知识产权制度的发展，的确是一个白手起家从无到有、集腋成裘日臻完善的过程。世界知识产权组织前总干事鲍格胥曾高度评价：“中国用了不到20年的时间，走过了西方国家一两百年才能够完成的知识产权立法进程，这个成就是举世瞩目的。”随着20世纪70年代末期国门的开放，国家的各项制度面临着世界经济文化体制的直接冲击，1982年，我国颁布了新中国的第一部商标法，标志着我国开始着手建立起具有自主特色的知识产权法律制度。随即1984年的专利法和1990年的著作权法，已初步构架了我国知识产权法律体系的雏形。1993年，我国颁布了反不正当竞争法。1997年我国修订了刑法，试图保持与1994年公布的《关于惩治著作权犯罪的决定》的有关条款相一致。2001年我国成功加入世贸组织前后，着手对知识产权的三部基本法律：著作权法、专利法和商标法进行修订，直至2013年，我国已经完成了对于专利法和商标法的第三次修订，而针对著作权法的较大幅度修改仍在准备酝酿之中。2017年11月我国完成了对反不正当竞争法自发布23年以来的首次修订。与此同步进行的还有大量与知识产权保护有关的行政法规和部门规章的制定完善工作，最高法院也颁布了为数不少的与知识产权立法和审判相关的司法解释。

我国于1980年加入世界知识产权组织，1984年加入《巴黎公约》，1989年加入国际商标保护的《马德里协定》，1992年我国加入《伯尔尼公约》和《世界版权公约》，1993年我国加入《录音制品公约》和《专利合作公约》，2001年我国成功加入世界贸易组织。并且根据世界贸易组织的规定，明确接受了《与贸易有关的知识产权协议》各项原则、相关条款以及贸易争端解决机制。

迄今为止，我国已经建立起相对完备的知识产权法律体系，知识产权立法日臻完备，执法水平逐年提高。但同时，由于传统观念和社会环境的影响，也更多缘于我国立法中不顾现实国情而一味拔高，盲目照搬外来体制，我国当前的知识产权保护仍然在许多方面尚不尽如人意。有鉴于此，有关学者警示并呼吁，中国知识产权立法必须端正动机，去追求一种独立完善的自我品格。在深入研究中国历史文化和现实社会的基础上，理性地参考国外的立法经验，建立健全符合中国国情的切实可行的知识产权法律保护体系，否则，难免重新蹈入被动立法的百年轮回。①

第四节　我国知识产权法的定位

关于知识产权法的定位，主要是指知识产权法是否能作为一个独立的法律部门存在，对此争议颇多。有人认为应将它划入“经济法”；有人认为应归入“民法”；还有人认为知识产权应是一个独立的法律部门。但是从我国目前的立法实际来看，已经将知识产权归入了民法这一类，它们之间的关系是特别法与普通法的关系。在2017年颁布的民法总则中将作品、发明、实用新型、外观设计和商标等知识产品认定为民事主体可以依法享有专有权利的法律客体。虽然被划入民法的范畴，但知识产权具有自身的特殊性，具有不同于其他民事权利的特点，因而需要采取民事特别法的形式加以保护。

关于知识产权法的定位特殊性，似乎可以通过以下几个角度分析得以呈现。

---

① 曲三强：《现代知识产权法》，北京·北京大学出版社，2009年第1版，第78页。

其一，从调整范围而言，知识产权法与民法体制无法合理地进行衔接。尽管从现行高等院校法学专业学科教育上看，教育部规定的高等院校法学专业的十四门重点核心课程中，知识产权是唯一的三级学科课程，将其隶属于民法体系似无可厚非。但如果反观知识产权体系中的著作权法、专利法、商标法等部门法，似乎应与民法下的合同法、物权法、继承法等层次位阶相同，而知识产权法作为著作权法等部门法的一种上位法却层阶模糊，处境尴尬。其二，从调整手段而言，知识产权法无疑具有超越一般民事法律的广泛性。知识产权法律体系中既有大量适用平等主体财产关系和人身关系的民事权利规则，也有各种不平等主体参与导致的行政方法和刑事手段。如各国通行的专利和商标的授权程序，法律实践过程中的利用刑事手段打击各种盗版行为等。此外，针对不正当竞争法所调整的法律关系还涉及经济法领域。随着当前信息产业的国际化趋势，大量的公约性规范和涉外保护问题进入知识产权法的领域，《巴黎公约》《伯尔尼公约》和世界贸易组织的《与贸易有关的知识产权协定》对各国的知识产权制度演进影响深远，知识产权法中不可避免地包含了大量的国际法律的因素①。其三，从调整手段而言，知识产权法律无疑更具有多元性。知识产权制度本为保护创造者权利之实体法，但在立法中一般规定有权利取得程序、权利变动程序、权利管理程序、权利救济程序等，即在实体法中规定了程序法的内容，程序法依附实体法而存在②。其四，从立法技术而言，知识产权具有私法规范和公法规范相结合的特点。知识产权虽然本质上是规范个人知识财产权利之私法，但在立法中却多设有行政管理、行政处罚以及刑事制裁等公法规范③，以及无论在权利的取得、利用、管理还是救济上，知识产权法都体现出强烈的公权对私权的设定和管理。④ 导致知识产权法律体系无论是形式外观上还是实践操作中都包含着很多的非民事因素，即知识产权法常常以公权的方式限定私权，以公法的原则整合私法。

但“一般性仍然存在于特殊性”之中，尽管知识产权法的特殊性让学者们众说纷纭，但因知识产权的本质私权属性和鲜明的个体化特征仍然让大多数的主流观点坚持认为知识产权仍在民事法律体系之中。有的学者指出，知识产权不仅是属于民事权利，而且是一项民事基本财产权利；知识产权法是民事普通法，而非民事特别法。知识产权和知识产权法分别与物权和物权法处于同一逻辑层次上。

① 郑成思：《知识产权法》，北京·法律出版社，2003年版，第37页。
② 吴汉东：《知识产权基本问题研究》，北京·中国人民大学出版社，2005年版，第127页。
③ 刘春茂：《知识产权》，北京·中国人民公安大学出版社，1997年版，第13页。
④ 冯晓青：《知识产权法》，武汉·武汉大学出版社，第9页。

也就是说，民法和知识产权法并非普通法和特别法的关系，而仅为一部法律的整体和部分之间的关系。[①]

随着对知识产权的本质属性和调整范围的认识不断加深，各国纷纷试图舍弃原有的分散式立法体例，对现有的知识产权立法体系进行严谨分析，仔细推敲，最终形成具有统一性和权威性的现代化知识产权法典。在学术界尚未对知识产权法的定位达成共识的背景下，各国针对知识产权法典化的立法体例也呈多元化态势分布。较为具有影响力的有以下几种。第一种是以 1992 年《法国知识产权法典》为代表的单行法典式，作为 21 世纪知识产权法与民法普遍分立之典型。[②] 但鉴于知识产权自身体系化的不足，《法国知识产权法典》的规范性和完备性仍被诟病颇多，被认为徒具法典形式，仅在制定时间上占先而已。如学者李琛指出，《法国知识产权法典》中，不仅没有任何总则条款，甚至没有知识产权的定义，开篇即是"文学艺术产权"。[③] 第二种是以 1995 年《越南民法典》为代表的纳入式，其特征为将知识产权全部平移至民法典，使之与物权、债权等相关权利平行分布。第三种为将知识产权与民法典相链接。即从各种类别的知识产权中提炼出某些共同属性原则性地规定在民法体例之中，同时编纂专门性的知识产权法典。第四种为将知识产权进行技术性处理以消除其自身的特殊性，以便在形式上与普通民事权利相融合，最终通过统一立法将知识产权消融至民法典之中。有的学者将上述四种模式简括为"分、合、交、融"，并从具体的角度论述了其各自的优劣得失。[④]

以上四种体例的立法模式，第一种和第四种立法体例基本保持了民法典体系完整、内容协调的美感，但需要完成专业化、系统化的立法工程，立法难度较大，现实操作中仍然避免不了许多技术上的难题，我国学者普遍认为其缺乏适应当前国情的合理性，因此并不热衷于对上述二者体例的讨论和分析。而对于第二种将知识产权法平移至民法典之中的合并式和第三种将知识产权法典与民法典适度链接的交汇式，往往成了我国学者们观点剧烈交锋的阵地，其各执一词的部分主要集中在对知识产权法、民事基本法还是民事特别法的认识分歧上，以及针对知识产权法律的开放性是否会为民法典的系统性和严谨性带来实质损害的不同见解。

除此以外，在当前各种观点尚未一致，法典化机遇似尚未成熟的社会背景下，学者之中也有因陋就简、维持现有单行法体例的观点的存在。

---

① 刘春田：《知识产权法》，北京·高等教育出版社，2007 年版，第 19—20 页。

② 郑成思：《法国知识产权法典》，北京·商务图书馆，1999 年版，第 4 页。

③ 李琛：《论知识产权法的体系化》，北京·北京大学出版社，2005 年版，第 167 页。

④ 曹新明：《中国知识产权法典化研究》，北京·中国政法大学出版社，2005 年版，第 7 页。

第二编

著作权法

第四章 著作权概述

第一节 著作权的概念

著作权是指作品创作者依据法律，在法定期限内对其创作完成的作品所享有的独占性的权利。所谓作品，是指文学、科学、艺术领域内具有独创性的智力成果。作品的具体形式纷繁多样，如小说、诗歌、雕塑、电影、乐曲、计算机软件、模型，等等。创作者是完成独创性智力成果的法律主体，在我国，以著作权法律视角来分析，可以涵盖自然人、法人和其他组织等。而所谓的独占性权利，意味着作者对其作品享有一系列排他性的垄断权利，非作者授权其他主体不能对作品进行各种形式的利用，如复制、表演、演绎、网络传播等。

著作权又称版权。究其二者渊源，版权一语产生较早，脱胎于1709年英国颁布的《安娜法》，其源于普通法系中以复制权为核心，集中侧重对作品的经济权利保障的理念，所以从字面可以看出，版权为英文“复制权”的直译。而对于著作权，其发轫于大革命时期的法国民法典，大陆法系的作品保护理念，因其理念受黑格尔、康德等一系列关于“作品以精神产品的独特性，依其表现的方式和方法，可以直接转变为物的外在性”[①]“作品乃作者人格外延”等哲学思想的濡染，表述为作者权，在其体系构筑中亦鲜明体现了对经济权利与精神权利的并重保护。我国著作权立法较晚，在理念吸收和框架仿制方面上都不同程度地受各种立法体例的影响，很难归结为以上两种法系类型之其一；但在概念上一般沿用“著作权”，据考证为采例于日本“著作权法”，而日文中的“著作权”则被推断为源于德国的“作者权”；而“作者”与“著作”，含义上实有主客体之别，一字相差，谬之千里。据分析我国20世纪清末时代著作权法确立之初，从日本仓促引入“著作权”的概念，亦未详究其渊源，以至于时至今日，“著作权”一词到底是以讹传讹，还是属词源上的另辟蹊径，

---

① 黑格尔著，范扬、张企泰译：《法哲学原理》，北京·商务印书馆，1961年版，第55页。

更是无从定论；更因在我国知识产权体系中，著作权与专利权、商标权常常一同被提及，三者都为依其调整客体而所具之名称，著作权的提法似乎并无丝毫不妥。至于“著作权”的渊源，学者论著中相关的理论研究一笔带过，实践环节更是无从深究。况且随着知识产权制度体系的国际化发展，包括普通法系和大陆法系在内的各国著作权相关制度逐渐趋于融合，普通法系中亦承认对作品精神权利的关照，而大陆法系也有限度地承认部分非自然人可以作为作品的法律主体，究其本源似乎并无太大意义。相对于“著作权”和“作者权”的字面含义分歧，更有学者提出，观今日作品利用途径之广泛现状，似乎英美法系中以“版权”为名似乎最不恰当，因其诸多传播方式如“广播音乐、展览绘画”与“版权”中指代的单纯的“复制”毫无关系。[①] 总体而言，在我国，无论是“著作权”抑或“版权”，除非在强调其法系渊源的特定场合，一般情况下其二者在用意指代上并无太多歧义，虽然1979年著作权立法中曾对于二者的取舍引发争论，但时至今日实践中大多混用之，现行著作权立法中更于第五十六条中规定“本法所称的著作权即版权”，似乎意在明示众人，如无特别之需要，关于二者名称上的过多争论实属无益。

著作权有广义和狭义之分。狭义的著作权，是保护以创作为核心的作者及其他著作权主体对其作品享有的独占利益；而广义的著作权，不仅强调保护作者权益，也涵盖对以传播作品为职能的邻接权人相关利益的保障；如表演者以其对作品实施的表演活动而享有的相关权利，录制者对其录音录像制品所享之权利以及广播组织对作品进行传播活动所享有的相关权利等，也需要纳入著作权法律保护体系之中。邻接权与著作权，虽然二者为不同性质的权利体系，但却都围绕着作品这一核心客体要件展开，在权利构架、保护机制、责任体系等诸多方面彼此亦具有较多的共通与互补，适用同一部法律加以保障既可以维护法律体系的完整，也可以同时节约大量的立法成本。从整体而言，邻接权保护是著作权法律体系中不可或缺的有机部分，所以当今各国著作权保护体系，几乎都无一例外地将邻接权吸纳其中，共同起着完善作品的社会职能、推动创作的体系发展等积极作用。

第二节　著作权法律制度

著作权本身并非自然形成的财产权利，它是一项随着近现代社会经济的发展

① 沈达明：《知识产权法》，北京・对外经济贸易大学出版社，1998年版，第30页。

和转型而逐渐被各国法律所认可的制度性权利。权利源于利益构想，著作权则源于对文学艺术作品产业化的商业利用而可能带来的利益。[①] 正如从事人权与知识产权研究的专家西维亚·萨拉扎所言："知识产权本身并非目标，而是达到目标的手段，最终我们必须争取的是全人类的发展。"[②]

归根结底，著作权制度的设立是为了保障围绕作品创作和传播行为而形成的诸多权利义务的关系的微妙平衡。著作权制度有两个宗旨：一者为鼓励创作，一者为促进传播，二者共同运行于著作权制度体系内且相辅相成，并行不悖。从鼓励创作的角度来看，著作权首先肯定了作品创作者的合法权益，著作权法赋予作者对其作品的独占性权利，使得作者能够在法律的保障机制下通过利益分配机制以创作谋生。如果著作权制度不能很好地为作者维护权益，那么自然人作者的生活就会陷入困顿，法人创作机构的行业就会遭受打击而导致萎缩，社会整体文化必将失去发展的动力和进步的源泉。而著作权促进传播的法律宗旨，则表现在著作权法律调整体系的立法者在对作品产生和发展的本质进行分析的基础上，虽以作者是作品创作的第一原动力为基本前提，但也关注到良好的社会环境和丰富的历史文化遗产同样对作品产生起到不可或缺的作用，任何作品都不是作者凭空产生闭门造车的结果，而是在前人文化成就的基础上推陈出新的重构和发展。作品不同于普通的有形物，它可以通过广泛的传播体系实现全社会的价值共享，所以立法者认为作者的独占性权利必须受到一定程度的制约，作者权利和利用者、传播者的权利必须在法律机制的调整下达到一种理想化的平衡状态。即作品在为作者获取版权利益之载体的前提条件下，亦需着重考虑拓宽传播途径之便利、公共自由使用之需求，故权利人之著作权需要在特定条件下受到制度体系之约制，以分配正义的角度实现著作权人的利益和社会公众利益间的合理平衡。如果作者的创作是作品之源，则作品的传播为创作之流，著作权制度就是通过"权利垄断与知识共享"的有机结合来保护创作者的利益，促进先进知识的传播的，肯定"私权"与维护"公益"是"源"和"流"的关系，正所谓"源远流长"，二者相辅相成、缺一不可，对作者权利的保障和对作品传播的促进必须成为完善著作权立法体制同等重要的价值目标，不可偏废。[③]

---

① 刘春田：《知识产权法》，北京·高等教育出版社，第38页。

② 张乃根：《TRIPS协议：理论与实践》，上海·上海人民出版社，2005年版，第35页。

③ 冯晓青、胡梦云：《合理使用视野下"私人复制"著作权问题研究》，载《南都学坛：南阳师范学院人文社会科学学报》2011年第6期。

第五章　著作权客体

第一节　思想与表述的划分

著作权的客体，即作品。著作权法所称作品，是指文学、艺术和科学领域内具有独创性并能以某种有形形式复制的智力成果；换言之，作品即文学、科学、艺术领域具有独创性的表现形式（智力成果）。

据此而言，作品其本质是一种以符号体系为架构所形成的智力成果，即一种表现形式。在著作权保护领域，对作品体素的认识，不论其法律渊源或者所属法系，有一点在理论界是存有共识的，就是作品只保护创作完成后的智力成果中构成表现形式的那一部分，而法律机制无法触及作品中所蕴含更为抽象化的思想层面。这就是我们需要面对的一个核心的理论——思想-表述二分法。所谓思想和表述的“二分法”，是研究“作品可被保护的因素”的一项基本原则，具体而言，即著作权的保护只涉及作品的表现形式，而不能针对涵盖作品中表露的思想给予任何形式的保护。① 即对于作品中出现的思想观念，无论原创与否，任何主体不能将其以著作权的方式合法垄断。对于作品属于思想观念范畴的事物，任何人在不与强行法抵触的前提下，可以自由地加以利用和传播；依据已有思想观念所形成的新作品，享有各自独立的著作权。

思想之所以不受著作权法的保护，其原因大致在于思想本身没有界限，无法预测。思想观念是主观世界的产物，同样也只是存在于主观世界中，假定这样一个前提，主观世界和客观世界二者之间是不相通的。海德格尔说，人都是孤独存在的；无论你如何精于表述善于交流，也无论你使用最精确的也最通俗的语言表现思想，但展现出的思想仍然不见得维持一个固定的尺度，即不具备完全的客观性。进一步分析思想的主观性，发现此类现象在文学艺术作品中表现尤为明显，

① 杨天红、马晶：《浅议思想和表达二分法》，载《法制与社会》2009 年第 6 期。

正所谓“一千个读者就有一千个哈姆雷特”，文学艺术作品中特有的语言张力使得其语言所要表达的象征意义本身是个模糊的世界，当然这也恰恰是文学艺术其魅力之所在；文艺作品本身有象征性，而象征性本身却不是自足的，必须借助于读者的阐释才能生成意义。读者心中的哈姆雷特和作者心目中的是一个人吗？正如罗兰·巴特在《作者已死》中谈及的观点：作品完成后，虽然是作者的产物，但进入读者的视野，作为支配一方的作者就消隐了，不重要了。[①] 而法律却在如何规制诸如思想观念这一类主观存在的事物上力所不及，法律一般只针对外显的事物起作用，这是法律所特有的特定化要求，而思想的主观性在于其属于没有被特定化一种事物。换言之，法律只可以也只能保护客观的事物，诸如作品的具体表现形式，而作品中的思想却不具备客观性的特质。思想只有通过创作才能形成具有客观表现形式的作品，即创作是主观见诸客观的过程，相对于思想植根存在的内心世界，我们看到的作品只是我们的内心世界映象化，也就是说创作是将虚无缥缈的精神烛照世间的一种普遍的形式。

思想不受著作权法保护，此外还有一个原因，著作权作为私权具有天然的个体垄断性，但思想本质上则不应该被垄断。最大限度地促进思想合理自由地流动是大多数民主社会的一种基本态度，著作权下的个体对思想的垄断普遍被认为是损害民主社会的实质的。在民主的前提下，信息要求流动，对话要求自由，这一切都是思想开放的结果。私权下保护思想会导致思想被禁锢的结果，在当今民主社会既不可取，也断无可能。正如迈澳勒·尼默与戴威德·尼默所言，如果思想专有于最初产生的主体，思想的市场将会完全丧失，民主对话将会受到极大的冲击。[②] 同样，思想具有渐进性，不同年代的思想体系之间具有普遍的传承关系，垄断思想会损害到这种延续关系，对思想的创造和革新造成不良影响。

某种程度上而言，著作权法下的思想与表述的划分，可以理解为是将作品中存在的智力成果大致分为著作权法不可保护的和可保护的两类。一般来说，著作权法视野下所谈及的思想，不仅仅包括观念和创意，也指代概念、原则以及客观事实等处于公有领域的独创性成果。比如在自然科学领域，其具体的语言表达也许不能够体现文学和艺术作品中常见的象征意义，其所强调的信息和事实构成了传播的主旨，作品的含义不像单纯的思想那么主观模糊，但这些具有客观性特征

---

① 李妍妍：《浅析罗兰·巴特的“作者已死”理论》，载《安徽文学下半月》2008 年第 3 期。

② 冯晓青：《著作权法中思想与表达二分法原则探析》，载《湖南文理学院学报社会科学版》2008 年第 1 期。

的信息和事实也不应该被作者所垄断，因为垄断信息和事实同样会造成社会资源的浪费和法律保障的不必要。综观各国著作权的保护机制，著作权只保护作者独有的表达，将思想、事实、信息等纳入公共领域，对于此类划定已有国际性共识。妥善划定思想与表达的边界，既可以保障公众必要地接近对他们有益的东西，也可以维护作者的创作动力。正如琼瑶诉于正著作权侵权案的终审判决书中，法官总结道："著作权的客体是作品，但并非作品中的任何要素都受到著作权法的保护，思想与表达二分法是区分作品中受保护的要素和不受保护的要素的基本原则，其内涵是著作权法保护思想的表达而不保护思想本身。若被诉侵权作品与权利人的作品构成实质性相似，应当是表达构成实质性相似。表达不仅指文字、色彩、线条等符号的最终形式，当作品的内容被用于体现作者的思想、情感时，内容也属于受著作权法保护的表达，但创意、素材或公有领域的信息、创作形式、必要场景和唯一或有限表达则被排除在著作权法的保护范围之外。判断是否构成实质性相似时，需首先判断权利人主张的作品要素是否属于著作权法保护的表达。"①

思想与表达的划分，取决于认定者对于不同类型作品中独创性体素的一种衡量和预测。对于文学作品，其中可能包含有人物、情节和场景等要素的设置。而上述要素虽直观上脱离字面形式的表达，也不属于单纯包含主观色彩的思想，总体来说，可能会被认为介于二者之间。至于归属于哪一方，则完全依赖裁判者的认定。西方有尼科尔诉环球电影公司一案，采用了典型的摘要层次法，即一种将上述因素分层列举，并加以分析说明的判定方法。对于人物、情节和场景等体素，如被认定为流于一般无显著特色的归结为思想而不予著作权法意义上的保护；反之如上述体素独具鲜明特色，则被认定为表达而给予足够机制上的保护。② 再如琼瑶诉于正案中，一审判决书中最终指出："区分思想与表达要看这些情节和情节整体仅属于概括的、一般性的叙事模式，还是具体到了一定程度足以产生感知特定作品来源的特有欣赏体验。如果具体到了这一程度，足以到达思想与表达的临界点之下，则可以作为表达。"③ 在该案的终审判决中亦肯定，"原审判决将受众的感知和体验作为考量因素的观点并无不当"，亦补充解释说："文学作品的表达，不仅表现为文字性的表达，也包括文字所表述的故事内容，但人物设置及其相互

---

① 北京市高级人民法院：《琼瑶诉于正侵害著作权纠纷案终审判决书》，中国知识产权律师网，2015年12月18日。

② 王春燕：《作品中的表达与作品之间的实质相似——以两组美国著作权判例为线索》，载《中外法学》2000年第5期。

③ 北京市第三中级人民法院：《琼瑶诉于正侵害著作权纠纷案一审判决书》，载《西南知识产权》2014年12月27日。

的关系，以及由具体事件的发生、发展和先后顺序等构成的情节，只有具体到一定程度，即文学作品的情节选择、结构安排、情节推进设计反映出作者独特的选择、判断、取舍，才能成为著作权法保护的表达。确定文学作品保护的表达是不断抽象过滤的过程。”①

而“情景理论”测试，进一步为角色、情节、场景等要素是否能够受到著作权保护提供了一种直观易操作的检测方法。通过对上述要素的进一步分析，如果这些要素被认为是特定的主题或思想观念的必然派生物，或者说作者在处理同一主题时不可避免地会使用到类似的要素，则属于主题下“情景”的一部分，不受著作权保护。

至于对于科学作品中思想和表述的划分，著作权法律一般将技术方案等因素剔除在表达之外，直接归结为思想的范畴。美国 1976 年版权法中第 102 条明确指出：“在任何情形下，对原创作品的著作权保护都不延及任何思想、程序、工序、规律、操作方法、概念，原则或者发现，不论上述内容在作品中以什么形式描写、表现、说明或者体现。”在贝克诉塞尔登一案的审理中，最高法院认为，空白账簿不受著作权保护；塞尔登作品的纯粹的著作权并不赋予著作权人对由其设计并在其作品中予以描述及表现的账簿的使用以独占权。即任何技术方案，无论是以文字的形式披露的，还是以线条的、色彩的方式披露的，都不能获得著作权法的保护。因为以上所述的原理或技术方案属于思想观念范畴，本身就不在著作权法保护的范围之内；但其可以寻求专利法的保护。著作权法相关理论和实践的发展进一步澄清了作品和专利的不同价值领域，为版权和专利法各自调整范围的划定提供了依据。

根据 OTA，即美国技术评估局对于作品类型的划定，除了以表达方式的变化为基本价值属性的虚构类文学艺术类作品之外，还存在着大量的事实作品和功能性作品；事实作品的价值体现在对真实事物准确表现上，如地图、纪录片、科学文献、新闻纪录等。② 而功能性作品包括诸如说明书、食谱、计算机软件等，其价值在于通过描述或体现某种方法来辅助使用者实现特定的功能效用。③ 上述作品受其自身特质所限，在表达形式上可供选择的余地较小，表达方法相对比较单一。著作权的立法宗旨立足于鼓励创作和促进传播，并致力于合理平衡二者间关系，

---

① 北京市高级人民法院：《琼瑶诉于正侵害著作权纠纷案终审判决书》，中国知识产权律师网，2015 年 12 月 18 日。

② 蔡晓东：《论作品的独创性》，载《襄樊学院学报》2011 年第 1 期。

③ 郭禾：《知识产权法案例分析》，北京 · 中国人民大学出版社，2000 年版，第 55 页。

消除彼此的冲突。如果某种思想只有为数极少的表达方法，那么对这类表达方法的保护会阻止由它们所表达的思想的传播，这则与著作权的立法宗旨相悖。如果语句的构建方式是思想表达的唯一的合理的方式，或者是几个合理的方式之一，那么语句的构建的方式受到的保护将是极小的或者根本就不受保护。如果无法从表达中区分思想，那么就不能获得著作权。[①] 鉴于此，“融合理论”（merger doctrine）应运而生，这一理论的基本内容是，当某一种思想只有唯一的或非常有限的表达方式时，表达方式与其所表达的思想融为一体而不受著作权的保护。

无论是著作权法的理论还是相关的司法实践中，针对思想与表达之间，其实并不存在一条清晰可见的界限。裁判者最终对于个案中二者界限的认定，多半是基于司法正义的角度，对创作者和使用者各方利益进行反复考量的结果，不可避免地带有一定的主观性色彩。但著作权保护机制自其创立之初，就面临着一项艰苦卓绝的任务，即通过对于作品这一纷繁复杂的智力成果进行精心酌量，尝试在人类精神成果的广阔天地中为作者开辟一片私权属地，小心翼翼地为作者和公众之间的利益酌定分属。正如美国法官在一项判决中指出：“在划分表达和不被保护的思想之间的根本的区别时，立法者平衡了对作者创作提供激励和培育在这种创造性活动中的竞争。”

第二节　独创性

创作是一种主观见之于客观的活动，创作之所以能够形成受著作权法保护的作品，有赖于其在创作过程中所形成的特定化的表达方式，即作品自身具有独创性。由此可见，独创性是作品的试金石，针对独创性标准的分析和判断也是著作权法律规律研究的一个永恒的主题。

独创性标准作为“独立创作”和“个性”体现相结合的判定机制，体现在作品的独创性不必要求作品达到最高理想的绝无仅有的境地，它只是在消极方面要求作品不是他人作品的抄写品，极其相似的模仿作品或者擅自演绎的作品。[②]

独创性的第一个前提是独立创作，即作品的完成应该是由作者自己通过独立

① 冯晓青：《著作权法中思想与表达二分法的法律与经济学分析》，载《云南大学学报（法学版）》2004年第1期。

② 史文清、梅慎实：《著作权诸问题研究》，上海·复旦大学出版社，1992年版，第59页。

的创作，依赖自身的智力运用而最终呈现给世人的特定表现形式。独创性首先表现为非抄袭性，“作品是独立构思而成的属性，不是或者基本不是与他人发表的作品相同，即作品不是抄袭、剽窃或者篡改他人的作品。”①

作品的表现形式来源于作者，其和作者之间有着客观意义上的创生关系。独立创作意味着作品整体为作者独立意识的展现，是作者自身主观世界的真实反映，即通过自身智力活动将主体的主观思想以客观的形态加以再现。在创作作品过程中，除了表现形式，作品的其他要素如思想观念、客观事实、风格创意等要素无疑也会受到其他已有作品的深刻影响，但只要作者能够清醒区分思想体系的公共性和表现形式的特定性，在利用和借鉴他人思想进行创作的过程中把握住依据自身创造的特定表达形式来展现作品的原则，则作品本身一般不会受到独创性的质疑。

独立完成是作品具有独创性外观的前提下自然推断而出的结果，而不是在法律机制下监督完成的过程，因为创作本身是一项由作者自然完成的法律事实，其过程不需要受到任何法律手段的干预。所以对独立完成的判断往往是依据作品客观存在的本身而形成的对独立创作事实的推导，只要作品是独一无二的，只要没有相反的证据证明作品产生源于某种抄袭的行为，只要作者的身份没有受到有力证据的挑战，我们可以依此判定作品是独立完成下的成果。但如果该作品中包含着其他作品的表现形式，或者与其他已经存在的作品相似或者雷同，那么审视作品者对独立完成的真实性就会心存合理的猜疑，其间需要考虑到受质疑作品的作者是否能够接触到已存在的相似作品，如果不能排除这种可能性，那么“接触加上实质性相似”的判断规则就成为否定作品独立完成过程的必要依据。但仍不能排除这种极端事例的可能性，即针对特殊类型的作品，比如短诗和广告语，在作者彼此互不接触的前提下表现出“心灵相通”，从而各自独立创作出的作品在外观的表达形式上是惊人的一致。这种情形在实践中是有可能出现的。此种前提下，承认双方都是作为该作品的合法作者的主体身份是唯一可行的途径，毕竟作品一般奉行自动保护原则，著作权以及相关权利之产生并未经历如专利需申请审查等一系列确定权利的相关法律程序，著作权法下的版权归属远远比专利法下的“一专利一权”的排他性要弱，况且这种无意间相同的可能性在著作权领域发生的概率要远远小于不同主体创制的专利技术方案的不谋而合。

独创性理论建立在思想与表述二分法之上，即作品是人的思想外化的产物，

① 吴汉东主编：《知识产权法》，北京·法律出版社，2009年版，第47页。

故自然人是唯一具备天生合理性的创作主体。除了人之外的任何自然物和拟制物，本质而言都非绝对意义上的真实作者。故著作权法承认的原始作者只有普遍意义上的自然人，只因其为一种理性的客观存在。至于此自然人的年龄程度和精神状态，一概对其创作成果的认定不发生影响，即创作是一种事实行为，一般不会给作者带来法律意义上的利益受损，故未成年人和精神疾病患者可以被认定为创作主体，此命题之成立在著作权法理论推演中毫无障碍。

独创性的另一个必要的特征是对于作品创造因素的判断。著作权保护的是作者通过智力活动创造出的能被复制的智力成果，该智力成果的创造性是其可以得到法律保护的基本要素。由于著作权调整的客体为作品，作品是精神活动的智力表现形式，作为复杂多元的精神世界的物质载体，这种表现形式只有差异性存在而没有高低上下之分。在大陆法系国家的独创性理论中，作品本质上与作者人格关联密切，普遍认为作品则为作者人格特性的展示，一般只以作品有个性要求的体现作为其独创性的判定依据，即作者“个性的烙印”。如法国最高法院解释为“表现在作者所创作作品上的反映作者个性的标记”。还有些学者依然从客观角度提出了诸如“创作深度”的理论，所谓创作深度，并非基于创作水平的尺度，即独创性并非要求外界从作品上就能看出该作者是名艺术家，外界只要从作品中看出作品意欲表达的思想、勾勒的气氛、虚构的形象、观察事物的方式以及其他想要表达的一些东西，就满足了作品独创性的深度要求。[①] 此理论仍然以作者的独特个性外化为判定基础。所以著作权的独创性，事实上刻意回避了诸如专利创造性要求的突出优势和实质性进步的标准，转而适用“差异性”作为作品创造因素判断的唯一依据。

鉴于作品自身类型的丰富，差异性在不同类型作品之间表现的形式和程度也不尽相同。文学艺术类型的作品，由于不同作者心理状态的细微差别和艺术表现形式的丰富，最终形成的作品外观上千差万别。从而通过“个性”标准，即作品中有创作主体个性化思维的体现，即能够很好地诠释和鉴别这种作品之间的差异性，同样对于文学艺术领域的作品，在创作过程中必要的流露和展现出作者的创作个性，使得其表现形式存在确定无疑的新颖和原创，是一项颇为自然而且易于实现的事情。但针对文学艺术作品之外的事实作品和功能作品，如地图或者产品说明书，这种个性表露由于自身性质的条条框框限制颇多而变得难于实现，如实用艺术品相对于纯美术作品，其功能效用亦是创作过程中不得不考量的因素，据

---

① M. 雷炳德著，张恩民译：《著作权法》，北京・法律出版社，2005年版，第52页。

此势必会影响到艺术创作个性的发挥，故其独创性标准应该低于纯美术作品。[①] 那么差异性标准在此类作品中就应该适当放宽，否则许多有价值的智力劳动会因为独创性标准过高而使得其理应得到法律保障的权利被不合理地吞噬掉，这无疑对作者权益的保障和创作积极性的鼓舞是不利的。对于此类作品，法官应该本着实事求是的态度，用细微缜密的心思去鉴别作品中的创造因素，如德国著作权法中的“小硬币”理论，即差异性达到可以明显体会的程度即可获得认定。至于英美法系中的“辛勤收集”原则和“额头出汗”理论，虽在倾向于最大限度上保护作者的必要智力劳动，但也构造了一种相对平衡的作者与公众的版权利益博弈机制。随着时间的推移，各国在独创性理论的实践运用过程中，观点各自影响，标准趋于融合，英美法系转而放弃了原有的倾向于作者利益的宽泛标准，转而考虑向大陆法系的“个性”理论的贴近，诸如在“Feist”一案中，法官通过否定了一贯的“辛勤收集”原则，认定原告所做的电话号码簿因缺乏必要的“独创性”负载而不能被认定为作品。

鉴于独创性的内涵包括“独立创作”和“差异性”上述两个层面，对于不同作品的侵权认定，则需要结合“接触”和“实质性相似”两个基准规则加以分析判定。“接触”被诉作品可能性的存在，一般可以适当排除以不可能“接触”并获得该作品作为“独立创作”的抗辩理由。“实质性相似”则通过针对不同作品间独创性成分的比较予以认定。当事人“接触”作品与否，作为一项法律事实，总体而言具有一定的客观性和清晰性，易于通过事实推定或结合证据认定。故相对而言“实质性相似”更具决定性意义但又更抽象、不易把握。判断作品之间的表达是否实质性相似与划分作品中的思想与表达在同一时空展开，两者共同影响着案件的走势，决定着当事人的胜败。[②]

对于“实质性相似认定”，于司法实践中，各国法官摸索并完善了一套行之有效的认定规则。一般意义上，文字作品相似包括“字面相似”和“非字面相似”。前者多表现为文字表述的雷同，“清晰区别检验法”可以从直观角度直接认定。而对于“非字面相似”，即双方作品的文字表述直观上并不完全一致，但在通过仔细鉴定“思想和表达的划分”基础上，仍有可能被认定为相似，即“实质性相似”。在认定“实质性相似”过程中，存在有不同的方法。比如“部分比较”的方法，

① 丁丽瑛：《知识产权法》，厦门·厦门大学出版社，2007年版，第89页。

② 王春燕：《作品中的表达与作品之间的实质相似——以两组美国著作权判例为线索》，载《中外法学》2000年第5期，第33页。

即先将原告作品中被认定为思想层面的，即不受著作权保护的部分，包括但不仅限于思想，也可能是事实或者其他通用元素“过滤”出去，然后将剩余的部分进行比较，即“抽象—过滤—比较”三步检验法。如北京西城区法院在审理李淑贤、王庆祥就《末代皇帝的后半生》诉贾英华案中即适用此判定规则，最终得出被告贾英华的作品不构成侵权的判决结论。或者采用“整体比较”的方法，即不做任何筛选地将原告的整部作品（包括独立出来不受著作权保护的部分）与被告的相比较，以通过整体阅读而形成的“一般公众的相似体验度”来决定被告作品是否与原告的实质相似。如前文所述的尼科尔诉环球电影公司一案、琼瑶诉于正一案中，法官的判决思路中都不同程度地体现了该方法的适用。①

第三节　作品类型

将作品类型化，其目的在于，第一，认识和思维上的便利。将作品类型化无疑有助于我们深层次地探讨作品的整体状况和基本属性。不同类型的作品，其存在价值、独创性标准、具体表现形式均各不相同。第二，利用和保障上的依据。这种类型化的存在使得我们了解到作品存在的整体状况的同时，通过类型化我们对作品进行定性，就是说对作品的定性会直接影响到作品的权利内容以及保护期限、归属等，同样也帮助我们更好地理解作品的作用并进一步发挥其价值，以及把握住作品被侵权后的权利主张和处理依据。根据我国现行著作权法第三条规定：本法所称的作品，包括以下列形式创作的文学、艺术和自然科学、社会科学、工程技术等作品：

一、文字作品

文字作品是指小说、诗词、散文、论文等以文字形式表现的作品。② 同时仍然是当今世界最广泛地最为便捷地表现作品的形式。

文字作品是我国著作权法第三条第一款内容中所提及的第一类受到保护的作品，这在世界各国也是通例，综观国际公约亦是如此。究其渊源，人类作为一种

① 孙松：《论著作权实质性相似规则的司法适用——以琼瑶诉于正案为视角》，载《中国财经政法大学研究生学报》2015 年第 4 期。

② 《著作权法实施条例》第 4 条第 1 款第（1）项。

社会化形态的生物，其族群个体间思想交流、观念传递的最基本的工具是语言。文字作品作为语言类作品的基础，应该是产生最早的最为原始的作品类型，在文字作品保护过程中诞生了最初的现代意义上的版权法——《安娜法》。即使在三百年后的今天，文字作品仍然是人们最普遍采用的创作方式，其覆盖领域之广泛、创作数量之浩繁、接触人群之广泛、传播形式之简便，乃至价格成本之低廉，都是其他作品不能比拟的。随着信息革命的产生，许多文字作品的传播由传统的纸质媒介转移到了网络，但其依赖文字这种信息符号的基础体素尚未改变。

文字作品有异于文学作品。文字作品指以文字形式表达思想情感的一切作品，在某种程度上文字作品的范围要远大于文学作品，绝大多数文学和科学，相当一部分艺术领域的作品都是以文字形式表现出来的，都属于文字作品。

文字作品本质以文字等相关符号作为表现载体，依据此特征划分，很多特殊形态文字类的作品其实也可以被归入其他的类型，比如用文字语言撰写的剧本，既是普通的文字作品，也是典型的戏剧作品；用文字编写相声、大鼓等艺术题材，则构成曲艺作品。再比如乐谱本身表现为一种音乐符号，也属于广义上的文字作品，可我们习惯将乐谱上的著作权客体看作是音乐作品。著作权法的这种分类并不满足逻辑上的排中律，也就是说从形式上看，有的作品可以属于两个以上的作品的类型。概念上的重叠并未给著作权的客体保护带来任何不便，在司法实践的过程中，习惯上本着作品特殊性优先于一般性的原则来具体认定作品类型。

文字作为一种包含特定含义的符号体系，即文字作品突出表现为其表达形式的符号性外观。而符号体系自身的广泛性和开放性也极大地丰富了文字作品的类型，文字作品不仅包括利用通用的本族语言和其他民族语言完成的作品，同样也包括使用盲文、速记符号这一类的特殊文字，以至于其包罗万象，连使用远古特定民族文字创作完成的语言表现形式也概莫能外。鉴于概念上文字体系与符号体系界限的模糊性，国际上将计算机软件也认定为一种文字作品。这是因为计算机软件仍然是以特定语言（符号）作为表达工具的。其中源代码是能够为程序员所能理解的语言，而目标代码则是能够为计算机读取的语言。[①] 这种将符号等同于文字的说法，可以说代表了一种文字作品扩大化的倾向。

二、口述作品

口述作品是指即兴的演说、授课、法庭辩论等以口头语言形式表现的作品。[②]

---

① 王迁：《知识产权法教程》，北京·中国人民大学出版社，2011年版，第66页。

② 《著作权法实施条例》第4条第1款第（2）项。

即由作者现场即兴口述完成的一种作品形式。口述作品是语言类作品的一种特定的形式。

口述作品最大的特征是即兴创作，如即兴的演讲和授课等。“作品乃主观见之于客观”，其在作者口述过程中完成从主观思想形成到客观表达的过程，否则的话不能认定为口述作品。如口述作品在宣讲过程中未能完全脱离既定的讲稿，即使外观上与即兴演讲相同，仍然只会被认定是文字作品的创作完成后的表演（朗诵）行为，而并非口述作品的创作。

口述作品由于多为即兴完成，缺乏必要的固化载体，在实际认定过程中存在着取证难的现象，故许多国家不承认其具备“可保护”的固定表现形式之作品体征，如《美国版权法》中排除了没有“固定在任何有形媒介上”的任何作品类型。我国立法中虽然将口述作品与文字作品并行，承认其独立存在的法律价值，在实践活动中仍需要针对口述作品进一步积累诉讼经验，丰富相关诉讼理论、完善相对应的证据采信措施。如在王敏中诉王颖坚、刘凤丽著作权侵权案中，北京市海淀区法院认为，原告教授的《弹性力学》虽然其授课内容为弹性力学的基本原理，但其积多年教学经验和科研成果形成了独特的教学风格，对于基本原理的叙述和论证过程在材料组织、论证技巧以及等式排列方面体现出的个性特点易于学生接受。这种材料的组织和等式的排列，体现了其智力创作。因此王敏中对弹性力学课程的讲授为著作权保护的口述作品。同时，采用三位听课学生的课堂笔记作为该口述作品的复制载体，并以此三个课堂笔记的相互印证作为判定被告侵权的主要证据之一。[①] 该案的认定口述作品的思路和取证方法虽不复杂烦琐，但具有典型性意义，值得在以后司法实践中加以借鉴推广。

三、音乐作品

音乐作品是指歌曲、交响乐等能够演唱或者演奏的带词或者不带词的作品。[②] 具体而言，音乐作品是以符号、数字或者其他记号创作完成的，一种将音符的长短、高低、强弱有机结合在一起，以旋律、节奏等表现作者思想的一种艺术形式。

音乐是凭借声波振动而存在，在时间流逝中表现，通过人类的听觉器官而引起各种情绪反应和情感体验的艺术门类，是人类创造的诸多的文化现象之一[③]。音

① 张鲁民：《著作权审判实务与案例》，北京·中国方正出版社，2001年版，第261—267页。

② 《著作权法实施条例》第4条第1款第（3）项。

③ 《中国大百科全书（音乐、舞蹈卷）》，北京·中国大百科全书出版社，1989年版，第1页。

乐是人类艺术灵性的有力体现，它伴随人类文明产生并随着社会进步而日趋丰富。音乐作品类型繁多，有时候会与文字作品和舞蹈作品等其他作品方式结合，形成歌曲或者舞曲等更为丰富、更贴近大众的艺术方式。

音乐作品的独特表现形式为旋律和节奏的变化，而且这种变化中的旋律和节奏都是可乐谱化的。无论音乐独立存在的本质为旋律抑或节奏，其作品在形式上受保护的客体皆可表现为该音乐的乐谱，故大多数音乐作品外观上属于文字作品的一种特定的类型。但所谓可乐谱化，并不意味着音乐作品本身一定要具备乐谱的形式符号蓝本，口头即兴创作的作品尽管没有通过音符谱写出来，仍然可以受到著作权法的保护，只要该作品符合独创性的要求。

音乐作品虽可依据其创作乐谱确定其表现形式，但音乐作品的传播一般依赖表演活动展现，故与文字作品相区别，音乐作品在学理上被普遍认定为表演类的作品类型之一，尽管其客体并非表演活动本身。音乐作品虽天生适合表演，但并非必须依赖表演活动而存在，故音乐作品在作者完成了其表现形式之后，就具备了独立存在的基础。而表演仅为作品的展现，表演活动本质上仍被认定为一种传播行为，并非严格意义上的著作权客体。所以音乐作品的著作权权利指向是作者，而非诸如表演者、录制者等其他传播意义上的法律主体。

四、戏剧作品

戏剧作品，指话剧、歌剧、地方戏等供舞台演出的作品。①

具体而言，戏剧作品是戏剧进行舞台表演所依据的剧本。《伯尔尼公约》则直接将戏剧作品定为剧本。学者郑成思也认为，“戏剧作品指的是剧本，而不是一整台戏的现场演出活动”。② 对戏剧作品而言，剧本的完成标志着戏剧作品创造的完成，以后的演出活动基本上是按照剧本进行的作品再现，本质上是一种传播而非创作行为。

剧本虽以文字作品的形式出现，但却隶属于戏剧作品。作为一种特定的作品形式，独立于文字作品而存在，如何认定戏剧作品值得深入分析。剧本作为一种文学形式，其脱胎于文学，基本表达方式是语言文字，主要的表达形式由对白、唱词等构成，但戏剧也包括针对剧情而营造的场景和动作的提示。戏剧的创作目的与文字作品本质不同，其不是供阅读而是用于舞台演出，因为剧本的本质特征

① 《著作权法实施条例》第4条第1款第（4）项。

② 郑成思：《版权法》，北京·中国人民大学出版社，1997年版，第93页。

不在于其叙述性而是在于其戏剧性，所以剧本虽然可以像小说那样供人阅读，但它的基本价值在于可演性，即戏剧与舞台共生，没有舞台即是没有戏剧。舞台演出则不能局限于照本宣科地念台词，它要结合演出的特点，将音乐、舞蹈、服装、道具、灯光、布景等诸多艺术形式融汇到剧本中去，这就要求不仅以单纯的语言文字去表达作者的思想，还需要其更加丰富的多种表现方式。所以有人说："谁也承认戏剧的一部分是文学，但是整个戏剧，绝不是文学，而是一种独立的艺术。任何艺术，只要它能成为艺术，当然有它成为艺术的特点。有它的个性，有它的工具。以线条颜色来表现的就是绘画，以声音节奏来表现的就是音乐，以文字表现的就是文学，以姿势来表现的就是舞蹈……戏剧与别种艺术的不同点，当然是它的动作。"这里所指的动作，就其形式而言，则是指演员在舞台上的表演。因此，世界上有很多没有剧本、没有绘画、没有音乐、没有灯光、没有建筑雕刻的戏，但没有一出戏是没有动作的。它再次印证了舞台表演是戏剧作品的最重要因素，没有表演，则不成其为戏剧作品。① 虽然戏剧的生命在于表演，但法律却不能直接保护表演活动，因为表演属于艺术形式，是第一性的、主观的不可支配的；法律第二性的、客观的；法律对表演形式的保护有难度，法律对其权利的保护必须依据剧本才可以实现。

欧美各国一般习惯将戏剧作品指代为话剧，但广义上讲戏剧作品还包括话剧、戏曲、歌剧、舞剧、日本的歌舞伎、印度的古典戏剧等。文艺理论上戏剧和戏曲是有区别的，如有的戏曲理论家把两者之间的关系形象地比喻为"用米做饭"和"用米酿酒"的关系。② 二者的明显区别在于相对于戏剧作品的真实写实的表现风格，戏曲作品则将语言和动作抽象化、程式化，其间吸收了音乐和舞蹈作品的大量有关元素，如王国维语："谓以歌舞演故事也。"③ 但上述差别仅限于其渊源与不同的文化背景，并不影响版权法体系内依据其以表演为第一性的特征，而将上述作品类型进行理论上的总体划定。

五、曲艺作品

曲艺作品，是指相声、快书、大鼓、评书等以说唱为主要形式表演的作品。曲艺是我国特有的一种民间艺术，种类较多，主要是利用说、唱、弹等形式来表

① 金海军：《戏剧作品的著作权辨析》，载《中国艺术报》2010年6月第7版。

② 阿甲：《戏曲表演规律再探》，北京·中国戏剧出版社，1990年版，第37页。

③ 于建刚：《浅析戏曲的"歌舞演故事"》，载《戏曲艺术》2001年第2期。

现它的艺术性，其性质同音乐戏剧一样。其类型除了相声、快板书、梅花大鼓、京韵大鼓、评书，还有评话、弹词、琴书等。[①]

六、舞蹈作品

舞蹈作品是指通过连续的动作、姿势、表情等表现思想情感的作品[②]；舞蹈作品通过自身的动作设计及程序的编排，并用文字或其他方式来记载，并且通过肢体具有艺术感染力的活动予以呈现，给人们以美的享受。舞蹈作品是多种艺术元素有机结合的综合艺术，一个舞蹈虽然其主体是舞蹈动作姿态，但其还包括音乐、舞美、灯光、服装、道具等不可或缺的元素，一并烘托舞蹈作品的意境氛围和突出舞蹈形式的表现力。

舞蹈作品的保护也不是单纯的舞姿和舞步，而是舞蹈整体的编排设计。因为舞蹈演员在舞台上的演出并不是恣意而为，其动作表现必须严格遵从作品的编排设计。舞蹈演员在台上的演出，不是在即兴创作，而仅仅是对已存在作品的一种传播性质的表演行为。舞蹈与戏剧作品的核心体素同为表演，其区别不仅在于二者不同的表现手法，更在于舞蹈作品相对于艺术作品的表达主旨更为模糊，叙事性较低而艺术感觉更为强烈，其往往类似于文学作品中的诗歌之于小说和散文。但二者的区别仅停留在理论的区别和认知之上，并未导致其在版权保护机制上产生任何差异。

七、杂技艺术作品

这是2001年著作权法修订时新增的一种受保护的作品类型。依《著作权法实施条例》的规定，杂技艺术作品，是指杂技、魔术、马戏等通过形体动作和技巧表现的作品，具体表现为车技、蹬技、手技、顶技、走索、空中飞人、民间杂耍等表现形式。杂技艺术是我国的传统艺术，其丰富的历史渊源和独特的表现风格使得我国的杂技作品以及相关表演享誉海外。杂技作品是我国一项具有发展潜力和文化优势的作品类型，在著作权法中以独立的作品类型对其加以保护，有助于促进我国杂技艺术的繁荣与进步。

杂技作品受到版权法保护的要素仍然可以归结为其独创的编排和设计，而非舞台上的表演活动。杂技作品在表演过程中十分依赖表演者的身体素质和活动技

---

① 《著作权法实施条例》第4条第1款第（5）项。

② 《著作权法实施条例》第4条第1款第（6）项。

巧，但无论上述肢体或者行为展现得何等完美精湛，都不能认定为作品独创性的构成。抑或在杂技活动中表现的单纯的身体造型也许能够体现杂技作品创作者的创作意志，但针对单一身体造型的原创表现形式十分有限，在这种有限的空间里必须考虑到与相关公有领域的界限，其能否满足独创性的要求仍然可疑。据此，有的学者曾提出质疑：杂技、魔术和马戏等活动唯一与作品有关的只可能是其中具有美感的艺术活动，如背景音乐和穿插其中的舞蹈等。① 但音乐作品和舞蹈作品都已早于杂技作品在我国著作权法中得到承认，既然现有机制能够为杂技类的作品提供周详保护，似无必要再另行规定“杂技艺术作品”。

八、美术作品

美术作品概括为“绘画、书法、雕刻、建筑等以线条、色彩或其他方式构成的有审美意义的平面或立体的造型艺术作品”。② 美术作品其实与舞台作品不同，它是一种静态艺术，或者说是单纯的视觉艺术。广义上的美术作品不仅包括绘画、雕塑，甚至也涵盖摄影、建筑等，在我国还包括至少两种独特的作品形式：书法和篆刻。

美术作品的功能价值正在于它传递给人们的视觉感受，而审美意义则是这一功能价值实现的结果，即视觉感受的结果。但审美是因人而异的，和主体的审美感觉力、理解力、想象力均存有关联，其标准很模糊，难以确定，不具备法律意义下的可规定性，所以审美价值并不是作品版权标准。只要创作者在创作过程中能够以个性化的方式将其美学意义上的构思表达出来，无论其艺术水准高低，品位格调上下，都自然享有版权法的保护。

美术作品相对于其他作品，有些独有的特征会进一步影响到其相关权利的行使。第一，美术作品的原件具有很高的艺术品收藏价值，这种现象在其他作品类型中是不存在的。艺术尤其是美术，相对于其他作品形式，它的表现力往往是直观和真实的。艺术创作不同于文学，艺术本质上是一种生命的全息存在，艺术家无时无刻不在捕捉生命的信息，其创造出的作品更是生命力的展现。生命中每一分一秒的艺术体验可以说稍纵即逝，艺术家在彼时彼刻心灵震颤留下的痕迹，形成的作品是不可复制的。所以一部真正意义的作品，不仅仅原件自身独一无二，而且随着年代的更迭，许多美术作品原件的市场价格亦与日俱增。在西方各国，

---

① 王迁：《知识产权法教程》，北京·中国人民大学出版社，2011 年版，第 72 页。

② 《著作权法实施条例》第 4 条第 1 款第（8）项。

随着人们对该特征的认识和研究的深入，美术作品的追续权应运而出。第二，美术作品的展览权特定情形下会移转。根据我国版权法第十八条的有关规定，美术作品的原件的展览权由原件所有人享有。这项将美术作品展览权法定移转给原件持有者的法律规定，主要是为了调整美术作品原件在利用过程中由于物权与著作权相分离导致的权利冲突，即原件与著作权分属于不同法律主体而造成的各方事实上行使展览权的相互掣肘效率低下，甚至于无法行使。针对美术作品作者的权利进行限制，其目的是为了平衡在艺术品原件流转过程中各方主体的合理利益诉求，最终也是为了促进美术作品原件在商品经济流转中的利益最大化的实现。第三，现实情形中，许多美术作品仅保留有唯一的载体，而该载体亦不在作者的物权支配之下，如大量原创于公共场所的壁画、雕塑等。鉴于该载体的毁损亦会导致相关美术作品著作权的灭失，故我国著作权法司法实践中，建议对美术作品唯一载体的物权处理抱有善意谨慎的态度。在最新的著作权法修订的立法建议稿中，立法者尝试做出以下的规定：“陈列于公共场所的美术作品的原件为该作品的唯一载体的，该原件所有人对其进行拆除、损毁等事实处分前，应当在合理的期限内通知作者，作者可以通过回购、复制等方式保护其著作权，当事人另有约定的除外。”① 此项规定对于发生在美术作品的唯一载体上的物权和著作权的冲突，明确了物权人善意通知的义务，彰显了著作权法尊重创作成果的法律理念。

九、建筑作品

在 2001 年著作权法修订之前，建筑作品纳入美术作品之中受到版权法律的保护。在著作权法的第一次修订之后，建筑作品被列举出来作为一种单独的作品类型保护。这种立法上的转变，意味着建筑作品的一些独特的法律特征引起了学术界和司法实践的重视，有必要对其特定化并加以分析。

我国著作权法实施条例中将建筑作品定义为：“以建筑物或构筑物形式表现的有审美意义的作品。”② 而根据联合国教科文组织和世界知识产权组织于 1986 年年底公布的文件：“建筑作品通常包括设计图、草图、模型以及已完成的建筑物或者其他建筑结构。”在美国版权法中，建筑作品被界定为：“以任何有形载体表达体现建筑物设计，包括建筑物，建筑方案或者设计图。”在我国台湾地区“著作权法”中，建筑作品是指“建筑设计图、建筑模型、建筑物以及其他建筑著作”。

① 《著作权法》立法建议稿第三稿，第二十条。

② 《著作权法实施条例》第 4 条第 1 款第（9）项。

综上所述，国际组织文件以及其他各国定义下的建筑作品，其外延明显宽于我国相关法律的规定，至少还包括建筑物之外的建筑设计图和建筑模型。而我国立法将建筑设计图纳入图形作品之中，建筑模型列入模型作品之列，这种规定的方式是源于最初1886年《伯尔尼公约》第4条列出的作品包括“与……建筑或科学有关的插图、地图、设计图、草图和三维作品”，但不包括以建筑物形式表现的“建筑作品”。许多国家诸如英国等《伯尔尼公约》的缔约国也认为建筑物本身具有功能性，不应纳入著作权保护的作品范围。但一般也不禁止根据设计图建造建筑物。随着建筑设计图与建筑物之间关系认识的深入，1908年各缔约国才达成共识，对建筑物也应提供保护。于是，《伯尔尼公约》“柏林文本”第2条将“建筑作品”列为艺术作品的一种类型。从这一立法历程来看，将建筑设计图和建筑物列为不同的作品类型，并不是为了否认两者可以构成同一作品的不同表现形式，而是立法将其纳入保护范围的先后顺序使然。[①] 有关学者指出，现今著作权法仍将建筑物、建筑设计图和建筑模型分别对号入座，不但与我国已经加入的公约规范相背离，还人为地割裂了这种具有相同建筑设计独创性的有形表达载体间的内在联系，违背了建筑作品存在的客观规律。[②] 既然建筑作品依据其独创外观获得版权法保护，那权利主体则为建筑物的设计者，而不论建筑物实际上是由谁完成并竣工的。建筑物往往与其设计图和设计模型同属于一个方案，正如上文所述，现行版权法中将三者独立对待而且分别保护，这种保护机制似有重叠而且也似无必要。

建筑作品作为一种版权保护机制下的客体，其表现形式必须满足独创性的要求。独创性理论将个性化的艺术品和大众化的产品区别开来，使得大多数整齐划一的建筑排除在著作权法保护之外，因为它们没有满足作品体现“个性化”差别的最低要求，能够被称之为作品的建筑整体只占其总数的一小部分。根据世界知识产权组织和联合国教科文组织的相关文件，一般认为建筑作品中的建筑物，仅仅指外观上含有独特成分的建筑物。建筑物的与众不同的外观，一般指代它的形状构筑、颜色线条，但不包括内部结构设计和内部装饰。[③] “一幢建筑物如果构成作品，与其内部构造和设计毫无关系，而仅在于其外形能够给人以美的享受”[④]。所以一般在版权法意义上的两个建筑作品的实质性相似，也仅限于二者的外观相

---

① 王迁：《论建筑作品的表现形式》，载《法学杂志》2014年10期，第55页。

② 胡超：《建筑作品定义之重构》，载《池州学院学报》2013年第4期，第32页。

③ 李顺德、周详：《中华人民共和国著作权法修改导读》，北京·知识产权出版社，2002年版，第47页。

④ 王迁：《知识产权法教程》，北京·中国人民大学出版社，2009年版，第97页。

似。我国司法界一般也与相关学者的观点趋同，但也有学者对此持有不同的见解，认为“建筑作品得以体现的建筑实物形态，包括建筑物的部分或者整体形状，空间和要素的编排组合。小到建筑物的一部分，空间设计及装饰，大至建筑物的平面布局、立体处理、形体组合、组群规划等，只要美学表达上具有独创性，皆可成为建筑作品著作权的保护对象”①。

建筑作品的一个重要性的特征是其集艺术性和实用性为一体。建筑学本身是一门具有工程学性质的学科，涉及诸多力学、材料学等方面的专业知识；这些学科的理论是保证建筑物的首要功能，即其可供居住的实用性。建筑作品的艺术性要在其实用性基础的限定上才能自由发挥，否则如天马行空般无根基且无意义。建筑作品在竣工完成之后，其实用性的存在必然会限制作者相关权利的行使。如署名权和修改权会受到建筑物自身功能限制而不能行使或者需要变通行使，同时建筑物的所有者对该建筑由于自然或其他原因受损的修复，或者由于建筑基于其实用性而无一例外地都存在的结构、排水、通风、电气、采光等方面因素的问题而导致必要的修改，法律都应站在公平的立场上，要求建筑作品的主体让渡或放弃相关的权利主张。

十、摄影作品

摄影作品是指借助器械在感光材料或者其他介质上记录客观物体形象的艺术作品。② 随着技术手段的革新，这种介质由传统的感光胶卷慢慢地转移到数字存储器材之上，导致其传统意义上的原始存储载体消失，数字存储载体的无损复制使得摄影作品已经失去了原件保存的理论价值和现实意义。

在经历2001年版权法的首次修订后，摄影作品从美术作品的门类中单列而出。其原因是由多种因素交织形成的。摄影是近现代科技发展的新生产物，其历史要远远落后于美术作品。虽然同样是以视觉美感展现表现形式的作品，但二者的创作手法截然不同。摄影以作品的形式刚刚出现的时候，由于其对于技术的过分依赖和设备的简单使用甚至使得许多人怀疑其构成作品的合理性，“仅仅按动一下快门，作品就完成了吗?”这种质疑声随着摄影艺术的发展和人们对摄影作品认识的逐渐深入而渐渐平息。作品的核心是思想的表达，而艺术的表达从来都是在实际中开辟出虚幻的。正如人们面对一幅摄影作品所看到的，外在的影像背面是

① 朱理:《建筑作品著作权的侵权判定》，载《法律适用》2010年第7期，第56页。

② 《著作权法实施条例》第4条第1款第（10）项。

一种思维的指引、一种情感的流露。作者意在通过影像的展现，捕捉一种心灵的轨迹，进而引发受众的共鸣。毋庸置疑，能够满足作品独创性的表现形式在摄影作品中确实是存在的。相关学者认为，摄影作品的独创性不仅体现在图像构思这一单一的层面，在对被摄对象品格、素质、神采、特征的理解和把握，以及拍摄角度、用光、暗房技术等都是完成一幅作品必不可少的环节。①

摄影作品保护在法律实践过程中遇到的现实问题十分典型。比如，影楼的艺术照片的版权归属，以及该照片在使用过程中会面临著作权和肖像权的冲突，影楼一方以照片版权人的身份自居，而另一方的消费者则是照片中肖像权的所有者。这种冲突如何解决就成了许多法律人士关注的问题。虽然影楼与消费者往往事先有相关协议的约定，但通过协议排除消费者的法定权利的做法也会引起更多的异议。鉴于大多数以版权的名义提出权利主张的所谓“摄影作品”，其能否通过独创性理论的检验尚属可疑，如果法律不准备认可摄影者通过以售卖“版权”为名，向消费者兜售其个人肖像以获取更多利益的这种行为的合理性，可以通过法律的特殊规定解决这个权利归属的灰色地带，以消除现有机制下的许多不必要的争议和事端。

十一、电影作品

电影作品也被称作视听作品或者影视作品，是指电影及以类似摄制电影的方式创作的作品。即摄制在一定介质之上，由一系列有伴音或者无伴音的画面组成，并借助适当装置放映或者以其他方式传播的作品。② 随着现代电影技术的发展，上述定义中的许多概念已经不能适应并概括电影作品的全新发展状况，如许多电影作品不再单纯依赖摄制技术而更多地采取电脑制作的模式，电影作品在计算机或者其他介质上的播放使用也丰富了传统意义的单一影院放映模式。

电影作品是一种较为特殊的作品类型，它集文字、音乐、摄影、美术等诸多艺术表现形式于一身。相对于戏剧作品，电影作品虽同样具有较强的叙事性，但电影作品受保护的客体不是单纯的剧本，而是拍摄完成的电影整体。之所以会存在上述不同，在于电影作品的创作不仅仅依赖于前期的剧本完成，其无疑更重要的是在拍摄过程中融合了导演的整体性的个性化构思，也包括摄影、录音、布景、服装、剪辑等相关工作人员在导演指导下的配合创作，甚至还包含了演员、歌唱

① 张慧芹：《试析摄影作品的权利归属》，载《中国知识产权报》2002 年 10 月 30 日，第 6 版。

② 《著作权法实施条例》第 4 条第 1 款第（11）项。

者和演奏者的表演行为。这些行为本质上都包含有相当程度的独创性活动，所以最终的电影作品可以看作是在原作剧本基础上的再创作。相对于戏剧作品对于剧本的过度依赖，电影最终呈现的艺术表现内容已经远远超出了原作剧本的表达范围，电影作品是相对于原作剧本独立存在的全新作品。

电影作品的特殊性还存在于其兼具科技和艺术的双重属性，同时也是商业化运作的最终产物。电影的科技性不仅在于其渊源于现代摄制技术的产生，也在于其自身发展同样和科技进步密不可分。与其他作品形式相对单纯的表现形式不同，作为一种通过大量技术手段完成，并依赖除语言和文字之外的一种全新的信息载体进行传播的作品形式，电影作品更多被视为一种现代社会中的独特的艺术语言。尽管如此，电影作品的艺术性依然存在，电影拍摄中所运用的大量科技手段最终也是为了丰富其独特艺术表现力而服务的。由于科技因素的加入，使得电影作品能够以其不同寻常的视角融合了大量的艺术表现形式。剧本、摄影、灯光、道具、服装、音乐等诸多艺术形式在一部电影中结合融汇，交映生辉。电影作品作为一种大量高新科技和丰富艺术手段集大成者，注定了必须依赖商业化运作才能完成。对于高水平电影作品的拍摄，资金和专业人员无疑是必不可少的。所以电影作品从其诞生的摇篮中就注定了其产业化的成长，在当今商品经济社会中，电影作品的问世更期待着惊人的商业利益获取，同时亦伴随着巨大商业风险。现代版权制度设计将电影作品中的整体权利行使赋予制片，其目的也是为了简化权利行使，首要目的是为了保障电影作品在运作过程中给予投资者公平合理的利益回报。制片者不但可以独立决定电影作品的发行上映，可以自由地将视听作品的著作权转让给其他制片者或第三人，可以通过转让、设立质权或者法律允许的其他形式利用著作权中的财产权利。而且在视听作品发行完毕后，由于后续期待的市场利益相对虚无时，制片者仍可以通过这种方式有效行使其权利从而实现自身利益最大化。[①]

十二、图形作品

图形作品是指为施工、生产绘制的工程设计图、产品设计图，以及反映地理现象、说明事物原理或者结构的地图、示意图等作品。[②] 同样是以线条和色彩作为表现形式，图形作品和美术作品却分属于不同类别。二者最大的区别在于不同的

① 王敬华:《简论视听作品的著作权问题初探》，载《法制与社会》2012 年第 33 期，第 77 页。

② 《著作权法实施条例》第 4 条第 1 款第（12）项。

应用目的，美术作品是以艺术性作为前提，重在美感的表达和传递；而图形作品则倾向于其自身内容的实用性。工程设计图和产品设计图分别应用于实用性较强的工程或产品制造领域，而地图和示意图则提供地理现象的真实情况或者事物的事实原理供人们解读。相对于美术作品，图形作品需要严格遵循科技的要求或客观的事实，其主观性较弱，独创性的余地有限，创作者在创作过程中主观个性体现受到诸多客观实际因素的制约。

毋庸置疑，图形作品的实用性功能与作品的独创性要求必然发生法律意义上的冲突，但图形之所以被称为“作品”，仍然在于其创作过程中通过巧妙的构思克服了实用性的制约，而体现了创作者对于艺术个性的追求。工程设计图或者产品设计图的严谨简洁精确对称的科学之美，地图和示意图的要素取舍和色彩搭配的和谐之美，都包含了实用性之外的独特价值，反映出创作者的独特心灵视角下的个性化追求。对于图形作品的独创性认识过宽会产生误读，图形的作品性质仅在于其本身表现形式中所体现的对艺术的追求，而非针对最终实现的技术效果或实用产品的价值检验和性质评判。换言之，著作权法将设计图作为作品加以保护仅仅是因为图形设计“看上去很美”，而不是它变成工程或者实物之后的美感或实用功能。如果他人未经许可按照工程设计图或者产品设计图建造或者制造了工程或产品，是否构成著作权侵权则完全取决于该工程或产品的艺术美感与其实用功能是否能产生分离。①

十三、模型作品

模型作品是指为展示、试验或者观测等用途，根据物体的形状和结构，按照一定比例制成的立体作品。② 模型作品包括建筑模型、产品模型、地理模型、动植物模型，等等。相对于图形作品，模型作品则是通过三维手法展示了立体的空间造型。如果依据《著作权法实施条例》中对给予模型作品的定义对其进行独创性分析，往往会令人们困惑其独创性究竟体现在哪儿。如果模型制作仅意味着简单根据物体的客观形态进行适当比例的仿制，无论其如何完美酷肖则无疑只是看作一种机械上的复制。既然某些模型称为“作品”，仍然意味着在该模型的表现形式中客观之上还存在着主观、共性之余还体现着个性，否则难以成说。

① 王迁：《知识产权法教程》，北京 · 中国人民大学出版社，2011 年版，第 89 页。

② 《著作权法实施条例》第 4 条第 1 款第（13）项。

十四、法律、行政法规规定的其他作品

值得一提的是，著作权法立法体例中的这种弹性条款，体现了立法者对于知识产权体系发展的开放性态度。版权发轫于文字作品，伴随其发展不断有新生客体的涌入，最终形成了现在的丰富多样、结构庞杂的调整范围体系。这种发展不仅是源于科技的进步，也和人们对版权理念的深化密切相关。虽然现有的作品体系已经相对完备，但科技的前进和信息化革命仍然推动版权领域的新生事物层出不穷。回顾摄影作品、建筑作品、电影作品、计算机软件等客体渐渐走进版权保护这个大家庭的历史，随着理论界的深入探讨，对于诸如民间文学艺术、实用艺术品、数据库等边缘客体的研究带给人们对作品本质的全新认识，仍然让学术界对作品类型的广博宏大心存展望。

第四节　特殊类型的作品

一、演绎作品

演绎作品即在原作品的基础上经过演绎作者的独创性的创作活动而产生的派生作品，这种派生作品虽有后一创作者的精神成果在内，但又并未改变原作之创作思想的基本表达形式。[①] 这种派生作品中包含有双重乃至于多重主体的创作成果，它既包含有原作者的创作成果，也附加有演绎作者的全新创作形式。但总体而言从外观上看，演绎作品是在原作的创作思想和形式表达的基础上而成的，故在对演绎作品的利用过程中，对其原作的相关权利的适当关注仍是一个不容回避的法律命题。

根据我国著作权法的规定，演绎主要有四种形式，即改编、翻译、注释和整理。其中注释和整理行为一般是古籍以及相关的文献，较之前两种演绎形式更欠缺普遍性。

改编即在原作基础上，通过改变作品的类型和用途，创作出新的作品。如将小说改编成电影、将照片改编成油画等即为作品类型的改变；至于用途的改变，如将名著改编成简写本，将学术著作改编成通俗读物，等等，不一而足。改编是

① 郑成思：《知识产权法》，北京·法律出版社，2003年版，第336页。

一种在原作基础上的二度创作，是对已有作品的一种延伸意义上的改造，亦有学者将改编以及之外的所有之二度创作的形式，诸如翻译、修订、更新、缩写等权利统称为改造权。[①]

改编是一种特定化的演绎行为，需要与抄袭、引用、模仿等其他性质的行为相区别。改编是在原作者合法授权的基础上的再度创作，改编作者一般并未有意识地隐瞒原作的存在，故改编不同于抄袭。改编作品并未脱离原作，其与原作之间仍保有实质性的联系，故改编不同于引用。改编需要利用原作的基本表达方式，而非只是原作的创作思想和风格，故改编不同于模仿。

翻译，即将作品由一种语言文字转换为另外一种语言文字。演绎行为下的翻译无疑包含着翻译作者独创性的劳动，是一种在对原作的充分理解和深刻认知的基础上，翻越语言之间的障碍，穿透文化之间的阻隔而利用其他语言将原作进行展现的创作行为，而非简单的机械性劳动。

现实生活中，由于作品受众之间有着认知水平和文化区域的自然差异，演绎作品存在的空间十分广阔。演绎通过对于作品的形式和内容的加工和转变，弘扬了优秀的文化成果，丰富了民众的精神需求，演绎作品的存在使得特定作品在整体人类文化中得到更为有效的传播。

鉴于演绎作品是在原作基础上产生并发展的，其表达形式和作品内容并未脱离原作，故针对演绎作品的利用，需要格外考虑的是原作者的著作权，即演绎作品中存在着复合版权的现象。根据著作权法第十二条规定：作者对其作品享有改编、翻译、注释和整理的权利并有权以此获取报酬，故演绎作者在创作演绎作品过程中，需得到原作者的合法授权。根据我国著作权法第三十四条和第三十九条的规定，作品使用者对演绎作品的利用仍必须考虑到原作的版权，需要在原作著作权人许可的前提下方可。演绎作品既然在原作基础上产生，则其权利合法性必须以原作者授权为基础，如未经原有著作权人同意而产生的演绎作品，即为“非法演绎作品”。目前“非法演绎作品”的法律地位处于一种灰色地带，对于“非法演绎作品”的法律性质的认定和在司法实践中的处理方式，理论界尚未达成共识。肯定说认为毕竟演绎作品的存在是一个不容置疑的客观事实，即不管第三人究竟是基于何种目的对原作品进行演绎活动，著作权都已经产生了，“演绎作品著作权的产生并不依赖于原作品作者的准许”。[②] 摒除其产生过程的违法性不言，演

---

① 德利娅·利普希克：《著作权与邻接权》，北京·中国对外翻译出版公司，2000年版，第160页。

② M. 雷炳德著，张恩民译：《著作权法》，北京·法律出版社，2005年版，第162页。

绎作品无疑具有其自身的合理价值，应该从促进社会文化传播，丰富作品传播形式角度认为，更多关注其积极层面，为消除非法演绎作品的自身违法性，保障非法演绎作品的适当传播提供合理的法律机制。否定说则认为：无论是基于大陆法系的“任何人都不得从侵权行为中获利”的观点，或源于英美衡平法之“不洁之手”的学说，即“任何人在诉讼中有所主张时，如行为人自身有不当行为，则其亦无权主张他人行为之不当”。[①] 即认为，如果针对非法演绎作品保护，则势必损害原著作权人之合法利益，有悖于民法的公平原则和著作权法的立法宗旨，同时会助长滥于演绎无视权利之风，进一步造成文化市场的混乱，危害我国的精神文化事业建设。

出于现实中的需要，存在着大量在演绎作品的基础之上的再度演绎的行为，即在特定情形下，如果利用的作品中存在着多重演绎的现象，所形成的作品即为“多重衍生作品”。根据权利获得的本质，此类作品之上的著作权权利亦反复叠加，则法律要求在实际利用此类作品过程中要逐一获得权利人的授权。法律追求公平合理的立法宗旨使每个相互依存又独立存在的版权人，其作品之上的合法权利必须得到法律意义上的彰显。

二、汇编作品

汇编作品即将作品或者作品的片段，或者不构成作品的数据和其他材料通过特定意义上的选择和编排，重新整合为独创性的新作品。如中国古代冯梦龙的《三言两拍》、西方薄伽丘的《十日谈》，等等。

汇编为一种特定意义上的创作行为，尽管汇编一般不针对作品的具体表达内容，此与演绎不同。汇编的独创性体现在汇编者在完成汇编作品时，需要针对其汇编的作品进行特定化的选择和编排。所谓特定化，即作者在收编作品和展示作品时有所考虑，体现了汇编者的编纂作品的目的和甄别作品的态度。

汇编作品的独创性，集中体现于作者对汇编材料的个性化选择和编排。如在前面提到的美国著名的“Feist”案中，原告在其出版的一本电话号码簿中收录了全体当地居民的电话号码，其编排为按照居民姓氏的字母顺序，而被告未经许可复制了其电话号码簿中的电话号码。在审理过程中，美国最高法院认为，原告对于当地居民电话号码依据姓氏编排，完全是一种依循惯例的照章行事，其中既无特定化的选择，也没有目的的安排，故该电话号码本就整体分析无任何独创性可

① 黄汇：《非法演绎作品保护模式论考》，载《法学论坛》2008 年第 1 期，第 43 页。

言，其不能认定为版权法意义上的汇编作品。[①]

汇编如利用到他人有版权的作品，则所形成的汇编作品整体上仍有机地保有原作的独创性因素，针对此类汇编作品的利用，仍然不能不考虑原作版权的存在。著作权法第十四条规定："汇编作品，其著作权由汇编人享有，但行使著作权时，不得侵犯原作品的著作权。"[②] 作为一项法定权利，原作者不仅可以依据其享有的汇编权，向汇编人主张权利，同时也可以因其作品被以汇编形式的利用而获取相应报酬。

三、民间文学艺术

民间文学艺术是一个英文直译过来的概念，依据联合国教科文组织第二十五届会议通过的《保护传统的民间文化建议案》中给民间文学艺术所下定义："传统的民间文化是指来自某一文化社区的全部创作，这些创作以传统为依据，由某一群体或者一些个体所表达并被认为是符合社区期望的作为其文化和社会特性的表达方式，它的准则和价值通过模仿或其他方式口头相传。它的形式包括语言、文学、音乐、舞蹈、游戏、神话、礼仪、习俗、手工艺、建筑及其他艺术。"[③] 民间文学艺术是许多人类文化现象的渊源，也是大量艺术形式的最初形态。民间文学艺术往往和当地民族的生活习俗、语言文化、宗教信仰、心理特质直接相连，体现当地民族独有的传统风情和审美特色。

同一般意义类型作品上的法律因素相比较，民间文学艺术具有如下鲜明的特征。第一，民间文学艺术并未与特定的作者相联系。所谓民间，一般尤指许多非特定人群的创作，这些创作民间文学艺术的主体，既非知名的艺术家，也非有特定知识背景的专业人士。民间文学艺术最初往往不经意地产生于田间地头、街头巷尾，多由平民百姓即兴而作。这些无意识的创作成果最终在当地民众间传播开来，但并没有与它的实际创作者构成任何意义上的法律关系。随着民间文学艺术的独特魅力被世人所认可，它的传播范围日益扩大并超出其本来的地域和民族的范围，但人们仍然习惯地将它单纯归结为某一民族或者地域自然产生的艺术形式，并以其发祥的地域和民族为其署名。第二，民间文学艺术的客体形态并未固定。民间文学艺术一般在形式上呈现口头化和变异性的特征。民间文学艺术虽流传广

---

① 王迁：《论汇编作品的著作权保护》，载《法学》2015 年第 2 期，第 43 页。

② 《中华人民共和国著作权法》第十四条。

③ ［西班牙］德利娅·利普希克：《著作权与邻接权》，北京·中国对外翻译出版公司，2000 年版，第 65 页。

泛，但多渊源于原始封闭的地域，其形式传承多为代代心口相传。即使在信息传播手段日新月异的今天，许多民间文学艺术的表现形式仍停留在非载体化的阶段。伴随着非载体化的特征，大量民间文学艺术的具体表达形式仍不固定，往往呈现参差多样的版本和含混不清的内容。第三，民间文学艺术很难确定具体的创作时间。正是由于其缺乏特定创作主体和内容的原因，导致民间文学艺术的创作年限亦无法确定。许多民间文学艺术随着年月的流逝仍在经历着不断的更新变体，正所谓“劝君莫奏前朝曲，且听新翻杨柳枝”。许多新翻的表现形式的萌生代替了先前艺术形式的消亡，每个年代都既是民间文学艺术绝灭的终点同时又是其创作的起点。

国际上对于民间文学艺术的保护的争论由来已久，实质上与各国的现实国情、具体利益密切攸关。目前国际上以明确保护的宗旨，通过国内版权立法和地区性版权条约对民间文学艺术进行保护的立法体例亦屡见不鲜，其间多为历史渊源深厚的文明古国和文化形态较为原始的发展中国家。而欧美一些发达国家对民间文学艺术的保护往往持消极否定态度，许多学者通过对民间文学艺术的渊源和特质的周详分析，而对其版权化的必要性和可能性表示怀疑。他们认为在构成民间文学艺术私权保护机制的核心法律要素，如主体客体和创作年限都不能确定的前提下，很难对其提供现实可行的版权模式的法律保护机制。而究其渊源和现状，许多学者预示着民间文学艺术已是明日黄花，在当前飞速发展的一体化社会进程的冲击之下，其赖以萌芽的土壤日渐贫瘠，权利意识的觉醒必然淘汰民间文学艺术的非自觉性的特质。民间文学艺术本来就是非版权时代的产物，而“权利高涨之时，就是民间文学艺术式微之日”。“以著作权制度保护民间文学艺术，犹如以现代笼养技术、栽培技术保护珍稀动植物。一定意义上恐怕还不如后者，因后者尚可实现繁养，前者至多只能维持现有。”① 欧美发达国家认为，时下当务之急是通过演绎利用等形式对已存在民间文学艺术进行挽救，而建立一种民间文学艺术的无偿共享机制能够促进对其更有效率地挖掘和利用。对此，发展中国家站在保护民族利益的立场之上，仍然不愿意放弃自己的利益诉求。作为拥有深厚的多民族传统和丰富的文化底蕴的古老国度，我国也是其中坚持为民间文学艺术提供法律保护的国家之一，在我国现行著作权法第六条中，我们明确提出了对民间文学艺术实施版权保护的宗旨，表明了我们对民间文学艺术“不抛弃、不放弃”的决心，或许由于理论界的观点不一抑或立法实践中的技术难题无法妥善解决，相关的保

① 刘春田：《知识产权法案例分析》，北京·高等教育出版社，2007年版，第32页。

护条例迟迟没有出台，我国对民间文学艺术的保护机制的体系构建仍然在艰难探索之中。

四、数据库

数据库作为一种信息集合（collections of information），指以特定目的收集并且以特定方式排列的作品、数据抑或其他材料的集合。它可以以电子方式或者传统方式进行访问利用。TRIPS 协议中将数据库定义为：“数据或者其他资料的汇编，不论是用机器可读方式还是其他方式，由于对其内容选择或者材料编排而构成智力创作，应当予以保护。这种保护不延及数据或者资料本身，不应损害存在于数据或者资料本身的任何版权。”①

相对于普通类型的作品，数据库具有自身的独特性。尽管包括《伯尔尼公约》和《TRIPS 协议》在内的诸多国际公约都不回避数据库的版权保护，但其保护范围宣称只涵盖数据的特定化选择和独创性编排，此举无疑将数据库视为一种特定的汇编作品而将大量的非独创性的数据汇编排除在外。作为一种庞大的信息集合，数据库巨额的投资主要使用在材料收集而非汇编作品意义上的选择和编排中。② 作为一种以数据存储和扩散为主要功能的信息载体，数据库的集合性和有序性排除了独到编排的可能性，而其容量的庞大、周全的特征也很少为特定化选择留有余地。数据库的整合性功能与版权的独创性理念似乎存在着难以调和的冲突，从而导致数据库在版权框架下难以形成理论和实践相一致的保护机制；如果为了数据库的保护放宽版权法对于独创性的要求，则将造成版权法与其他法律的混淆，从根本上动摇版权法的理论基础。此外，版权法要求的数据库在选择和编排方面的独创性标准本身的含混不清也增加了版权法保护数据库的难度，版权法保护数据库存在的这些缺陷表明，仅靠版权法不足以保护数据库。③

鉴于此，西方各国从实用主义入手，提出了“特殊权利”的保护主张，并颁布了《关于数据库法律保护的指令（96/9/EC）》。在知识产权法领域，特殊权利保护用来被称呼既类似于又独立于版权、专利、商标等专门法律制度的知识产权保护制度。数据库特殊权利保护就是一种独立于版权保护的法律制度，它的根本目的就是保护数据库制作者在数据库上的投资。④ 数据库虽然某种程度上很难体现

---

① 《TRIPS 协议》第十条 第二款。

② 冯刚：《数据库的法律保护研究》，载《民商法论丛》（第 24 卷），第 65 页。

③ 李扬：《数据库法律保护研究》，北京·中国政法大学出版社，2004 年版，第 64 页。

④ 薛红：《网络时代的知识产权法》，北京·法律出版社，2001 年版，第 93 页。

一般智力成果的原创性，但其仍然很难脱离某种智力劳动的艰辛付出，同时其仍然保留着作为一般的无形财产的可复制性和易受侵权的特征。同时作为一项信息时代的支柱性产业，其巨大的投资和商业利益必须得到合理的保障。欧盟各国刻意回避版权理论的原创性而另辟蹊径，通过特殊权利模式针对数据库进行有效的保护仍然不失为行之有效的权宜之计。根据欧盟的数据库指令，正是由于数据库的制作者在数据库制作方面的人力物力财力上的巨大投资而成为其获得有效保护的前提依据，欧盟《数据库指令》赋予制作者有权禁止他人全部或者大量抽取数据库中内容，并拥有防止他人对其数据库的内容反复使用的相关权利。

既然法律着眼于保障投资者在数据库制作过程中付出的资金和精力，有的学者建议比照录音录像制作者权利，以邻接权的模式对数据库提供相关保护。[①] 但也有学者认为，传统意义上的邻接权是以作品为基础的传播者的权利，以此种形式对无作品属性依存的数据库进行保护，似乎仍缺乏必要的理论基础。[②]

目前我国并未仿效欧盟采用特别立法的形式对数据库进行保护，也没有试图将其纳入邻接权体系。依据《伯尔尼公约》和《TRIPS 协议》的保护模式，我国仅对具有独创性的数据库实施版权保护，而针对非独创性的数据库的保护机制尚不明确。随着相关产业的迅速发展，在法律实践中针对非独创性的数据库多采用反不正当竞争法的保护模式，但这种非权利形态的保障似乎蕴含着较大程度的不确定性，且需要从理论上论证反不正当竞争法的第二条第二款是否是开放性的一般条款。[③] 从当前国情考虑，无论是对我国自身相关产业的促进还是与国际保护模式的衔接，都有必要通过体系化的模式对于数据库提供行之有效的保护机制。

五、实用艺术品

实用艺术品是具有实用功能的艺术作品，这种实用功能或者源于创作的目的，或者依据创作完成后的实际用途。如家具、工艺品、玩具等。根据《伯尔尼公约》的有关规定，针对实用艺术品，（1）各成员国必须以本国法提供保护。（2）各个成员国保护实用艺术作品的程度可以不同，可只提供实用艺术作品中的工业品外观设计部分，也可以把它作为一般艺术品来保护；（3）本联盟成员国有权以法律规定摄影作品及作为艺术品加以保护的实用美术作品的保护期限；但这一期限不

---

① 韦之：《知识产权论》，北京·知识产权出版社，2002 年版，182 页。

② 李扬：《数据库法律保护研究》，北京·中国政法大学出版社，2004 年版，第 13 页。

③ 邵建东：《我国反不正当竞争法中的一般条款及其在司法实践中的适用》，载《南京大学法律评论》2003 年春季号，196 页。

应少于自该作品完成时算起二十五年。[①]

就实用艺术品的一般性特征而言，其工业生产上的实用性和美学意义上的外观性往往有机地统一在一个单一的客体之中，体现其兼具外观设计和作品的各自基本形态特征。依据《伯尔尼公约》的相关规定，我国针对实用艺术品提供了两种并行不悖的保护模式——外观设计的专利保护和美术作品的版权保护，但根据保护机制的不同而分别设置了相应的条件。针对外观设计保护机制，我们要求实用艺术品必须履行法定的获权程序，而且其实用性要符合产品的特定要求；针对其美术作品的保护机制，立法界则提出“实用艺术品”的艺术表现应该能够与其实用功能达到“观念上分离”，并且达到法律为满足作品条件所设置的创作高度的要求。如1976年的《美国版权法》第101条规定“本条所定义的实用物品设计应视为绘画、图形或雕塑作品，但只有且仅以该设计中所含之绘画、图形或雕塑的特征可使其区别于且能独立于物品的实用功能而存在者为限”。[②] 所谓艺术表现与实用功能“观念上分离”，即二者在单一客体中本质上相互独立存在，针对实用艺术品的任何艺术美感上的变动不会对其“实用性”造成实质意义上的影响。

现行著作权法实施条例中对美术作品的解释：“美术作品，是指绘画、书法、雕塑等以线条、色彩或者其他方式构成的有审美意义的平面或者立体的造型艺术作品”，不难推导出实用艺术品可以视为一种特定意义上的美术作品。尽管我国现行著作权法中尚未明确规定“实用艺术品”的法律保护，但大量典型性案例的出现和学术界的持续关注为其明文入法提供了必要的理论基础和实践经验。在“瑞士英特莱格诉天津可高玩具有限公司案”中，法院在版权保护的框架内认定，拼插积木属于“实用艺术品”，根据《伯尔尼公约》的有关规定，原告方瑞士和中国同为《伯尔尼公约》的成员国，原告方所主张的积木作为“实用艺术品”在我国同样可享法律保护。法院通过对比分析，最终认定可高玩具有限公司生产的玩具积木中有33块和原告主张的积木造型构成版权法意义上的“实质性相似”，原告方的诉讼主张得到了有力的支持。

---

① 《伯尔尼公约》1971年文本，第七条，第四款。

② 孙新强、于改之译：《美国版权法》，北京·中国人民大学出版社，2002年版，第6页。

第五节　著作权客体的排除领域

作品的排除领域大致存在于以下几种情形之中，第一，违禁作品。此类作品虽然在表现形式上完全具备了客体构成的实质要件和形式要件，但由于思想内容与社会意识形态和主流价值观相冲突而被强行法所禁止传播，导致权利人的权利行使受到约制，虽获版权但形同虚设。第二，不适宜版权保护的作品。如官方文件、时事新闻等。此类作品大致可以满足客体认定的独创性要件，由于其自身具备强烈的公共事务属性或其内容多涉及社会信息，与公众对社会信息的知情保障机制相抵触。为降低公众对此类信息的获取成本，鼓励其自由传播，法律一般都选择对其客体直接不予认定的态度。第三，欠缺版权实质要件的作品。如历法、通用数表、通用表格和公式等。表面上此类形式上的作品长期存在于公有领域，已经成为全社会的共同精神财富。但实质意义上讲，此类作品难以保护多因其为单一固定的表达形式构成，在法律实践的认定过程中也很难通过独创性标准的检验。立法者为了让一般公众对作品的大致界限了然于心，在法律中对此类做品做出排除在外的明文规定。

一、违禁作品

一部作品要获得著作权法的保护，除具备作品的一般条件外，其内容还必须符合法律规定，否则不但得不到著作权法的保护，其作品还将被禁止出版和传播。在 2010 年著作权法修订之前，该法第四条第一款对违禁作品做出以下规定：“依法禁止出版、传播的作品，不受本法保护。”“不受本法保护”的规定让许多人产生困惑，“著作权法对于违禁作品版权性的态度究竟如何?”“违禁作品内容违法的原因能否成为不受版权法保护的理由?”鉴于此条规定也受到了国际版权保护界的质疑，在 2007 年“美国诉中国知识产权保护与执法措施案”中，美国就中国知识产权法律中存在的问题，其中包括著作权法第四条第一款涉及的问题向世界贸易组织提起争端解决请求。2009 年 1 月，世界贸易组织（WTO）争端解决机构裁决中国著作权法第四条第一款不符合《伯尔尼公约》和《TRIPS 协议》有关作品应当自动获得保护的规定。违禁作品制度不仅存在于我国的法律体系，也不排除其存在于大量的西方国家的立法体例中。尽管禁书的认定范围很大程度上与各国的文化传统和意识形态直接相关，各国普遍认为，如果任由各种不良思想在社会范围内的广泛传播而不加约束，势必产生诸多消极的效果，如损害社会稳定、败坏社会风气等。根据“公序良俗”原则，私权只有在和公共利益者不相抵触的前提下才允许行使，否则难免会受到约制。《伯尔尼公约》第 17 条也规定：“如果本同盟任何成员国的主管当局认为有必要对任何作品或者复制品的发行、演出、展出通过法律或者治安条例行使许可监督或者禁止权力，本公约的条款决不应妨碍本同盟各成员国政府的这种权力。”① 总体而言，从国家制度层面对特定作品的禁止可以说是有理有据的。问题在于，第一，依据现行的版权管理体制，在我国的依法禁止出版、传播的作品范围过于宽泛，某种程度上已经超出了违禁作品的范围，如根据《电影管理条例》的有关规定，“国家实行电影审查制度。未经国务院广播电影电视行政部门的电影审查机构（以下简称电影审查机构）审查通过的电影片，不得发行、放映、进口、出口。”② “进口供公映的电影片，进口前应当报送电影审查机构审查。”③ 如果根据“依法禁止出版、传播的作品，不受本法保护”的有关规定，结合电影审查制度，外国人在中国的作品在未审查或者未通过审查之前，版权处于一种不受法律的保护的真空地带。也就是说，我国相关的规定过于笼统，以至于将“违禁作品”和“非法发行作品”两个风马牛不相及的概念混同一起武断地加以认定，势必导致国外版权人的困惑和恐慌。第二，“依法禁止出版、传播的作品，不受本法保护”的有关规定也并不符合著作权的独创性理论，独创性理论建立在“思想-表达二分法”之上，二分法的核心原则为著作权认定只关注表达方式的特定性，而不对所包含的思想内容做任何解析。但违禁作品的检验标准直指著作权的思想内容领域，使得“二分法”原则在该问题上无所适从。姑且不论思想判定的主观性和模糊性是否能够与法律的客观性和确定性保持一致，在版权领域仅仅因为违禁作品的存在而推翻“思想-表达二分法”的基本逻辑体系当然不可取。事实上，在 2009 年世界贸易组织争端解决机构裁决中已经解读了《伯尔尼公约》第 17 条的本意，在版权法中肯定了违禁作品的版权存在的合理性，但允许相关法律做出禁止传播的有关规定。换言之，仅承认违禁作品版权主体的消极权利，即维护自身权利的完整性和排他性，但否定了积极权利的行使，如利用或传播作品。这样，既可以保证社会公共利益不受违禁作品自由传播的侵害，同时也

---

① 《保护文学艺术作品伯尔尼公约》1979 年文本，第十七条。

② 《中华人民共和国电影管理条例》第二十四条。

③ 《中华人民共和国电影管理条例》第三十一条。

保障了版权理论体系的自身合理性，为制止许多滥用违禁作品的行为提供了法律保障。为此我国于2010年2月针对了著作权法第4条进行了修订，修订后的内容如下：“著作权人行使著作权，不得违反宪法和法律，不得损害公共利益。国家对作品的出版、传播依法进行监督管理。”①

二、不适宜版权保护的作品

不适宜版权保护的作品主要包括著作权法第5条规定的“版权法不适用”的官方文件和时事新闻。官方文件是指“法律、法规，国家机关的决议、决定、命令和其他具有立法、行政、司法性质的官方文件及其正式译文”。官方文件不受版权法保护的根本原因在于其自身的社会规范性质，官方文件的社会属性和版权的私权性是相冲突的，在确保官方文件公开和维护民众知情权的目的前提下，官方文件的私权属性被淡化到极弱的状态。“官方文件无版权”仅意味着在公众传播中对相关文件的自由使用不必事先获得发布该文件的国家机关的授权许可，但绝非官方文件不受任何法律的保护。如任何单位对法律汇编的编纂，但必须符合国务院《法规汇编出版管理规定》。一般而言，该规定只授权由人大法工委和中央军委法制局负责法律的编辑工作，国务院法制局负责行政法规的编辑，各部门规章和地方性法规、规章也都由指定部门方可编辑，并由特定出版社出版发行。官方文件的官方正式译文同样不适用版权保护，但非官方译文，如学者本着学术研究的目的对官方文件的学术性翻译则不在此列。

时事新闻是指“通过报纸、期刊、广播电台、电视台等媒体报道的单纯的事实消息”②。在《广西广播电视报》诉《广西煤炭工人报》事件中，不同学者针对电视节目预告表是否应归属于时事新闻发表了各自的见解，并形成了激烈的观点交锋。肯定说认为节目预告表应属于时事新闻，因其只是反映了单纯的事实消息，且将此类事实按照时间顺序加以排列，无独创性可言，并不构成法律规定的任何一类作品类型。③ 否定说则认为，从利益衡量角度，法律应保障制作者的相关利益，故应将节目预告表解释为一种作品，进而排除在时事新闻范围之外。④ 上述的争议导致了学术界对著作权法“时事新闻”一词的法律解释的研讨和关注，即

---

① 《中华人民共和国著作权法》第四条。

② 《著作权法实施条例》第五条第1款第（1）项。

③ 孟勤国：《也论电视节目预告表的法律保护与利益平衡》，载《法学研究》1996年第2期，第18页。

④ 梁慧星：《判解研究电视节目预告表的法律保护与利益衡量》，载《民商法论丛》第3卷，北京·法律出版社，1995年版，第333页。

“单纯的事实消息”应该包括哪些内容？

时事新闻不受版权法保护也是世界各国的立法通例。时事新闻也具有较强的社会性，考虑到公众知情权的实现，时事新闻不适宜被个别主体以私权方式垄断。除此以外，时事新闻因其内容多限定为当前社会事件，同样还具有较强的时效性。这种即时的特点要求时事新闻能够在短时期内以最大的效率传播开来，这无疑与版权的专有垄断的特质不相容。时事新闻为单纯的事实消息，一般侧重社会事件的叙述和表达，体例单一，个性化余地较小，与版权的独创性标准有一定距离，很难构成作品。所以在司法实践中要注意时事新闻和新闻作品的区别，新闻作品是针对单纯事实消息进行的艺术加工，可以表露写作者的观点并进一步形成独创性表达，基于此，此新闻作品则是可以依法享有版权的。

三、欠缺版权实质要件的作品

欠缺版权实质要件的作品，如历法、通用数表、通用表格和公式等。上述客体有以下两点特征，其一，一般都已进入公有领域，或者作为公有财富流传千载而家喻户晓，或者作为行业标准使用多年而众所周知。这些精神成果虽表面上为固定表达方式的作品形态，但出于社会文化推广的目的，事实上已不能成为私权垄断的对象。其二，此类作品表达方式固定单一，多为“唯一表达”，即使为首创，使用独创性标准进行检验也很难通过。

第六章　著作权内容

第一节　著作权权利体系的发展

相对于其他知识产权法律制度，当今的著作权权利体系呈现纷繁复杂、日新月异的表象。对于作品，这个代表文化领域智力成果的多元化的形式需求，伴随着新的传播途径的出现和大量技术手段的革新，著作权的利用方式也不断推陈出新。其反映在著作权制度体系上的最为显著的表现就是权利内涵的深入和权利种类的拓展。尤其是在当今网络环境下，一方面，大量利用电脑技术手段创作的作品层出不穷，更多的传统意义上的作品传播途径受到网络空间的挤压而导致迅速萎缩；另一方面，许多面貌一新的法律现象让人们被迫对著作权的权利体系和利益分配机制进行重新审视和严肃反思，“复制权”内涵拓展、“改编权”已经抬头、“发行权”在网络中受到质疑、“传播权”面临巨大重构。著作权的法律制度的发展在传统法律制度的保留和新调整机制的冲击之下，正呈现出生机勃勃的动力和焕然一新的活力。

显然，信息社会的产生和网络技术的发展对版权人的权利产生实质意义上的影响，这种影响是由表及里的，更是全方位多角度的。它既拓展了权利体系自身，也在权利行使和保障过程中增加了新的机遇和难题。如网络环境下作品的传播手段更趋便捷，这无疑会扩大版权人的权利行使范围，提高作品传播效率，可能给权利人带来更为丰富的收益。但同时，由于科技发展的敏捷性和法律制度的滞后性所形成的矛盾，版权人可能一时间因面临如此迅捷的传播手段而手足无措，正如日本学者中山信弘所言：“从一条信息开始，像网眼一样出现了无数根‘绳子’，权利人无法知道‘绳子’的另一端系向何方。在权利人那里，即使想主张某种权利，但对‘绳子’的另一端的情况真实却无法支配。”[①] 尽管复制权的拓展和信息

① 中山信弘：《数字时代著作权法的变化》，载《外国法评译》1995 年第 2 期，第 17 页。

网络传播权的出现在制度层面为人们提供了权利保障的依据，但现实网络环境下对作品利用的随意性和分散性，仍然给版权人的权利带来严峻的威胁和巨大的冲击。如何妥善解决上述问题，已经被立法界提上日程，这不仅有赖于法律制度自身做出及时有效的调整，更要在理论上彻底消除网络世界的无原则信息“共享”的特征和版权体系中的智力成果“私权化”的矛盾对立。

鉴于此，许多学者从不同角度针对上述问题提出解决方案，并论证相应的理论依据。许多积极有效的调整机制也已被立法界认可并在司法实践中广泛采用，如针对网络服务提供者 ISP 的责任规制所适用的“避风港制度”，针对故意避开或者破坏权利人针对作品和制品的技术保护措施和故意破坏版权管理电子信息的上述行为的违法认定和处罚条款，等等。许多通过完善版权网络技术措施、通过健全著作权集体管理制度，以及通过特殊立法对网络环境下的版权客体进行保护的建议被相继提出而且反复论证，不仅为解决新技术带来的版权保护问题提供有针对性的思路和解决措施，也促进了版权法自身理论的长足发展。

近代版权的理念源于西方，最早见于英国 1709 年的“安娜法”，即《为鼓励知识创作授予作者及购买者就其已印刷成册的图书在一定时期内之权利的法案》。安娜法首次以立法形式确立了作者作为版权保护体系核心的理念；并且将“商业著作权说”贯彻至著作权保护机制之中。安娜法中体现的鼓励作品创作和促进文化传播的一系列立法目的，以及对作品实行有期限的权利保护以确保版权人与公众利益间的利益平衡的立法宗旨，促进了后世各国著作权的相关立法的演进和趋同。与英美法系中将作品视为纯粹意义上财产不同，大陆法系奉行作品为“作者人格外化”的理念，在此基础上提出了作品人格权与财产权分立之说，进一步将著作权提升至“人权”之高度。相形于英美法系对作品之以“劳动价值论”为理论基石的片面的财产权保护，大陆法系进一步深化了作品独创性理论的内涵，丰富了作品保护的权利体系。

第二节　作者的人格权利

根据著作权法相关理论和我国著作权法的有关规定，作者的人格权利包括以下四项：发表权、署名权、修改权和保持作品完整权。

一、发表权

发表权即决定作品公之于众的权利。所谓公之于众，亦称公之于世，即作品脱离了创作之初的私密状态转入对公众对社会的公开状态，即将作品实际上置于一种公众可以自由知悉的状态。对于“公众”的范围解释，我国最高人民法院《关于审理著作权民事纠纷案件适用法律若干问题的解释》将其解释为“不特定的人”，即作品由作者独立创作完成后，在家庭、亲属、朋友乃至于学校和工作岗位之内的流转并非意味着其脱离私密状态，缘于上述群体内的成员与作者之间的关系是特定的。依据德国法律实务中的认定，将其解释为：上述主体与作者之间“存在着较为密切的人格联系”①。所以依据以上原则，私人之间的信件往来、工作群体内部的宣讲讨论都不能被认定为相关作品发表行为。但是一旦超出上述范围，作品脱离作者私密状态下的控制不经意进入公众的视野，即任何相对于作者而言的不特定主体都可以通过合理的途径获得该作品，即可以认定该作品已构成法律意义上的发表。

西方学者从现实角度分析，提出了较之发表权更为宽泛的概念，即“披露权”，“作者拥有的决定是否和以何种方式将作品公之于世或是否将其保留在自己私生活范围内的权利。它还包括向公众传播作品主要内容或说明该作品的权利。”②此概念的前半段与发表权的内涵一致，而后半段意指发表之外的作品披露行为，如将未发表的文学作品改编摄制成电影并予以公开，或对作品主要内容的公开介绍和报道等。德国著作权法理论中将后者的行为统一纳入“作品内容的首次公开权”，其著作权法第十二条第二款规定，著作人对其未同意发表的作品，其主要内容的介绍或公开报道，享有必要的权利。我国著作权法理论上对上述行为缺乏必要的认知，实践中乏有规定，似对于权利人的发表利益保护有欠周全。

发表权为作者支配下的法定权利，但作者不可以反复行使，即发表权一次行使后即告用尽，亦称发表权的权利穷竭现象。该现象的存在基础可以解释为发表是一种不可恢复的行为和状态，作品由私密转入公开是单向性的，公开之后的作品无法再恢复至私密的状态属性，所以，作品一旦发表后即不可能再次谈及发表，即使首次发表的行为缺乏必要的法律依据。

发表权具有两层法律含义，即决定发表与否的权利和选择发表形式的权利。

---

① M. 雷炳德著，张恩民译：《著作权法》，北京·法律出版社，2005年版，第224页。

② 德利娅·利普希克：《著作权与邻接权》，北京·中国对外翻译出版公司，2000年版，第120页。

在前者，即发表与否的决定权，作者在完成作品之后，有权决定其创作完成的作品是否进入公众的视野。在后者，为发表方式的选择权，在决定发表后，作者亦有权选择作品发表的时间、地点和方式等，即作品于何时、何地或以何种形式面见公众。

作品是否被发表，意味着作者的思想观点、表达陈述、思维逻辑、理论规则要进入社会，经受世人的品评和检验，作者以其个人的人格基础承担相应的社会评价，以其身份资格承担必要的法律责任。故在作者的权利体系之中，发表权一般被认定属于一项典型的人身权利。发表方式的选择，对作品能否以最符合作者意愿的方式被公众所认知亦具有重要意义。如戏剧作品的作者，希望其剧作第一次呈现给公众是以舞台上演而非剧本出版的形式；美术作品的作者则希望其画作以画展的形式首次亮相。虽同属于发表，但鉴于发表形式之间的差别是实质性的，发表方式的选择，既和作者的精神利益密不可分，某种程度上亦和作者的财产权益相关。

发表权本质上为保护作者在创作过程中的精神利益而设，其属于作品人身权利的范畴，但其与作品财产权利在行使中直接相关。发表权一般不能够独立行使，它的行使逻辑上关联于相关的作品利用行为，可以说发表权是依附于财产权利获得行使的。同理，任何针对未发表作品财产权利的行使，必然伴随着作品即被发表。二者相辅相成，密不可分。一般意义上，针对未发表作品的财产权利的授权或让渡，必然也包含着发表权的给予。故发表权也被理论界认为是一项兼具人身权和财产权双重性质的权利。

二、署名权

根据我国著作权法的第十条第（二）项之规定，署名权是作者可以通过在作品上标示姓名来确定自己作者身份的权利。[①] 我国著作权法规定："如无相反证明，在作品上署名的人推定为该作品的作者。"由此可见，署名实际上是作者以一种积极的态度和行为来确定并控制自己与作品之间的法律关系，从而享有作品所带给作者的各种权利并承担相应的法律责任。署名权另有一种解释为作者在自己创作的作品及其复制件上标记姓名的权利，则又称为姓名标示权。

无论根据上述何种解释，署名权就其性质而言，是一项不折不扣的人格权利。因其与作者的人身密切相连，对署名权的侵害会直接导致作者人格利益受损。具

① 《中华人民共和国著作权法》第十条。

体而言，其一，依据署名确定作者身份并享有相关权利，本质上是法律对于作者创作活动和相应成果的尊重。其二，署名使得作者以其人格承担作品发表后带来的相应的社会评价，无论该评价积极与否。其三，作者因其署名而承担作品发表后的法律责任，如该作品与他人相关的著作权利或其他诸如名誉、肖像、隐私等人格权利构成冲突，作者亦需要以其法律身份承担相应后果。

署名权依附于人身，其人格属性较之其他著作权权利更为显著。与大陆法系的著作人格权绝对化相近，我国著作权理论中针对署名权亦有不可转让的相关说法。如在现行著作权法中针对影视作品和特殊职务作品的权利归属，作品相关的权利基本上被要求法定移转给相关法人，但法律同样针对自然作者的署名权给予了保留。另外针对署名权，除法定的移转情形被给予例外，自然作者其真实意愿的让渡亦被禁止，因该行为会导致欺世盗名的事实效果，与社会公序良俗相冲突。作品乃作者人格之外化，署名权作为确定真实意义上的作者身份的唯一指向，本着其强烈的人格依附色彩必然永远忠于自然作者，就其性质而言，为作者固有的权利。虽现实中论文私下买卖屡见不鲜。法律因自身局限性而无法直接介入，但署名权的交易并不具备理论上的合法性，法律在获得确切事实证据的基础上亦应进行适当的干预，以保障客观真实为准则，维护社会公共秩序的合理运转。故署名权所体现的人格利益具有专有属性，且不以权利人的主观意志为转移，一旦作品创作完成，其署名就与作者不可分，该权利不能转让、赠予、抵押、继承，并不受保护期限的限制。①

署名权包括两层含义：其一，作者有权在其作品上署名并排除非作者对其自身创作的作品的署名；其二，作者有权决定其在作品上的署名方式，如真名、假名、笔名、别名、匿名等，即署名方式的选择权。

对于作者而言，署名权的第一层含义，可理解为自身作品署名的积极权利和排除其他非作者署名的消极权利，后者一般为剽窃行为，即非作者在名利的诱使下盗用他人作品、据为己有的行为。除此以外，还有一种特定的情形，即作者的身份被盗用，而非作品被盗用，即某些作者在自身创作的作品上署其他知名作者的姓名，从而引起读者的误认。这样的作品是伪作，是一种创作领域的假冒行为，同样会损害知名作者的创作利益。虽然现行著作权法已将该行为认定为一种著作权侵权行为，纳入其调整范围，但因其单纯假冒署名的行为，并未直接依附该知名作者的作品，以至于是否可认定构成对作者署名权的侵犯，学术界亦有争议。

① 董成惠：《作品署名权法律性质探讨》，载《长江大学学报》2006年第6期，第23页。

笔者赞同郑成思先生的观点，以整体而论，每部作品所蕴含的价值并不是单一的，其为该作品的自身价值和作者以往作品声誉的结合。伪作虽只盗用了后者的名义而非其作品本身，但该不端的行为会导致社会对该作者作品整体上的评价降低，会严重损害作者在创作领域积累起来的声誉，这无疑是对于作者人格权利的侵犯，也可以看作从整体意义上侵害了知名作者的署名权。[①]

署名权的第二层含义，即署名方式的选择权。法律允许作者在适当的范围内选择符合自身意愿的署名方式，如真名、假名、笔名、别名等，只要该署名方式不至于在公众领域产生混淆或者其他不良损害。匿名，即作者对公众隐匿其创作身份，可以看作是一种特定化的署名方式，但此类隐姓埋名不得被视为作者对署名权的放弃。而关于合作作品中若干共同作者的署名顺序问题，法律规定并未涉及，即可由作者之间依据一定的规则约定顺序。由此认定在权利分配体系中，署名顺序先后与作者的创作利益大小并不直接相关。学术界对于合作作者的价值认定机制中，出于公平和正义的选择，应尽量淡化依据署名顺序确定作者相关权益的规则。

三、修改权和保持作品完整权

根据我国著作权法的规定，修改权，即修改或者授权他人修改作品的权利；保护作品完整权，即保护作品不受歪曲、篡改的权利。[②] 我国关于修改权和保持作品完整权的规定，源自《伯尔尼公约》第 6 条之二，即作者享有“反对任何曲解、割裂或者以其他方式篡改该作品，或者与该作品有关的可能损害其名誉或者荣誉的其他毁损行为”[③]。此两项权利均立足于保护作者对于作品的支配，即作者与作品的同一性，所以在某些国家的著作权法中，二者统称为“同一性保持权”，但从权利本质上而言，二者则各有侧重。修改权表述为作者有权对自身作品进行修改，这种修改往往以作者自身的观点改变为前提，无论这种改变发生在作品发表之前、出版之后抑或再版时。有关学者指出修改权独立存在的合理性，“即使作品已被披露，作者仍保留着修改的权利。这是创作权必然产生的结果：在再版或重印之前，作者从精益求精的角度考虑，可能认为有修改或说明某些概念、改进文风、增删文字的必要。”“对于一位作家或艺术家来说，很难接受一部作品已彻底完成这种

① 郑成思：《版权法》，北京·中国人民大学出版社，1990 年版，第 69 页。

② 《中华人民共和国著作权法》第十条。

③ 刘波林译：《保护文学和艺术作品伯尔尼公约（1971 年巴黎文本）指南》，北京·中国人民大学出版社，2002 年版，第 34 页。

看法”，“只有迷信或厌倦才会产生最后文本的概念”。[①] 而保持作品完整权则从消极层面要求非作者未经合法授权不得对作品进行歪曲性的改动，因这种改动可能会毁损作品思想表达的整体性。但修改权和保持作品完整权往往因为同一违法行为而一并被侵害，乃至一损俱损，所以在实践操作中经常被放置在同一诉求之下。

鉴于作品通常表现为一个复杂有机的结构整体，所以侵犯作品修改权和保持作品完整权的表现形式也是较为繁复多样。任何对于作品整体性的消极影响，都可被视为上述权利的侵犯，不仅仅表现为作品表达方式的直接改动，乃至于对于标题的改动导致其与相关内容的割裂，将作品使用在与其创作目的相悖的场合，影视作品中擅自插播广告或用遮盖作品内容的行为等，都可被视为对作品完整性的相关权利造成损害。如相关学者依据现实案例指出，针对我国著作权法第十条第四项保持作品完整权的规定，其解释应该将作品不受篡改、歪曲，解释为保护作品内容和作品标题的一个有机整体。[②]

该损害一般以违背作品意愿的恶意为前提，以损害作者声誉的不良影响为结果。而诸如出于编辑等目的对于作品文字性错误的修订、出于修缮等目的对于建筑作品的功能性更改，以及出于其他合理目的对于相关作品的改动，均不在上述侵权之列。

第三节　作者的财产权利

根据著作权法理论和我国的立法实践，作者的财产权利包括复制权、发行权、出租权、展览权、表演权、放映权、广播权、信息网络传播权、摄制权、改编权、翻译权、汇编权等，以及其他存在于理论和法律事实中的应当由著作权人享有的其他权利。鉴于关于作品的改编、翻译、汇编等行为在前文中已有介绍，故本节有选择地根据一些作品的特定利用方式来介绍作者的相关财产权利。

一、复制权

根据现行著作权法的规定，复制权即以印刷、复印、拓印、录音、录像、翻

① 德利娅·利普希克：《著作权与邻接权》，北京·中国对外翻译出版公司，2000 年版，第 128 页。

② 周春丽、郑厚勇：《论作品名称权》，载《咸宁学院学报》第 23 卷第 4 期，第 17 页。

录、翻拍等方式将作品制作一份或者多份的权利；① 在版权保护的历史上，复制权即作者自己复制和授权他人复制其作品的权利一直是版权人所享有的核心权利。② 复制权的内容随着复制技术的发展而获得延伸，在现代技术背景条件下，复制权应进一步延伸并涵盖将作品数字化以适应网络传输的全新传播方式。

广义上的复制形式大致可以分为三种，第一种为传统意义上的复制，即相同和不同载体之间的复制，如手抄、复写、拓印、油印、胶印、铅印、复印、翻拍、翻录等。第二种为载体上从无到有的复制，即将无形意义上的作品口头表述或现场表演通过记载或录制而形成有形复制件。第三种为平面到立体的复制，即将二维的作品表达方式予以三维化。

复制权是版权体系的渊源，也是最早被人类社会所认知的作品利用方式。复制权与复制技术的相互作用，使得版权的演进以一部复制技术的发展史为背景而相得益彰。随着技术的精进，版权经历了印刷版权时代、电子技术时代乃至于而今过渡到网络技术时代。不同技术背景下，作品被复制利用的领域和规模有天壤之别，乃至于作品的原有保护机制不断地面临着法律意义上的消解和重构。具体如，造纸术的传播和印刷技术的发展催生了近现代意义上的版权法，故“版权乃技术之子”。即随着印刷技术的出现，图书生产成本降低而且可以成为商品，能够为印刷商或者作者带来收益，与此同时，大量的复制与传播使得印刷商或者作者无法像控制手抄本那样控制、管领自己的无形财产权，从而产生了给予特殊保护的需要。③ 当时的时代背景下，作者的权利体系始终以复制权为核心，著作权亦被称之为“出版业之子”。而随着静电复印技术的出现，广泛存在的家庭复制对作者和出版商的利益造成严重的冲击，鉴于此，一些西方国家开始以复印和复录版税的形式，对复印机、复印纸、录音录像设备和空白磁带征税，借以弥补私人复制给版权界造成的利益流失。如今，信息传播技术的精进所带来网络环境下的零成本的海量复制，成为版权界无法回避的新问题。在数字时代，信息的复制变得更加随意而隐蔽，如针对临时复制，即通过电脑阅读、浏览内存中自动生成的信息复制件，而一旦运行程序关闭，该复制件亦随即消失。此类复制往往在使用者的无主动意识状态下，一般电脑通过自身技术自动完成，如果此项行为受到作者复制权的支配，则势必危及大量网络环境下的传播行为的合法性基础。1996 年世界

① 《中华人民共和国著作权法》第十条。

② 朱莉·E. 科恩：《全球信息化经济中的版权法》，北京·中信出版社，2003 年版，第 329 页。

③ 吴汉东：《著作权合理使用制度研究》，北京·中国政法大学出版社，1996 年版，第 63 页。

知识产权组织起草互联网条约，发达国家要求将临时复制纳入复制权的控制范围，发展中国家却持相反的主张，最后通过的条约采取了一种折中的做法，即在承认权利人对临时复制的权利主张前提下，将某些如单纯技术性、没有独立经济价值的复制行为、诸如提供网络服务或者维护、修理计算机等行为排除在权利人控制之外。[①] 我国并未将网上的复制行为纳入传统版权法的复制权体系，而另辅设以信息网络传播权加以调整，但考虑到我国当前网络环境下的现实状况，在立法上可以视作对于临时复制等相关行为采取了适当回避的态度。

二、发行权

发行是以出售、赠予等方式向公众提供作品复制件或原件的行为。传统意义上的发行权是一种以有形方式使用作品的权利，发行对象为社会公众。[②] 鉴于原件的单一载体属性，大多数类型作品的发行多以提供复制件为前提，所以发行权和复制权相互关联，共同构成了普遍意义上的出版。[③] 理论上的发行既可以是有偿行为，也可以是无偿的，其包括但不仅限于出售、赠予，也包括出借、出租等提供作品的行为。但在实践过程中，只有“销售”本身就是著作权意义上“发行”作品的一种方式，而且是最为重要的方式。而针对作品的原件或复制件“赠予”等其他方式是极为罕见的，而“向公众销售作品的原件”也很少见（主要指对作品原件的拍卖），因此在实践中，“发行”作品基本上可以等同于“销售”作品。[④]

发行权是一次用尽的权利，法律意义上亦称为发行权穷竭的法律现象。发行权一次用尽即作品通过作者许可前提下的首次进入市场销售后，在流通环节的运转，诸如作品的转售、分销等行为，作者无权再次主张控制。发行权权利穷竭目的是确保作者利益获得实现的前提下，作品可以在市场环节高效流通，而不至于被作者过度控制。

还有一个需要澄清的问题，即发行权能否延伸适用在网络环境下？根据我国新闻出版总署、信息产业部共同颁布的《互联网出版管理暂行规定》将“互联网出版”界定为“互联网信息服务提供者将自己创作或他人创作的作品经过选择和编辑加工，登载在互联网上或者通过互联网发送到用户端，供公众浏览、阅读、

① 马克·戴维生、王源扩：《计算机网络通讯与美国版权法的新动向》，载《外国法译评》1996年第1期，第55页。

② 金勇军：《知识产权原理》，北京·中国政法大学出版社，2002年版，第305页。

③ 《中华人民共和国著作权法》第五十七条。

④ 王迁：《论著作权意义上的“发行”——兼评两高对刑法“复制发行”的两次司法解释》，载《知识产权》2008年第1期，第9页。

使用或者下载的在线传播行为”。[1]而实际上，著作权法中“发行”所指的方式是特定的，它仅指通过转移作品有形载体所有权的方式向公众提供作品的行为。[2] 故发行权体现以有形载体的转让为前提，在网络环境下无可直接适用的余地。

三、出租权

出租权为2001年著作权法修订后新增的一项作者的财产性权利。根据我国著作权法规定，出租权即有偿许可他人临时使用电影作品和以类似摄制电影的方法创作的作品、计算机软件的权利，计算机软件不是出租的主要标的的除外；出租可以被视为广义上的一种发行行为，但作为一项单独被提出的著作权权利，其并不适用于发行权用尽的规则。

出租权的客体仅限于影视作品和计算机软件，此外也包括录音录像制品。法律之所以对上述两类客体规定以出租权，原因在于此两类作品的制作成本较高，商业化程度较深，利用方式上如采用以租代买则更为经济适用。在当前数字化的环境中，如不以规定出租权对其利用加以约制，则作者的相关权益势必被侵蚀殆尽。而且，从其社会价值层面分析，影视作品以娱乐性为主，软件则强调功能性，皆与文字作品以文化基础为背景的社会传播属性不同，对于上述作品的出租权规制不会过分损害到社会整体精神文明的发展。

四、表演权

著作权法规定，表演权，即公开表演作品，以及用各种手段公开播送作品的表演的权利；鉴于表演包括“演奏乐曲、上演剧本、朗诵诗词”等多种形式，表演权涉及的不仅限于音乐、戏剧等舞台艺术作品，同样也涵盖文字等其他作品形式。人类存在着悠久的表演艺术发展历史，但直至一个半世纪之前，表演权才在法国被当作一项正式的作品权益予以提出，并通过立法得到保护。

伴随着技术的发展，表演活动的展现手段和利用形式日渐丰富。原始状态下的表演活动一般为现场的舞台表演，即根据规定的情景和人物的思想感情，运用声音、表情、动作等创造角色形象，再现作品的活动。但随着技术手段的发展，人们利用各种手段促进现场表演的进一步传播，机械表演权则浮出水面。表演活

---

① 《中华人民共和国互联网出版管理暂行规定》第5条。

② 王迁：《论著作权法发行中的界定——兼评全国首宗BT犯罪案》，载《华东政法学院学报》2006年第3期。

动的传播可以有以下几种形式：（1）授权他人以各种方式公开表演其作品。（2）授权他人表演其作品并将表演通过电台或电视台传播。（3）授权他人表演其作品并将表演录制成录音录像作品予以复制发行。（4）作品的表演被制成录音录像作品发行后被商业场所用作营利性使用。（5）将表演的录音录像复制件用来出租。其中按照其传播的性质，前两种形式为现场表演，即舞台表演。而后三种则表现为突破时空界限的非现场表演，且其实施必然依赖机械的记录和播放功能，可认定为机械表演的形式。无论是现场表演还是机械表演，在符合表演性质的前提下，都可以被认定为作者表演权的一种体现和延伸。

在市场经济中，表演活动在商业场所被反复的营利性使用的现象屡见不鲜，如商场、酒吧等场所以招徕顾客为目的而大量播放音乐等相关作品等。根据表演权的法律性质，作者理所当然应该对这一类活动提出权益主张，但鉴于商业活动中使用作品的普遍性和分散性，法律不能依靠个别权利人的授权机制来规范此类活动，依赖相关著作权集体管理组织实施运作的“背景音乐收费”机制则应运而生。我国的音乐著作权集体管理组织按照一定的收费标准，如依据国际惯例区分不同经营者，如超市按经营面积、宾馆按床位、飞机按飞行里程等，向在作为背景音乐的营业场所中公开播放受保护的音乐作品，收取部分著作权使用费，这种做法也符合《伯尔尼公约》的相关规定。①

五、展览权

展览权是指有权许可或禁止他人公开陈列美术作品、摄影作品的原件或者复制件的权利。我国著作权法将展览权的客体限定于美术和摄影作品，此种限定略显狭窄。在西方国家，如美国版权法中，文字、音乐和舞蹈作品都设定有展览权。

根据我国著作权法，展览权设定在美术和摄影作品之上，但不仅限于作品原件，现实中许多作品的复制件仍然有较高的展览价值。尽管《伯尔尼公约》中并未明确提及展览权，在各国立法中，我们普遍可以认知展览权独立存在的价值，展览权不同于发表权，相对于发表权的将作品公之于众，展览权侧重于作品的公开展示和陈列，它为作者支配下的一项著作权的财产权利，不同于发表权的一次用尽，展览权可反复行使并以此获取财产收益。

---

① 李祥君：《背景音乐侵权的几个基本问题探析——我国首例背景音乐侵权案引发的思考》，西南政法大学硕士论文。

六、信息网络传播权

根据《信息网络传播权保护条例》，所谓信息网络传播权，是指以有线或者无线方式向公众提供作品、表演或者录音录像制品，使公众可以在其个人选定的时间和地点获得作品、表演或者录音录像制品的权利。此项权利为2001年著作权法修订后的新设权利，在此之前的1999年，北京市海淀区人民法院曾受理了王蒙等六位作家诉世纪互联网的网络著作权侵权案件。为了进一步管理著作权的信息网络传播行为，规范信息网络传播权的实施，2006年，国务院专门针对此项权利颁布施行了《信息网络传播权保护条例》。随着互联网的迅猛发展，网络环境下的著作权问题一度成为公众和法律界关注的焦点，相关案例层出不穷，不失典型性和焦点性，如2013年轰动一时的深圳市快播科技有限公司侵犯著作权案。

信息的网络传播是传统意义上的作品传播行为在网络环境下的延伸，它是一种全新的、高效便捷的信息传播方式。从网络环境下的作品侵权行为的特征来看，许多案例呈现给我们的是一种普遍性和复杂性，直接侵权和间接侵权相互作用，侵权主体存在着广泛性、随意性、跨地域性、隐蔽性和多重性的特质。网上侵权除了传统意义上的上传侵权作品，还包括大量的关联性侵权行为，如最早的一起因链接引发的著作权侵权案件“谢德兰时报案”（Shetland Times Case），此案中，被告谢德兰新闻将原告谢德兰时报网页上的标题刊登在自己的网页上并设置了通向文章内容的链接，使得被告的用户通过链接可以绕过原告网站的主页，直接访问原告网站上登载的内容。这种行为的效果是使读者误认为其浏览范围仍在被告的网站中。审理此案的法院在诉讼中认定，原告的文章标题构成文字作品，受版权法保护，而被告非法将其用作链接标志，因而构成侵权行为。[①] 再有针对网络服务商，即ISP在侵权作品传播过程中的相关责任，相关案例如美国1993年《花花公子》公司（PEI）诉弗雷纳（Frena）案中，法院认为，被告为经营公告版的网络服务商，其为相关作品提供了场所和空间，而原告的照片可在其中被上传和下载，这实际上已发行了一种产品，其中包括含有侵犯他人版权的内容，尽管该内容不是被告提供的。此外，法院对之做出很宽泛的解释：“包括以任何方式向屏幕或其他平面投射影像，以电子方式或其他方法传输影像，或者用阴极射线管之类的视觉设备，与任何信息储存、加工系统相连，表现影像。”该案法官除了认定被告有故意侵权的意图和活动之外，也认为被告经营电子公告版，对所有上传的内

① 《刍议网络著作权侵权》，摘自 http：//s. yingle. com/w/cq/21681. html，2017-10-02 21：18。

容进行浏览，有检查、控制之责却又不加区别一律上传，因而，尽管建立公告版本身不是版权法禁止的行为，不构成侵权，但是被告以实际上的复制、发行方式改变了自己“中介”的地位，直接侵犯了原告的版权。① 即所谓辅助侵权责任，行为人自身虽未直接从事侵权活动，但其促成或引发了他人的著作权侵权行为。鉴于网络服务商自身服务的特殊性，对于浩如烟海的网络信息难以逐一实施有效的排查，片面加重其在网络传播中版权合法性审查责任实乃勉为其难，有损于著作权法中的利益衡平的立法宗旨，故为了有效地规制网络环境下的版权冲突，我国在立法和司法认定过程中引入了美国《数字千年版权法案》中的避风港规则，从而为解决复杂的网上版权纠纷，界定网络服务商的相关法律责任提供了合理有效的法律依据。根据我国《信息网络传播权保护条例》有关规定：“对提供信息存储空间或者提供搜索、链接服务的网络服务提供者，权利人认为其服务所涉及的作品、表演、录音录像制品，侵犯自己的信息网络传播权或者被删除、改变了自己的权利管理电子信息的，可以向该网络服务提供者提交书面通知，要求网络服务提供者删除该作品、表演、录音录像制品，或者断开与该作品、表演、录音录像制品的链接。”“网络服务提供者为服务对象提供信息存储空间，供服务对象通过信息网络向公众提供作品、表演、录音录像制品，并具备下列条件的，不承担赔偿责任。（一）明确标示该信息存储空间是为服务对象所提供，并公开网络服务提供者的名称、联系人、网络地址；（二）未改变服务对象所提供的作品、表演、录音录像制品；（三）不知道也没有合理的理由应当知道服务对象提供的作品、表演、录音录像制品侵权；（四）未从服务对象提供作品、表演、录音录像制品中直接获得经济利益；（五）在接到权利人的通知书后，根据本条例规定删除权利人认为侵权的作品、表演、录音录像制品。”② 以上原则简括为避风港规则，即通知删除规则，网络服务商有责任在接到权利人的请求下删除涉嫌侵权的信息链接，从而有效地维护权利人的合法权益。网络服务商在适用该规则的前提下可适当免除其著作权连带侵权责任，即进入法律的“避风港”。同时，为了以公平正义为前提，有效地平衡各方利益，“避风港规则”在法律实践中还需受到“红旗规则”的制约，即网络服务提供者适用避风港规则的前提是不知道或不可能知道侵权作品的存在，如果侵犯著作权的事实是显而易见的，就像是红旗一样飘扬，网络服务提供者就不能装作看不见，或以不知道侵权的理由来推脱责任；在这样的情况

① 张玉瑞：《互联网上的知识产权——诉讼与法律》，北京·人民法院出版社，2000年版，第78页。

② 《中华人民共和国信息网络传播权保护条例》，第14条。

下，如果网络服务提供者不移除侵权信息，就算著作权人没有发出过通知，也应该认定网络服务提供者知道第三方是侵权的，应该承担相应的法律责任。[1] 红旗规则作为避风港规则的合理补充，进一步排除了大量出现在网络环境中的，诸如网络服务商对侵权作品从事热播推荐，对涉嫌侵权内容进行选择、编辑、整理、设置榜单，定向链接“专业侵权”网站，直接从侵权作品中获得经济利益等相关的不当行为，平衡了各方利益和责任。由此可见，避风港规则的适用为网络环境下版权侵权行为中有关于网络服务商的责任认定确立了一个相对明确的准据，有利于网络服务商适当减轻其版权侵权责任的分担，进一步促进行业的健康有序发展。

---

① 《中华人民共和国信息网络传播权保护条例》第23条。

第七章　著作权的主体和权利归属

第一节　著作权主体

著作权法保护的主体，即著作权人，是指依照法律享有著作权权利和承担著作权义务的人。著作权主体依据其获权方式大致可分为原始主体和派生主体。原始主体，是依据创作而获得作品相关权利的，在我国著作权法的认定范围内，可涵盖自然人和法人等，也包括中国大陆居民、港澳台居民和外国人、无国籍人等。

一、自然人作者和法人作者

我国著作权法第十一条的有关规定："著作权属于作者，本法另有规定的除外。创作作品的公民是作者。"作品既为人类智力创作产生，则自然人普遍意义上为作品的真实意义的作者。承认自然人的作者身份，也反映了法律对于创作这一客观事实的尊重和认可。而自然人以外的其他主体，譬如法人，究其本质，并无完成创作的真实可能性。法律将其"视为作者"，即依据相关法律将作者身份赋予此类主体，即可认定为"法定作者"。对于"法定作者"的认可与否的态度，集中反映了各国立法观念和技术选择的差异。以法国和德国为代表的大陆法系，侧重于作品与作者之间的紧密人格联系，如德国学者迪茨将作品称为"心智的孩子"，大陆法系从法律自身的严谨逻辑出发，反对"法定作者"规定的存在，"采用大陆法系传统的国家，法律只承认自然人是作者。"① 而在英美法系中，作品的利用价值更受重视，在倾向于便捷地传播使用作品的观念基础上，根植于"法人实在说"的理论，针对某些与法人经济活动密切相关的作品类型，"法定作者"的出现理所当然地具有正当性。我国同样承认"法定作者"的存在，根据著作权法第十一条的有关规定："由法人或者其他组织主持，代表法人或者其他组织意志创作，

---

① 汤宗舜：《著作权原理》，北京·知识产权出版社，2005年版，第44页。

并由法人或者其他组织承担责任的作品，法人或者其他组织视为作者。”由此规定窥测，我国将“法人主持”“法人意志”“法人责任”此三要件视为法人作为“法定作者”的前提。但我国著作权中一贯承认作品人格权存在的合理性基础，“法定作者”与作品人格权理论的内在理论冲突依然存在，立法者只是简单地回避了这个命题。

二、外国人和港澳台地区主体

自然人作为主体，不仅限于中国公民，也包括外国公民、无国籍人，在具备法定条件的前提下，外国人和无国籍人在中国可享有其作品的著作权。

根据我国著作权法规定：“外国人、无国籍人的作品根据其作者所属国或者经常居住地国同中国签订的协议或者共同参加的国际条约享有的著作权，受本法保护。外国人、无国籍人的作品首先在中国境内出版的，依照本法享有著作权。未与中国签订协议或者共同参加国际条约的国家的作者以及无国籍人的作品首次在中国参加的国际条约的成员国出版的，或者在成员国和非成员国同时出版的，受本法保护。”① 以上三个条件依次适用，但适用条件二或条件三的著作权保护期应从作品首次出版之日起计算，而非一般意义上的作品创作完成之时。

港澳台地区，由于历史原因，不适用《中华人民共和国著作权法》。回归祖国后，香港地区一直沿用1997年的香港《版权条例》，但香港为《伯尔尼公约》《世界版权公约》《罗马公约》和《与贸易有关的知识产权协议》的成员，澳门地区为《伯尔尼公约》1948年布鲁塞尔文本和《与贸易有关的知识产权协议》的成员，台湾地区为《与贸易有关的知识产权协议》的成员，根据著作权法第二条，关于共同协议下成员方的公民作品自动获得保护的原则，上述地区公民的作品在我国亦可一视同仁地受到著作权法的保护。

三、派生主体

和著作权法原始主体相对应的是派生主体，即通过非创作的方式获得相关权利的著作权主体。根据我国著作权法，派生主体获得相关权利的方式一般包括继承和继受。著作权的继承即作者去世后到著作权期限届满的一段时间内的财产权利和发表权或对于作者去世后的著作权人身权利，著作权依据法律转移给作者相关继承人享有。

我国著作权法、《著作权法实施条例》和《中华人民共和国继承法》都有关于著作权继承的相关规定，但其中针对作者的著作权人身权利和著作权的财产权

---

① 《中华人民共和国著作权法》第二条。

利的相关继承，规定上则有所差异。对于著作权的人身权利，《著作权法实施条例》规定："作者死亡后，其著作权中的署名权、修改权、保持作品完整权由作者的继承人或者受遗赠人保护。"① 所谓保护，则意味着著作权的继承人持有保护著作权免受不法侵害的责任，即针对著作权人身权利的消极影响会得到来自继承人的维护，而继承人针对著作权人身权利中的积极层面则无由行使。但同属于著作权人身权利的发表权，鉴于其与财产权利的密切关联性，法律则另作处理。根据《著作权法实施条例》第十七条之规定："作者生前未发表的作品，如果作者生前未明确表示不发表，作者死亡后的50年内，其发表权可由继承人或受遗赠人行使。"②

针对著作权的财产权利，著作权法第十九条第一款规定："著作权属于公民的，公民死亡后，其本法第十条第一款第（五）项至第（十七）项规定的权利在本法规定的保护期内，依照继承法的规定转移。"继承法第三条规定："遗产是公民死亡时遗留的个人合法财产，包括……公民的著作权……"即作品中的财产权利可依据相关法律转移给继承人，由继承人行使并享有相关利益。倘若著作权人没有继承人和受遗赠人，则参照以下几条规定，其一，如为合作作品，著作权由其他合作作者享有；其二，如合作作品的其他作者已先于作者去世，依据继承法之规定，著作权归属于国家；其三，如作品尚未发表，而作品原件为第三人合法持有，则第三人可行使该作品之发表权。

著作权的继受即法人作品在法人主体变更后的著作权移转。根据著作权法第十九条第二款之规定："著作权属于法人或者其他组织的，法人或者其他组织变更、终止后，其本法第十条第一款第（五）项至第（十七）项规定的权利在本法规定的保护期内，由承受其权利义务的法人或者其他组织享有；没有承受其权利义务的法人或者其他组织的，由国家享有。"③

第二节　著作权的权利归属确立的原则和认定方式

一、作者原则

著作权的权利归属首选作者原则，因为根据洛克的财产权学说，人由支配自

① 《中华人民共和国著作权法实施条例》第二十条。

② 《中华人民共和国著作权法实施条例》第十七条。

③ 《中华人民共和国著作权法》第十九条。

身的身体而产生劳动，并最终形成劳动成果。个人人格通过劳动延伸至物之上，从而使之成为自身的一部分。作品乃作者通过智力劳动创造而生，是作者智力劳动的成果外化，作者作为权利主体享有相关的著作权在法律逻辑上具有无疑的正当性。著作权法第十一条规定："创作作品的公民是作者。"① 著作权的诸多权利中，其人身权利部分永远依附于作者，既为维护作者创作这一事实的真实意义，也宣示了作者和作品之间不容更改的血缘缔造。英国 1709 年的《安娜法》，即"为保护创作者以及相关权利人的利益赋予其在一段时间内对其作品享有之垄断权利的法案"。尽管在安娜法产生之前，即有威尼斯城邦于 1469 年颁发过人类历史上第一个印刷垄断许可证，授予印刷商对特定书信的出版专有权。之后也不乏封建领主以特许令的形式颁发的印刷许可，但本质上都只是针对特定出版商的保护机制。而安娜法首开创作主义的先河，第一次将著作权的视角由出版商转向作者，使得作者原则成为现代著作权制度确立的法律基石，沿袭数百年至今。

二、其他原则

我国著作权法明文规定："著作权属于作者，本法另有规定的除外。"② 作者虽为作品的原创者，但并非绝对意义上的著作权人，除了作者之外，其他法律主体也可依据法律规定获得著作权，而取代作者的著作权权利人的身份，此类规定在国际著作权法律体系中普遍存在。根据我国著作权法推论，作者原则之外，另有其他权利归属原则补充，以促成完整有机的著作权权利分配体系。

仔细推敲作者原则之外的权利归属认定，大致可包括投资原则和合意原则两类。投资原则，即针对某种特定类型的作品创作情形，资金投入和技术条件对该作品的完成具有重大意义，个人的劳动仅为成果的一部分，作为投资方以整体的方式进行统筹管理和分工协作是促成作品最终完成的关键，此类作品多与商业经营和技术产业相关联，如计算机软件、电影作品、数据库等，为了保障投资者利益的回报，也为了提高作品的利用效率，一般将此类作品的著作权依法直接赋予投资方。

合意原则则以著作权的私权属性为前提，根据意思自治的原则，允许权利人通过与他人合意来最终确定著作权的归属，如著作权法第十七条规定："受委托创作的作品，著作权的归属由委托人和受托人通过合同约定。合同未做明确约定或

① 《中华人民共和国著作权法》第十一条。
② 《中华人民共和国著作权法》第十一条。

者没有订立合同的，著作权属于受托人。”这种原则同样也可视为是一种最大限度满足作者创作利益的必要，对于作者原则的有利补充。综上所述，无论是作者原则，还是投资原则或合意原则，都基本符合著作权法鼓励创作、促进传播的立法宗旨。上述权利归属原则相互补充，共同形成一套公平合理、行之有效的著作权权利分配运行机制。

三、著作权权利归属的认定方式

著作权法第十一条第四款规定：“如无相反证明，在作品上署名的公民、法人或者其他组织为作者。”[①] 署名作为著作权归属的首选认定方式，具有其天然的合理性。其一，著作权为无体财产权，其权利客体脱离权利人的直接支配，无法通过表见模式宣示其权利所有，只能另辟蹊径选择署名这种权利标示的方式。其二，著作权没有严格的权利登记制度，权利为自动取得，在获权过程中，未经与专利权和商标权相类似的确权程序。在确定权利过程中，依据署名进行推定，无疑可视为一种便捷有效的经验规则。

第三节　各种类型的作品的权利归属

一、合作作品的权利归属

两个以上的著作权主体合作创作的作品为合作作品。合作作品的著作权由权利人共同享有。

我国著作权法第十三条规定：“两人以上合作创作的作品，著作权由合作作者共同享有。没有参加创作的人，不能成为合作作者。”[②] 构成合作创作作品需要具备以下条件。第一，在合作创作之前或之中，创作主体之间主观上对该作品具有共同的创作意图，即表现为创作主体对合作创作达成共识，有意识地将各自的创作连接成一个整体。在某些特定的情形下，参与创作活动的主体并未形成积极的创作意识，而仅仅作为一个信息提供者的身份而存在，如受采访者对作品提供必要的信息资料，则不应被视为合作创作。如果合作意识产生于作品完成之后，如

---

① 《中华人民共和国著作权法》第十一条。
② 《中华人民共和国著作权法》第十三条。

在原作基础上的再度创作，则此类作品一般被视为独立于原作的新作，而非单一的合作作品。第二，各个合作作者之间客观上对作品的完成做出了直接的、实质性的贡献。何谓实质性的贡献，根据浮新才的“作品原创性来源成分标准”的理论，即每个合作作者对作品的创作贡献最终会形成作品原创性来源的必要构成。[①]“实质性贡献”理论要求每个合作作者的真实创作活动，基本摒除了只对作品形成给予形式指导或者物质支持的相关行为，以及那些专为出版之需对作品进行纯技术的编辑加工行为，[②] 集中贯彻了作者主义的原则。

根据我国著作权法，合作作品可分为可以分割的合作作品和不可以分割的合作作品，二者在形成过程、表现形式以及权利行使等各个方面都显示明显差异。我国著作权法第十三条第二款规定：“合作作品可以分割使用的，作者对各自创作的部分可以单独享有著作权，但行使著作权时不得侵犯合作作品整体的著作权。”[③]可以分割使用的合作作品，亦称结合作品或集合作品。即不同创作主体分别独立进行创作，最终将各自创作完成的部分合为一体，共同署名。从作品的外观上看，不同主体的创作成果各自独立可分。在权利运用过程中，各作者对各自创作的部分的著作权可独立进行行使，而不至于牵连其他人的创作成果，但行使行为不可以有损于合作作品整体的著作权权益。而不可分割的合作作品，即合作作者各自的创作成果在作品之中水乳交融，难分彼此。此类作品的著作权呈现不可分的单一形态，应由合作作者之间协商共同行使，如协商不能达成一致，则任何一方在无正当理由的前提下，不能阻止他方行使除转让之外的其他任何权利。上述规定的倾向性集中体现了个体权利和共同权利在冲突情境下的协调原则，以及著作权法促进传播的立法宗旨。

二、委托作品的权利归属

委托作品，是指受托人根据委托人的委托而创作的作品。委托作品一般基于合同行为产生，而委托作品合同与一般意义上的委托合同不同，受托人向委托人提供的为作品这一劳动成果而非特定代理行为，许多学者认为委托作品符合承揽合同的要件，应视为一种特定性的承揽合同。但事实上，委托作品虽以成果为合同标的，但并未如承揽合同以有偿为构成要件；同时鉴于委托作品具有不同于一

---

① 浮新才：《试论合作作者的认定标准》，载《著作权法》1993年第2期，第18页。

② 刘春田：《知识产权法》，北京·中国人民大学出版社，2009年版，第94页。

③ 《中华人民共和国著作权法》第十三条。

般产品的特殊人格权属性，委托作品对于特定受托方的身份要求要高于一般意义上的承揽合同，本质上而言是一种相对独立的合同类型，可被单独定义为“委托作品合同”。

我国著作权法第十七条对委托作品著作权的归属做出了规定：“受委托创作的作品，著作权的归属由委托人和受托人通过合同约定。合同未做明确约定或者没有订立合同的，著作权属于受托人。”① 此规定允许委托人和受托人通过合同约定著作权的归属，但在未约定归属的前提下，权利归属的天平倒向于受托人，即创作的一方，集中体现了合意优先和创作为本的权利归属原则，为著作权民事权利属性的集中诠释。《最高人民法院关于审理著作权民事纠纷案件适用法律若干问题的解释》中第十四条有如下规定：“当事人合意以特定人物经历为题材完成的自传体作品，当事人对著作权权属有约定的，依其约定；没有约定的，著作权归该特定人物享有，执笔人或整理人对作品完成付出劳动的，著作权人可以向其支付适当的报酬。”此项规定考虑到了自传体作品表现形式的特殊性，将未约定前提下的著作权案做出归属自传作品传主的解释，但似乎有悖于著作权的立法宗旨，亦和法律的基本规定相冲突，有失妥当。

在未约定归属的前提下，受托人享有著作权，但该权利并不能阻止委托人在委托目的范围内合理使用该作品。至于委托目的的具体范围，应本着诚信原则，厘清使用作品与委托方之间的特定联系，在公平合理的前提下谨慎推定。

三、职务作品的权利归属

职务作品，即公民为完成法人的特定工作任务而创作的作品。职务作品的构成需要考虑两个重要的条件。其一，职务作品中，公民与该法人之间应具有特定的工作关系，即符合劳动法意义上的雇用或者聘用关系，而非一般意义上的平等市场主体之间的关系。其二，职务作品应属于公民为完成职属于法人的特定工作任务而创作的作品，而非工作任务之外的个人领域的创作成果。对于工作任务，即职工依据劳动合同或工作单位的职责规章，必须完成的义务。对工作任务范围的限定，从保护原始创作者利益出发，一般不倾向于做扩大解释。如工作单位未以书面形式指明的工作人员的职责范围，就应考虑到在产生争议时法院有可能做出有利于作者的判决。②

---

① 《中华人民共和国著作权法》第十七条。

② 刘白驹：《社会科学的著作权问题》，北京·社会科学文献出版社，1996年版，第62页。

英美法系中，职务作品亦被称为雇用作品，其权利归属倾向于雇主主义，即职务作品一般归属于法人而非自然人；大陆法系则相反，以雇员主义为价值指向。相形之下，我国针对职务作品的归属认定相对折中，将职务作品分为一般和特殊两种类型，其权利归属分别做出指向自然人和法人的不同规定，整体而言较为复杂。根据我国著作权法第十六条的规定："公民为完成法人或者其他组织工作任务所创作的作品是职务作品，除本条第二款的规定以外，著作权由作者享有，但法人或者其他组织有权在其业务范围内优先使用。作品完成两年内，未经单位同意，作者不得许可第三人以与单位使用的相同方式使用该作品。"① 一般职务作品的著作权归属于作者，法人在其业务范围内享有优先使用的权利。而特殊职务作品，则属于著作权法第十六条第二款规定的例外情形的作品，即"（一）主要是利用法人或者其他组织的物质技术条件创作，并由法人或者其他组织承担责任的工程设计图、产品设计图、地图、计算机软件等职务作品；（二）法律、行政法规规定或者合同约定著作权由法人或者其他组织享有的职务作品。"② 著作权法规定，对于特殊职务作品，作者仅享有署名权，而著作权的其他权利由法人或者其他组织享有，法人或者其他组织可以给予作者奖励。因为相对于一般作品，上述作品的完成更加依赖法人提供资金、技术等物质条件，也更需要法人在创作过程中投入大量的精力进行统筹协调和集中管理，更何况此类作品多属于功能性的作品，与作者的特定人格联系相对淡薄，而与法人的经济利益关系较为密切。将此类作品权利归属于法人，则在使用过程中更有利于该作品价值最大化的实现。

四、演绎作品的权利归属

演绎作品，即在原作基础上通过改编、翻译、注释、整理等演绎行为而产生的新作品。研究演绎作品的权利归属，首先要澄清，第一，演绎作品本身是独立于原作的新作品，演绎作品的著作权由演绎作者享有。第二，演绎为原作基础上的再创作，其作品中包含有原作的创作成果，故其著作权的产生和行使都受制于原作者的权利。就其权利产生而言，未有原作合法授权基础上的演绎创作成果为非法演绎作品，非法演绎作品的权利存有瑕疵而无法得到法律确认。就其权利行使而言，著作权法第三十五条、第三十七条和第四十条分别针对演绎作品的出版、使用演出和录制等使用行为需要获得演绎作者和原作者"双重授权"的规定，即

① 《中华人民共和国著作权法》第十六条。
② 《中华人民共和国著作权法》第十六条。

演绎作品的使用，“应当取得改编、翻译、注释、整理作品的著作权人和原作品著作权人许可，并支付报酬。”①

五、汇编作品的权利归属

汇编作品即将作品或者片段，也包括其他数据和材料通过特定意义上的选择和编排，重新整合为独创性的新作品。著作权法第十四条规定汇编作品：“其著作权由汇编人享有，但行使著作权时，不得侵犯原作品的著作权。”

汇编作品为汇编行为基础上创作而成的独立新作，汇编作者享有其著作权。汇编作品中的数据和材料，如无关版权或在合法的使用范围内，汇编者可任意使用；但如涉及有原作独立的著作权，则汇编者权利的产生和行使亦需要受原作的权利支配。

汇编作品多表现为若干作者的作品形式集合，其与合作作品外观颇似。但仔细分析，会发现二者有较多不同之处。首先，发表和署名的方式不同，汇编作品以独立于各个作者的汇编者署名的形式发表，而合作作品以合作主体之间的共同署名的形式发表。其次，权利归属不同，汇编作品中，汇编者仅对汇编作品的选择和编排享有著作权，而各个作者则对其具体的创作内容享有著作权，各个主体之间权利并无交叉。而合作作品中，每个合作作者除了享有与各自作品的独立著作权之外，对作品整体亦有权利，各个主体之间权利形成明显的交叉。最后，形成方式不同。汇编作品以汇编者的思路统筹各个主体之间的作品，各个主体之间不必以创作共识为基础；而对于合作作品，主体间的共识则为作品形成的主观要件。

六、电影作品的权利归属

电影作品在资金和技术手段的统一协调下，将众多不同类型的作品凝结为一体的一种综合性艺术形式。究其本质而言，电影属于一种特殊形态下的合作作品和职务作品。但是电影作品相对于其他类型的作品，有其鲜明的综合性、商业性，电影作品一旦形成，呈现给公众的则为一个多层次的、高成本的单一载体。如何确定电影作品的权利归属，应立足于考虑如何协调单一载体下的各个主体之间的法律关系，如何促进电影作品最有效率的传播从而保障电影制作者的利益。所以，世界各国对于电影作品的著作权归属认定，都致力于删繁就简，明晰权利关系，

---

① 《中华人民共和国著作权法》第三十四条。

解决由于权利主体过度分散而导致的权利运作凝滞不畅的低效状态。

我国著作权法第十五条第一款规定："电影作品和以类似摄制电影的方法创作的作品的著作权由制片者享有。"此项规定基本上与各国对电影作品的相关规定一致，反映了当前世界对电影作品权利归属认定的一种无分歧的共识状态。以保障投资作为确立权利归属的基本原则，为了提高对投资人的回报率，并确保电影作品拍摄完成后能够得到充分的利用和使用，在保证电影作品中单独使用作品的著作权的前提下，应该确定电影作品的著作权归制片者享有。[①] 制片方虽非实质意义上的创作主体，但其以资金和物质条件提供者的身份确保了电影作品的最终完成。立法者将版权的流转和产业的发展因素考虑其中，在借鉴了各国立法模式之后，创造性地突破了作者权法系法律教条主义，将我国著作权法规定得更具有实用性。[②] 电影作品多呈现为突出的商业运作特性，由制片方独享电影作品的版权，更有利于电影市场的有序运作和繁荣发展。

电影作品权利归属的法定移转，使得除制片之外，电影作品中的其他真实创作主体并不直接享有电影作品的法定著作权，根据我国著作权法第十五条规定，电影作品中的"编剧、导演、摄影、作词、作曲等作者仅保有各自的署名权，和通过与制片者签订协议获得各自报酬的合同权利。"但著作权法第十五条第二款补充了一项规定："电影作品和以类似摄制电影的方法创作的作品中的剧本、音乐等可以单独使用的作品的作者有权单独行使其著作权。"

---

① 吴汉东：《知识产权基本问题研究》，北京·中国人民大学出版社，2005年版，第228页。

② 肖虹：《论电影作品著作权的归属》，载《经济视角》2003年第10期，第66页。

第八章　著作权权利保护期限

第一节　著作权人格权利保护期限

一般而言，著作权中的人格权利在法律规定上并无相关保护期限的限制，我国著作权法第二十条规定："作者的署名权、修改权、保护作品完整权的保护期不受限制。"此项规定意味着权利人可以永远享有对其作品的相关的人格权利，但著作权如此表述不免令人困惑，权利人死亡后，民事主体资格随之灭失，其相关人格权并无合法存在的逻辑基础，而关于"权利不受限制"的法律规定是否符合立法规范则有待商榷。一般而言，待作者死亡后，与作品人格权利相关的利益则一并固定下来，其作品的人格权利既无从行使也不容更改。

发表权虽就本质属性而言，属于作品人格权利的范畴，但著作权法对其保护期限则另有规定；著作权法第二十一条第一款："公民的作品，其发表权、本法第十条第一款第（五）项至第（十七）项规定的权利的保护期为作者终生及其死亡后五十年，截止于作者死亡后第五十年的12月31日；如果是合作作品，截止于最后死亡的作者死亡后第五十年的12月31日。"① 由于发表权为相关财产权利行使的前提，如作品发表受限，则财产权利无从行使，故发表权的期限与其他著作财产权利相同，而与其他著作人格权利迥异。对发表权的例外规定，也是著作权法鼓励创作和促进传播两大立法宗旨的协调统一。

第二节　著作权财产权利的保护期限

根据我国著作权法第二十一条的规定，自然人的作品其保护期截止至该公民

① 《中华人民共和国著作权法》第二十一条。

死亡的第五十年的12月31日，自然人作品的保护期限具有一定的绝对性，只与作者身份有关，而与作品的创作或发表日期则无关联，隶属于同一作者名下的所有作品，无论创作日期或早或晚，其保护期限都是一致的。针对合作作者创作的作品，著作权法规定其保护期："截止于最后死亡的作者死亡后第五十年的12月31日。"著作权法以合作作品不能使得相关作者因合作关系而遭受到法律上的不利为前提，倾向于一种最大限度延长合作作品保护期限的推定方式。

针对法人作品，著作权法第二十一条第二款规定："法人或者其他组织的作品、著作权（署名权除外）由法人或者其他组织享有的职务作品，其发表权、本法第十条第一款第（五）项至第（十七）项规定的权利的保护期为五十年，截止于作品首次发表后第五十年的12月31日，但作品自创作完成后五十年内未发表的，本法不再保护。"法人为无生命的法律实体，相对于自然人，法人存在的期限可长可短，长则永无终结，故针对法人作品的保护期限，不能以自然人的有生之年作为参照系，否则令法人作品的保护期限被过度延长，则使得该作品被过度地私权化保护，导致作者和社会之间的利益体系失衡，既不利于该作品最大效率地传播，更有损于社会精神财富体系的合理分配和增长。

而电影作品，因其独特的商业属性，且多可归属于一法人作品范畴之内，故适用与法人作品相同的保护期限推算方式，我国著作权法第二十一条第三款规定："电影作品和以类似摄制电影的方法创作的作品、摄影作品，其发表权、本法第十条第一款第（五）项至第（十七）项规定的权利的保护期为五十年，截止于作品首次发表后第五十年的12月31日，但作品自创作完成后五十年内未发表的，本法不再保护。"

针对自然人作品的财产权利，其保护期限的计算方法在法律中表述为："该公民死亡的第五十年的12月31日"，则以作者死亡后下一年度开始推算，至第五十年的12月31日起终止。其推算日期只需精确到以年度为单位，原因在于著作权是为创作而生的权利，权利获得缺乏必要的公示手段，且相对于专利这一类的技术产权，作品保护期限已然较长，故其期限推算不必再过度精确而导致制度成本相应地增加。

第三节　确立著作权保护期限的意义

著作权保护期限的设立，其本质源于作为知识产权属性的作品与一般意义上的有形物不同，在其私权属性下仍不可避免地具有一定的社会属性。作品的创作本身昭示着一种文化传承的现象，每一个作品作为人类文化链条上的一环，与以往及以后的作品体系都具有千丝万缕的联系，故作品不应永久性地被某一主体所独占，即使该主体为其创造者，作品亦应在作者以此获得一定利益回报之后回归到社会整体精神财富体系之中。故作品的保护期限应运而生，成为作品权利关系中一个不可或缺的本质属性。

而针对著作权的财产权利，作者有生之年加上死后五十年的保护期限的设置，其目的在于充分保障作者和与作者生前彼此关心照顾的作者家属的财产利益得以最大限度的实现。五十年一般为祖孙三代人的年龄差距，立法者充分考虑到了作者可能存在的意愿，其生前关注的家庭成员在其去世后仍然能够通过继承其著作权而从他的作品中获取物质利益的馈赠，进而将这个因素作为期限设定的一个重要标准而加以把握衡量。随着人均寿命的增长和代际年龄差异的扩大，现有有生之年与之后的五十年的保护期限形式上已经不能适应作者之后两代人利益满足的需要，欧盟 1993 年《版权与邻接权保护指令》第一条中将各国对于著作权保护期限的要求提高至作者终生加死亡后的七十年。[①] 美国从自身贸易政策出发，考虑到其本国产品在欧盟市场维持利润的需求，继而于 1998 年通过了《美国版权期限延长法》，将版权保护期限在原有基础上延长了二十年。日本、韩国、澳大利亚、新西兰等国也相继延长了各自国内立法中的著作权保护期限。我国有的学者认为，从著作权合同的实践来看，很多情况下保护期限的延长与作者本人的利益影响无关，延长保护期限似乎只是更有利于产业界和投资方获得一个较长的利益回报时间。[②] 即一揽子延长著作权保护期限的结果，就是大量的此类作品将因此而在另一个二十年内被排除在公共领域之外，它们没有或者很少具有任何商业价值，但作为将来知识财产的一种公共领域的输入资源却具有潜在的价值。[③] 所以，我国相关学者指出，结合我国当前现有的实际情况，我国不宜学习欧盟和美国等西方国家延长著作权保护期限的做法，而应维持现行的“作者终生加上死后五十年”的一般规定。[④]

---

① 韦之：《欧盟著作权保护期指令评介》，载《中外法学》1999 年第 6 期，第 30 页。

② 李明德：《欧盟知识产权法》，北京 · 法律出版社，2010 年版，第 250 页。

③ 威廉 · M. 兰德斯、理查德 · A. 波斯纳著，金海军译：《知识产权法的经济结构》，北京 · 北京大学出版社，2005 年版，第 283 页。

④ 何华：《著作权保护期限研究三题》，载《法商研究》2002 年第 4 期，第 38 页。

第九章　著作权的权利限制

第一节　著作权的合理使用制度

著作权的限制建立在维持作品著作权人和社会公众利益平衡的理念基础之上，确保公众以合理的成本、通畅的途径获得足够的作品信息而针对著作权人的权利进行的限制措施。广义上的限制措施除了合理使用、法定许可、强制许可等特定制度之外，也包括著作权的期限限制和权利客体的排除领域。著作权的限制和著作权的权利体系相互作用、彼此制约，共同构建了一个公平合理的著作权保护机制。

著作权以保护作品创作为基础，本质是一种私权。如无私有化的前提，作品创作必定因缺乏激励导致资源匮乏，但过度的私有仍然会造成失衡状态下的机制损害。创造性智力成果等知识产品的生产与使用，总是存在着制度经济学上所谓知识生产的个体性与知识使用的公共性之间的矛盾。此即构成所谓"没有合法的垄断就不会有足够的信息生产出来，但是有了合法的垄断又不会有太多的信息被使用"的悖论。[①]"公地悲剧"的例子曾经告诫人们为提高资源利用效率要谨防稀缺资源公有化导致过度利用的危险。然而，物极必反，稀缺资源私有化固然必要，但"反公地悲剧"同样从另一个方面表明创作成果的过度私有化势必会导致著作权权利的"蔓延"。著作权的私权扩张如果超过法律允许限度反而会抑制自由竞争，降低创新动力，增加创新成本，妨碍知识产品的合理传播与有效利用。因此，著作权人在公有领域"圈地运动"固然是科技资本化的必然但并不是唯一，"反公地悲剧"已经说明限制私权扩张势在必行。否则，著作权人的过分垄断会导致社

---

① 罗伯特·考特、托马斯·尤伦，张军等译：《法和经济学》，上海·上海三联书店，1991 年版，第 185 页。

会文化发展与信息交流的障碍，妨害社会的言论自由与民主进程。[①]

一、合理使用概述

所谓合理使用，根据著作权法第二十二条第一款规定：即特定情况下使用作品，“可以不经著作权人许可，不向其支付报酬，但应当指明作者姓名、作品名称，并且不得侵犯著作权人依照本法享有的其他权利。”

合理使用本质上是一种著作权的权利限制制度，是著作权侵权行为的阻却事由。合理使用以权利人以外的主体未经授权对作品进行使用为前提，因该行为符合某些法律规定的特定情形，亦即满足规定下某些特定事由，则可依相关规定认定该行为的违法性失效，由此使用者的行为具有一定的法律正当性。合理使用的行为包括复杂的价值体系判断，其逻辑前提为认定该行为的合法性从社会效果上来看本质上趋于公平，衡量之下虽对权利人的利益有损，但损害并不过分。“利益平衡精神是合理使用制度的合法动因”。[②] 所以合理使用能否成立，取决于法官依据立法宗旨对相关的法律和事实进行全面性的考量，其判断结果亦取决于法官在著作权法理念下对公平的理解，某些情形下，合理与不合理仅一步之遥。合理使用在美国被称为“free use”或“fair use”，即自由使用或者公平使用，比较贴近该机制的创设理念，我国著作权法中仅以“合理使用”作为该制度的指代。

《伯尔尼公约》第九条第二款规定：“各国可自行在准许某些特定情况下复制有关作品，只要这种复制与作品的正常利用不相冲突，也不至于不合理地损害作者的合法权益。”由此确定了国际上对合理使用判定的三个检验标准，即（1）属于某种特殊情况；（2）不与作品的正常利用相冲突；（3）不过分损害著作权人的合法权益。三者为合理使用行为判定的法律基准，缺一则不能成立。鉴于合理使用中的特定情形，外观上法律和事实相互杂糅，而合理的价值判断内核则隐没其后，单纯针对特定情形的列举式规定似乎过于僵化，难以应对现实中的纷繁复杂。即在特殊情况的背景下，结合其制度价值目标对作品的正当性进行判断，保证列举式的严谨和概括式的灵活二者相互结合，使得判断结果更加趋于客观公正。

而在判定合理使用成立与否的原则适用过程中，更具有代表性的则是美国1976年《版权法》中确定了合理使用认定的四项“检验标准”。此四项“检验标

---

① 冯晓青、胡梦云：《合理使用视野下“私人复制”著作权问题研究》，载《南都学坛：南阳师范学院人文社会科学学报》，第16页。

② 李扬：《网络知识产权法》，长沙·湖南大学出版社，2002年版，第112页。

准”是在美国多年司法实践经验的基础上高度概括而成的，集中反映了英美法系在合理使用认定上的灵活性优势，具有较强的指引性和可操作性，基本上代表了国际范围内此理论发展的趋势。

综观此四项检验标准，即考察有关使用行为的目的、考察被使用作品的性质、考察在使用作品中被使用的部分与整体作品的比例关系、考察使用行为对被用作品的潜在市场价值有无重大不利影响。

在针对使用目的的考察上，即主要针对使用行为是否带有鲜明的商业性目的。针对该检验标准的分析为合理使用认定的一个较为关键的前提，合理使用为作者从利益衡平的角度对自身的著作权进行有限的让渡，如果让渡的权利成为他人以此获利的基础，则与合理使用的宗旨不符。鉴于此，一般具有明确或潜在的商业动机的作品使用行为均被排除在合理使用的范围之外，但反观现实中的作品利用，也并不能以此推定不具有商业目的的使用均属于合理使用。我国立法实践中，无论是 2001 年修订前或者修订后的著作权法，在关于合理使用的规定中均未明确限定合理使用的非商业性，故简单地将“合理使用的方式和范围”等同于“非商业性使用方式和范围”是不妥的，也缺乏法律依据。①

在针对被使用作品的性质的考察中，即主要分析该作品为纪实类还是虚构类。纪实类的作品如人物传记、历史文献、观点综述、写生作品等直接描写客观事实的作品；虚构类的作品如小说、诗歌、美术、音乐等文学艺术领域的作品，一般是在一定素材基础上通过虚构性的描写形成的。相比之下，虚构类的作品独创性较高，涉及公共领域的表达素材较少，所以在被他人利用过程中被认定为合理使用的可能性相对较小；而纪实类的作品因其所描写多为客观事实，往往存在着其表达重合了思想，鉴于思想不可被特定主体所独占，故被认定为合理使用的可能性较大。

在针对所使用作品中被使用的部分和整体作品的比例关系的分析中，主要针对被使用作品的部分是否获取了原作的核心部分，或者构成了被使用作品的核心部分。对于核心部分的认定，包括使用的数量和质量两个层次的综合分析。因合理使用通常只为在对被使用作品的非实质性使用的前提下方可成立，故如针对被使用作品的过度使用势必会侵损该作品作者的合法利益。

考察使用行为对被用作品的潜在市场价值有无重大不利影响，亦在合理使用

---

① 丁丽瑛：《“规则主义”下的使用作品的“合理性”判断》，载《厦门大学学报》2008 年第 6 期，第 42 页。

的认定过程中起到较为关键的作用。鉴于合理使用制度建立在一种微妙的利益平衡机制之上，则可以认为维持机制的平衡性是确保合理与否的关键因素。任何合理使用的行为都会影响到被使用作品权利人的利益，但合理使用要求权利人出于社会利益最大化的考虑将自身权利适当让渡，所以合理使用对权利人造成的影响应该是轻微的。但如果利用行为达到一定的程度，过度侵害了权利人的利益，导致其作品市场价值受到巨大的威胁或冲击，则不宜认定该行为是合理的。

在实践过程中，合理使用的四个检验标准仅为法官判定合理使用成立与否的参照因素，是法官思维的原则化基础。法官奥卡斯即指出："这四个要素是合理使用规定所确认的，与如何使用这一理论有关的要素。……它们是由法院给予公平的考虑来进行评估或权衡的要素；它们不是单纯的跨栏，被告不会由于跳过它们就可以逃避责任。合理使用的分析系由敏感的利益权衡构成，绝非四个僵硬的标准。"①

二、我国合理使用制度的相关规定

根据现行著作权法第二十二条规定："在下列情况下使用作品，可以不经著作权人许可，不向其支付报酬，但应当指明作者姓名、作品名称，并且不得侵犯著作权人依照本法享有的其他权利。"② 我国相关法律并没有根据合理使用制度的宗旨提炼出相关的判定原则，而是采取直接针对具体情形进行描述的穷尽列举式立法。这种效法德日的立法模式在法律实践中兼有利弊，其利在于清晰直观便于公众了解和司法认定，其弊在于涵盖性和灵活性较差，难以在纷繁复杂的现实情形中普遍适用。许多学者认为，尽管合理使用已经成为各国通行的法律规则，但"合理性"与否的判定依然存在着"立法上的缺憾和司法中的窘境"③。故应在以规则为主列举式立法的基础上适当引入英美法系的因素主义，即将合理使用的情形抽象为若干判定因素，在该因素的引导下法官针对具体的使用情形进行认定，以判定该情形最终合理与否。④ 相对于封闭的规则主义，因素主义较为灵活开放，适用性强。但实践过程中却容易导致因不同法官对于判定因素的理解有异，从而造成相似的案件形成差别较大的判决，以至于造成司法实践中的混乱。无论是因

---

① 李明德：《美国知识产权法》，北京·法律出版社，2003 年版，第 225 页。

② 《中华人民共和国著作权法》第二十二条。

③ 吴汉东：《美国著作权法中合理使用的"合理性"判定标准》，载《外国法译评》1997 年第 3 期，第 19 页。

④ 丁丽瑛：《"规则主义"下的使用作品的"合理性"判断》，上引报刊，第 43 页。

素主义还是规则主义，美国与大陆法系著作权法的合理使用虽然立法模式不尽相同，但都经过了从判例法到成文法的漫长过程，其基本判定标准在长期锤炼后，能够在实践中保证社会对合理使用的适用范围有一个明确的预期。相比之下，相关学者指出，我国著作权法缺乏本土法律文化的支撑，在舶来过程中也并未重视对相关判定标准的消化吸收，这导致我国的合理使用制度同时缺乏传统与判例的支撑，既无法实现以罗列的方式避免实践中的分歧，也无法有效解决新技术带来的新问题。①

以下则针对第二十二条所列举的具体情形以及其局限性逐项进行分析。

1. 为个人学习、研究或者欣赏，使用他人已经发表的作品

此项体现为对个人使用作品的合理性的认定。

著作权法以作品为核心，以著作权人的相关权利体系为基本框架，承担着鼓励创作和促进传播两大基本的社会职能。著作权法在充分保障权利人基本权利的基础上，必须充分考虑到社会公众对作品的适当接近的可能性。而个人合理使用制度本身很好地平衡了著作权人和社会公众之间的利益关系，成为该法保护著作权人之专有权利和促进思想、知识、信息共享和传播的重要砝码，无论是从法、哲学理论还是经济分析角度看，无疑具有其存在的正当性。② 个人使用，本质上为一种私人意义上的使用，一般包括私人复制、私人表演等行为。本项规定应从使用目的角度明晰其所涉范围，强调使用目的是为了满足个体性需要，故个人使用一般都局限在特定范围之内，其使用的数量、范围都不大，对权利人很难造成实质性的损害。而且私人使用一般广泛而隐秘，权利人难以介入，所以法律直接要求权利人将私人使用的权利让渡给公众，以确保著作权法整体机制的合理性和有效性。故如个人使用作品在数量和方式上超出合理性的范围，则应被排除在合理使用的认定之外。

2. 为介绍、评论某一个作品或者说明某一个问题，在作品中适当引用他人已经发表的作品

引用广泛地存在于作品创作领域，是一种自然形成的法律现象，也是一种学术交流和思想碰撞的外在表现形式。但引用涉及其他创作主体的独创性表达，该表达与被引用作者的著作权权益直接相关，故引用应被限定在固定法律范围之内，即引用的目的和方式要符合合理使用制度的基本原则。第一，引用目的在于介绍

① 熊琦：《论著作权合理使用制度的适用范围》，载《法学家》2011 年第 1 期，第 6 页。

② 黄丽颖：《著作权个人合理使用制度之探讨》，载《法制与社会》2015 年第 6 期，第 31 页。

或评论他人观点，而非直接用于替代作者自身观点的外在表达。第二，引用方式要求直接明确，在行文中标示出被引用部分的来源以示区别，而非含糊地将引用现象隐没在作者自身的表达体系之中。故应通过考察引用的数量和比例确定引用目的的正当性，通过鉴定行文规范确认引用方式的合理性。

3. 为报道时事新闻，在报纸、期刊、广播电台、电视台等媒体中不可避免地再现或者引用已经发表的作品

此项规定排除了一种具体情形下的作品非授权使用的违法性，即以报道为目的的作品再现。此项规定中所涉及的作品范围，《伯尔尼公约》将其限定为“在事件中看到或者听到文学艺术作品，且符合报道的目的的正常需要的范围”。法国著作权法则规定：“复制，传播和公开再现在报道过程中可被感觉到的作品。”日本著作权法第41条表述为，“对于构成该事件的作品或在该事件中所见所闻的作品，可以进行复制并在报道中使用。”[①]《伯尔尼公约》中提及：此种情形应突出其不可避免的属性。即为顺利完成报道而难以克服的情形，不能为本应可以避免到的“恶意”使用提供规避法律的可乘之机。

4. 报纸、期刊、广播电台、电视台等媒体刊登或者播放其他报纸、期刊、广播电台、电视台等媒体已经发表的关于政治、经济、宗教问题的时事性文章，但作者声明不许刊登、播放的除外

此项规定已明文将时事性文章的内容范围限定在政治、经济、宗教的相关问题，其目的在于为公共性信息的传播提供便利。媒体之上除了上述范围之外的相关文章，因不具备公共信息的属性，则应排除在合理使用的认定之外。

5. 报纸、期刊、广播电台、电视台等媒体刊登或者播放在公众集会上发表的讲话，但作者声明不许刊登、播放的除外

《伯尔尼公约》第二条之二规定：“公开发表的讲课、演说或其他同类性质的作品，如为新闻报道的目的有此需要，在什么条件下可由报刊登载，进行广播或向公众传播，以及以第十一条之二第一款的方式公开传播，属于本同盟各成员国国内立法的范围”。从该规定可以看出，其对公开发表的讲话的内容，限定在“讲课、演说或其他同类性质”上，并且传播者必须出于“为新闻报道”的需要才能符合合理使用的条件。法国《关于著作权和表演者、音像制品制作者、视听传播业的权利的法律》第四十一条第三款规定，“凡在政治、行政、司法或学术性会议上以及群众集会、官方仪式上发表的演说，报纸、无线电广播可以全文或部分地

---

① 吴汉东等：《西方诸国著作权制度研究》，北京·中国政法大学出版社，1998年版，第181页。

作时事报道转播。”日本著作权法第四十条规定：“对于公开进行的政治性演说以及在审判程序中所做的陈述，除将同一作者的演说和陈述进行编辑使用外，可用任何方式使用，包括刊载、广播等。”我国台湾地区的著作权法第六十二条亦规定为“政治或宗教上之公开演说、裁判程序及中央或地方机关之公开陈述，任何人得利用之。但专就特定人之演说或陈述，编辑成编辑著作者，应经著作财产权人之同意。著作之合理使用，不构成著作财产权之侵害”。[①] 综上此项规定的目的仍属于公共信息传播便利，故对于公共集会应限定在政治宗教等特定范围之内，而依经济目的或以其他宗旨召开会议发言的媒体利用，应不在此项合理使用的认定之列。

6. 为学校课堂教学或者科学研究，翻译或者少量复制已经发表的作品，供教学或者科研人员使用，但不得出版发行

该项规定集中解决了著作权的私益性和公共教育的公益性之间的冲突，针对著作权人让渡其权益以满足对公共教育的必要贡献提出了要求。公共性的教育体制应与商业性的培训机制划清界限，不能将以公益为目的而获权的作品使用便利作为某些商业利用者的获利手段。该项合理使用规定以公共教育的公益性为前提，以教学和科研机构为使用对象，多数学者将该条理解为目的和场所的限制。[②] 但综观该项规定，“课堂教学人员”的范围缺乏明确的划定，“少量复制”标准模糊不清，实践过程中难以准确地操作以实现其立法目的。此项规定中将为教学和科研而利用作品的行为仅限定在翻译和少量复制的较为狭隘的范围之内，似乎并不能切实满足实际社会生活中诸多教学模式的多样化需求，也从某种意义上背离了该项规定的公益性宗旨。有的学者据此提出，应在非商业性前提下，适当扩大教学科研目的下合理使用作品的形式和范围。

7. 国家机关为执行公务在合理范围内使用已经发表的作品

国家机关为履行其国家事务管理的行政或司法职能，在合理范围内使用已发表的作品，因其使用目的的公益性和使用方式的特定性，而应被排除在侵权认定之外。此项规定应严格限定国家机关和公务使用的范围，国家机关应局限在具有立法、行政和司法职能的国家公务性机构，而将非公务性的下属具有商业职能的办事机关排除在外；其使用则应限定在为履行其相关公共职能的、不具备营利性

---

① 苏汶琪：《公众集会上讲话合理使用制度研究》，载《现代商贸工业》2012年第7期，第21页。

② 汪公文、段丰乐：《著作权合理使用分析》，载《甘肃政法成人教育学院学报》2000年第2期，第56页。

质的公务性使用。

8. 图书馆、档案馆、纪念馆、博物馆、美术馆等为陈列或者保存版本的需要，复制本馆收藏的作品

以上场馆对于作品陈列和保存而做出的复制行为，仍然具有鲜明的公益属性。该规定将复制的范围确定在陈列或者保存版本等特定公益目的之内，复制的作品也仅限于本馆馆藏的作品，不得任意扩大。

9. 免费表演已经发表的作品

该规定直接将表演限定于免费表演，即表演者不收费而受众亦不交费，此两项要件缺一不可。不少国家强调该类表演不得以营利为目的，包括直接或间接的营利目的。世界知识产权组织认为，免费表演必须严格限制在没有直接或者间接收费以及不向表演者支付报酬内，即免费表演排除任何具有商业性目的或者色彩的、与商业活动有关的行为。

10. 对设置或者陈列在室外公共场所的艺术作品进行临摹、绘画、摄影、录像

长期陈列于户外的艺术品，其作为公共场所的一部分，版权的私益性被淡化。鉴于公众对于此类艺术品的欣赏习惯和精神需求，上述行为普遍存在，而不应被视为对权利人的利益构成侵犯。但超出特定行为之外的利用，如构成对该艺术品的“替代重制”，则法律仍需干预。

11. 将中国公民、法人或者其他组织已经发表的以汉语言文字创作的作品翻译成少数民族语言文字作品在国内出版发行

此项规定特色鲜明，但却被诟病颇多。该规定目的在于让渡作者的部分权利，以便于作品在少数民族地区以当地语言文字最大限度地进行传播，但学者们普遍认为该规定立足于对少数民族的精神利益的格外关注和照顾，与著作权的平衡宗旨不符，现实中难以发挥其有效作用。鉴于作者无权控制其作品在少数民族地区以当地民族语言进行使用和传播，如作品被不当利用，对作者的利益构成的损害较大，有损于合理使用制度的正义公平的本质。

12. 将已经发表的作品改成盲文出版

盲人为特殊群体，受众范围极为有限，且盲文制作的成本较高，制作行为多为公益性质，故该规定作为体现一个针对特殊群体的特例性关注，在各国著作权合理使用立法中普遍存在。

综观上述规定，虽多以针对特定化情形的特定规定方式而存在，但在具体的法律个案解析中，仍体现为较大的不确定性。著作权法本身体现出一种权利人和

公众之间的利益动态平衡，法律在完善规定中可以尽量细致周全地兼顾两方。伴随着当前信息技术的发展，网络环境下的作品利用方式日渐丰富，而判定其使用合理与否的界限亦在悄然变动，一些原本被认定合理的作品使用方式也走向不合理，如果坐视此类行为的蔓延，著作权人的相关权益势必损失殆尽。[①] 故著作权法虽然不失详尽地列举了上述诸多具有合理性的行为规则，但鉴于规则主义自身的局限性所在，上依照法律不足以自行，亦不能排除在具体实践认定中，对于特定行为的“合理”与否的判断，合理与否的判定仍然是一个需要由表及里反复权衡的过程。

第二节　著作权的法定许可制度

法定许可亦称“著作权的非自愿许可”，特指无须征得著作权人同意即可有偿使用其作品的法律制度。该制度以提高作品市场的传播效率为立法宗旨，其有效地降低了版权持有人和潜在的被许可人之间的交易成本，但同时也限制了持有人对其作品的控制能力。由于被许可使用的对象都是已发表的作品，因此首先推定这种使用是符合著作权人的意愿的；但为了保障著作权人的利益，法律又要求使用人按规定支付报酬。同时，法律还设置了著作权人权利保留制度，允许著作权人通过声明禁止他人使用其作品。[②] 在当前数字环境下，传播效率的提高使著作财产权面临更严厉的指责，其过于宽泛的排他性范畴被认为阻碍了信息的自由流动。法定许可被认为是调和著作权扩张与限制之争的“折中途径”，目的在于解决著作权领域的市场失灵。即通过创设法定交易条件弱化了著作财产权的排他性，使作品的利用无须与著作权人协商。[③] 作为一种著作权的权利限制制度，法定许可与合理使用均不必获得权利人许可，但法定许可与合理使用的最大区别在于其不能免除使用方支付报酬的义务。从限制权利人角度出发，二者的立法理念迥然不同，合理使用建立在公共利益和私人利益平衡的基础之上，而法定许可的目的则是最大限度地促进作品的有效传播，其手段在于通过简化许可程序降低权利人与潜在的利用者之间的交易费用，从而使得作品在全社会范围内高效广泛地“物尽其用”。

---

① 张世芬：《论我国合理使用制度的不足及完善》，载《法制》2011 年第 6 期，第 43 页。

② 吴汉东：《知识产权法》，北京 · 北京大学出版社，2005 年版，第 113 页。

③ 高富平：《寻求数字时代的版权法生存法则》，载《知识产权》2011 年第 2 期，第 21 页。

我国著作权法规定的法定许可的适用情况有以下四种，即“教科书法定许可”“报刊转载法定许可”“制作录音制品的法定许可”“播放已经发表作品的法定许可”。

一、教科书法定许可

教科书法定许可，即在九年制义务教育教科书编撰过程中，除作者声明排除法定许可之外，汇编者可以在无须权利人许可的前提下使用其作品，但仍须付费。法定许可的有关规定详见我国著作权法第二十三条：“为实施九年制义务教育和国家教育规划而编写出版教科书，除作者事先声明不许使用的外，可以不经著作权人许可，在教科书中汇编已经发表的作品片段或者短小的文字作品、音乐作品或者单幅的美术作品、摄影作品，但应当按照规定支付报酬，指明作者姓名、作品名称，并且不得侵犯著作权人依照本法享有的其他权利。前款规定适用于对出版者、表演者、录音录像制作者、广播电台、电视台的权利的限制。”

九年制义务教育的教科书需要以严格适用为前提，即教科书仅指各地统一规范并在课堂教学中使用的教材，并不包括进入课堂的辅助性教学读物。如在丁晓春诉南通市教育局、江苏美术出版社侵犯著作权纠纷案中，被告主张《乡土教材》是根据《九年制义务教育全日制小学美术教学大纲（修订试用版）》的有关要求编写的，属于为了实施九年制义务教育和国家教育规划而出版的教科书，故其将原告拍摄“街上红灯闹”照片编入教材的行为属于法定许可。法院认为，根据国家教委在《全国中小学教材审定委员会章程》中规定，著作权法第二十三条第一款规定的教科书，应当界定为经省级以上教育行政部门批准编写、经国家专门设立的学科审查委员会通过，并报送审定委员会批准后，由国家教育委员会列入全国普通中小学教学用书目录的中小学课堂正式用书。而被告教材未经江苏省中小学教材审定委员会审查，更未经江苏省教育厅批准并列入南通市辖区范围内的《中小学教学用书目录》。因此，该教材不属于著作权法第二十三条第一款规定的教科书，江苏美术出版社关于在该教材中使用原告丁晓春的摄影作品“街上红灯闹”属于法定许可使用的答辩理由亦不能成立。①

同时在汇编该教材过程中，如编者根据实际情况而需要对教材进行有限度的删节，应充分考虑如保持作品完整权等原作者的相关精神层面的权利。

---

① 《中华人民共和国最高人民法院公报》2002年。

二、报刊转载的法定许可

报刊转载的法定许可，即相关作品在报纸杂志等媒质上发表后，除作者声明排除法定许可之外，其他报纸杂志可以在无须作者许可的前提下自由转载，但需要支付相关费用。此类法定许可仅适用于报纸杂志等媒质之间，不适用于图书领域，而对于网络之间的相互转载亦于法无据。我国著作权法中的报刊转载法定许可，源于我国传统体制下对报刊等信息媒体的影响和地位过分关注，从而产生倾斜性的相关产业保护政策，从法律角度赋予其针对已发表作品特定的专有转载权利，这一规定是完全独具中国特色的。而在世界主要版权公约《伯尔尼公约》《世界版权公约》《与贸易有关的知识产权协定》《世界知识产权组织版权条约》《世界知识产权组织表演和录音制品条约》中，有关著作权的限制规定中都没有这样的内容，各国著作权法中亦罕有这样的规定。① 随着信息技术的发展，伴随着观念的革新、法定许可制度的去留存废，以及其适用范围能否扩张至网络环境下等诸多问题普遍受到学术界的关注和热议，更有学者认为，鉴于现行著作权制度构成了互联网时代信息传播的重要障碍，因为如果要对网上海量传播信息中的每一作品均找到其作者并获得其授权，其势必影响互联网对信息传播的功效，所以在当前的信息时代，报刊转载法定许可制度不但不应被废止，而因其对著作权人损害较小并鉴于网络社会的快速发展，该制度的适用范围应予适当拓宽至网络环境下。② 但对于报刊转载适用于网络环境的现行法律，遍寻著作权的未置可否的立法主张，至最高人民法院反复修正的司法解释，目前仍然无法获得明确的法律依据予以支持。③

三、制作录音制品的法定许可

制作录音制品的法定许可，即录音制作者使用他人已经合法录制为录音制品的音乐作品制作录音制品，可以不经著作权人的许可，但需要支付报酬，著作权人声明排除法定许可的情况除外。此项法定许可要求录音制品的制作方应独立录制，不能简单地翻录前作，否则会构成对于著作权和邻接权人的权利侵犯。

制作录音制品的法定许可以降低录制行业的不正当垄断为立法目的，使不同

---

① 丛立先：《转载摘编法定许可制度的困境与出路》，载《法学》2010年第1期，第58页。

② 吴汉东主编：《中国知识产权制度评价与立法建议》，北京·知识产权出版社，2008年版，第43页。

③ 丛立先：《转载摘编法定许可制度的困境与出路》，第59页。

的录音制作者可以选择不同的表演者诠释同一部作品进行录制，公众可以欣赏版本各异的录音制品，避免著作权人与某个录音制作者订立专有录制合同、造成版本单一的状况。[①] 制作录音制品的法定许可通过形成既定的商业模式，构成了相关产业的交易基础，为利用他人音乐作品制作和发行唱片提供了稳定的法律预期。[②] 但事实上，由于规定了著作权人可以声明排除法定许可的情形，其效果无异于为消除行业垄断的行为开了一张“空头支票”，致使该项法定许可目的如镜花水月，如某唱片公司希望垄断市场，必然会在与音乐著作权人签订独家许可协议时要求其做出保留声明，以排斥竞争对手根据“法定许可”使用同样的音乐作品制作录音制品。[③] 该制度设计从最终法律效果上的确是令人困惑的自相矛盾，一方面，法律赋予录音制作者将已制作成录音制品的音乐作品制作录音制品的权利；另一方面，作者实际收回了自己的许可权与禁止权。[④] 鉴于声明排除保留的条款设置并不符合国际著作权相关立法的惯例，相关学者和立法界多倾向于删除“保留”条款，[⑤] 完善相关利用机制，以确保该制度的立法宗旨以及社会目的得以有效地实现。

四、播放已经发表作品的法定许可

播放已经发表作品的法定许可，即广播电台、电视台等广播组织播放已经发表过的作品，可以不经著作权人的许可，但需要支付相关报酬。此项规定中的作品包括除影视作品之外的各类作品。此项法定许可不能由著作权人声明排除。《伯尔尼公约》第 11 条第 2 款的规定应为对广播权予以限制的立法依据，其目的是为了维护社会公共利益。根据该规定，缔约国可以规定广播电台、电视台播放作品的法定许可制度，但应满足不应有损于作者的精神权利和不得损害作者获得公平报酬的权利等诸多条件。[⑥] 世界贸易组织《TRIPS 协定》第 13 条对上述限制也予以认可，即各成员对专有权做出的任何限制或例外规定仅限于某些特殊情况，且与作品的正常利用不相抵触，也不得不合理地损害权利持有人的合法权益。该制

---

① 李琛：《知识产权法关键词》，北京·法律出版社，2006 年版，第 206 页。

② 王迁：《论制作录音制品法定许可及在我国著作权法中的重构》，载《东方法学》2011 年第 6 期，第 51 页。

③ 李雨峰、王迁、刘有东：《著作权法》，厦门·厦门大学出版社，2006 年版，第 129 页。

④ 郑成思：《知识产权法》，北京·法律出版社，1998 年版，第 431 页。

⑤ 张春艳：《反思与重构：制作录音制品的法定许可》，载《当代法学》2013 年第 2 期，第 23 页。

⑥ 保罗·戈尔斯坦著，王文娟译：《国际版权原则、法律与惯例》，北京·中国劳动社会保障出版社，2003 年版，第 307 页。

度的确立无疑具有广泛积极的现实意义，其有效施行可以进一步降低作品使用的交易成本，促进作品最大限度地有效传播，消除作品相关权利的市场垄断，满足公众信息获取的合理需求。

但在我国，以广播电台、电视台为主体的播放作品的法定许可，一直在著作权法立法中备受争议。广播组织播放作品的非授权许可制度首先出现于1990年的我国著作权法中，但当时的立法将广播组织对于作品的利用认定为合理使用，对此造成了权利人的一致不满和抗争。2001年修订的著作权法将此类利用改为法定许可，承认了权利人可以据此获得报酬的合法地位。但在多年法律实施过程中，著作权人对该制度持以反对态度，原因在于权利人普遍认为广播组织很少履行付酬义务，权利人的相关利益难以得到切实保障，法律规定形同虚设。① 故在确立该制度的同时，应当从机制上进一步完善相应付酬机制和法律救济机制，② 整体保障权利人能够充分有效地实现其相关权益。

---

① 国家版权局：《关于〈中华人民共和国著作权法〉（修改草案）的简要说明》，2012年3月。

② 胡开忠：《广播电台电视台播放作品法定许可问题研究》，载《知识产权》2013年第3期，第41页。

第十章　邻接权

第一节　邻接权概述

邻接权，顾名思义，即与著作权相临近的权利。是指传播者依法对其完成的与作品传播相关联的成果所享有的权利，故亦称与著作权相关联的权利。依据我国现行的著作权法对于邻接权的有关规定，邻接权所涵盖的行为主要包括文学艺术等作品的表演行为、制作音像制品的行为、广播组织的节目播放行为以及出版者对于出版物的版式设计行为等。从本质上而言，上述行为所产生的成果并非以创作为基础的原创性表达方式，即作品本身，而仅为作品面向公众的一种特定的方式或者展现形态。但上述行为无疑都包含作者之外的其他传播者在传播过程中对于作品的加工制作等活动，邻接权亦可被称作传播者权。

所谓传播者，即辅助作品在公众领域流传、推动作品市场化的法律主体。传播者所从事的活动并不符合法律对作品独创性的要求，其主要是在现有作品基础上的加工和制作的行为，故严格意义上并不构成创作活动，所以法律亦不赋予其创作主体的资格。但传播者的活动对于某些作品的价值实现存在着实质意义的影响，如表演者决定了戏剧或音乐等作品的最终命运，录制者将稍纵即逝的影像和声音留存使其具有可利用的价值属性、广播组织消除了创作主体和受众之间的时空障碍。[①] 鉴于此，邻接权与著作权之间存在着源流的关系，二者是“天生的合伙人”，邻接权依附于著作权产生，其作用于著作权之上，使得作品的商业和社会价值得以彰显，并且进一步被发扬被放大。

广义上而言，邻接权属于著作权的一种特定类型，这集中表现在绝大多数国家都将邻接权的法律制度直接纳入著作权法律体系之中，许多适用于著作权的制

① 克洛德·科隆贝：《世界各国著作权和邻接权的基本原则》，上海·上海外国语教育出版社，1995年版，第132页。

度和规定，同样适用于邻接权。如著作权的自动保护原则、著作权合理使用制度、著作权的权利许可和转让、著作权的法律责任和执法措施等。二者的区别在于本质上而言，著作权作为智力成果权的一项核心权利，立足于对于创作活动的保护；而邻接权是一种带有商业属性的权利，主要在于保护作品传播过程中所投入的资金和劳动。鉴于此，相对于著作权，邻接权往往具有法人权利主体、认定标准较低、财产权利为主、保护期限较短、不依附于人身等特征。

从产生的渊源而言，邻接权是著作权保护体系自身为适应新技术发展而引发的一项制度革新。随着录音、录像和广播等技术的出现，参与作品传播的主体越来越多，层次愈加丰富，其权利保护需求的合理性和必然性逐渐得到立法界的重视。英国最早规定了邻接权保护制度，其于1911年、1925年、1956年分别制定了保护录音制品制作人、艺术表演者和广播电视组织相关权益的法律。而大陆法系虽秉承着“自然人是唯一的创作主体”和“作品是创作者的人格外化”的理念，也开始逐步对录制业和广播业等非自然人主体的法人传播者的利益加以关注。在此背景下，奥地利和意大利分别于1936年和1941年率先确立了邻接权制度，对新兴的传播业的利益加以保护。嗣后，在伯尔尼联盟、国际劳工组织和联合国教科文组织的共同努力和推动下，于1961年10月通过了《保护表演者、录音制品制作者和广播组织的国际公约》（简称《罗马公约》），该公约成了邻接权国际保护的里程碑式的公约，标志着邻接权的保护已在国际范围内得到广泛的确认，该公约通过邻接权保护的示范立法模式对协调不同法系国家的邻接权保护制度，规范各国邻接权保护水平有着深远的影响。

邻接权是新技术发展形势下应运而生的一项法律机制，本质上具有开放性和多元性的特征，在协调作品创作的本质属性和作品传播的灵活性之间，邻接权这一法律机制具有广阔的拓展空间。随着技术领域日新月异的发展，越来越多的作品利用和传播方式进入公众的视野，大量的与作品相关的文化产品急需法律意义上的明确规制，如数据库的保护、音乐电视和多媒体的认定等不一而足。如音乐作品的编曲，一般是指在并未改变该作品基本旋律的基础上，对其乐器配置、声部分区组合等进行编辑，从而体现该作品独有的艺术意境和表现效果。但此类编辑活动因其缺乏必要的独创性因素，不宜被认定为创作行为，故相关学者认为纳入邻接权范围调整较为适宜。再如，对于某些特定的作品传播形式，如整台春节联欢晚会，究其本质可以视为一种特定制作的汇编作品还是一种单纯的演艺活动，学术界亦有争议，似乎放入邻接权体系中更显合理。

第二节 表演者权

表演者，即演员或者演出单位。在我国著作权法的有关规定中，表演者可以包括自然人，也可以包括法人。表演者是特定类型作品的最初传播者，表演活动必须依附于作品而存在，脱离作品的表演活动不具有著作权法上的传播权的意义。

相对于著作权意义上的作品，表演者权的客体为表演活动。首先，表演活动是以作品为基础形成的，不论该作品是否在保护期限之内。故体育比赛、田径运动等独立于创作之外的活动与法律意义上的表演者权无关。其次，表演活动是一种传播行为而非创作。表演依附于作品，特定类型的作品在传播过程中十分依赖表演活动，表演者的素质、表演者对于作品的理解和表演活动的质量引导甚至决定公众对于作品的认知评价。鉴于此，许多学者对表演的非创作属性持保留意见，如认为“表演是一种演绎创造，通常是对别人创造的文学艺术作品进行解释和传播的行为，由于这种解释和传播也需要特殊的技能和技巧，在解释中体现着表演者个人的艺术体验和个性，表现了他们的选择、设计和安排，故属于派生创作”。[①]但不可否认的是，表演活动究其本质，乃作品内容通过表演者的形象、动作、声音等一系列元素而形成的一种舞台类型的呈现，表演活动自身不必然包含著作权法意义上的独创性因素，它并不能给所表现的作品增加任何新的东西，也不可能成为人类文化链条上的不可或缺的一环。表演者的表演再精彩传神，所传达的也只是作品创作者的思想与情感，而不是表演者本身的思想与情感，所以表演者不是作者，不能享有作者才能享有的权利。表演者们只有在对原作品做出修改和补充的情况下，才可能闪现出某些具有独创性的东西。[②] 由此可见，表演服务于作品，但作品的传播并不完全依赖于表演，即使没有表演，作品依然可以通过其他的途径被公众所了解认知。而表演就其本质而言，脱离了作品本身似乎难以证明自身独立存在的价值，如最为精湛的表演，恰恰是表演者通过自身的技艺和对作品的深刻理解，将其所塑造的形象和作品融为一体，即表演者所呈现的则为作品所创造的。此种现象恰恰说明表演活动仅为作品的一种外化的传播方式，而非在作品之上的全新创作。

---

① 刘春田：《知识产权法教程》，北京·中国人民大学出版社，1995年版，第226页。

② M. 雷炳德著，张恩民译：《著作权法》，北京·法律出版社，2005年版，第55页。

表演者的权利是依据作者的权利模式构想形成的，但是基于表演者作为作品传播者的法律地位，在权利体系构建过程中必然受到一定程度的制约。根据我国著作权法第二十七条的有关规定，表演者权包括以下诸项内容：

其一，表明表演者身份的权利。即表演者就其表演活动依法所享有的标示姓名、表明身份的权利。表演者有权要求在其现场表演以及载有其表演的影片、唱片等音像制品上载明其姓名、表明其身份。一般而言，通常有以下几种形式：(1) 在演出广告、宣传栏、节目单或者文艺刊物上标明演员或者表演团体的姓名或名称。(2) 在节目表演之前由主持人或者报幕者介绍表演者姓名或者名称。(3) 由广播电台、电视台等媒体向公众播报表演者的姓名或名称。(4) 通过字幕在屏幕上显示表演者或名称等。

其二，表演者的形象不受歪曲。表演者的形象不同于表演者自身形象，仅指表演者在表演活动中呈现的形象。表演者有权要求其在表演活动中的形象不受到损害，某些未经表演者同意而擅自使用或者歪曲表演者形象的行为必然会造成对表演者自身声誉的毁损，如在不恰当的场合使用表演者形象而歪曲了其形象意义、用特殊手段在表演活动中丑化其形象等，表演者通过对其表演形象的保护，从而维护了自身的名誉和声望。

其三，表演者可以许可他人从现场直播和公开传送其现场表演，并获得报酬。广播电台、电视台如果直播现场表演活动应当取得表演者的授权，并依照约定向表演者支付费用。

其四，许可他人录音录像、并获得报酬。表演者有权许可他人对其表演活动进行录制，并以此获取相关报酬。如录制者未经表演者许可而擅自录制了表演活动，表演者有权依法禁止该行为的实施，该行为不以录制者是否营利作为判定依据。

其五，其他表演者依法享有的权利，包括许可他人复制、发行录有其表演活动的录制品并依法获取报酬的权利；许可他人通过信息网络向公众传播其表演，并获得报酬的权利。以上权利为表演者录制权的一种延伸，目的在于阻止表演活动录制品在有悖于表演者意愿的前提下的进一步传播，对表演者的合法权益进行周延保护。

表演者权与表演权不同。后者为著作权中的一项财产权利，权利主体为作者，客体为作品本身，其保护期限为作者有生之年加上死后的五十年。而表演者权是一项邻接权，其主体为表演者，客体为表演活动，权利内容中既包括相应的人身权利，也包括一定的财产权利。根据我国著作权法的有关规定，表演者的人身权利不受保护期限的限制，而表演者的相关财产权利保护期限为表演活动发生后的五十年。

第三节 录制者权

录制者，包括录音制作者和录像制作者。根据《著作权法实施条例》第五条第四、五项的规定，录音制作者是指“录音制品的首次制作人”，录像制作者是指“录像制品的首次制作人”。作为音像出版机构的录制品发行者，只有当其为录制品的原始制作者时，才依法享有录制者权。

录制者权的客体即录制品，根据方式不同可分为录音制品和录像制品。根据我国《著作权法实施条例》第五条第 2 项和第 3 项规定，录音制品是指任何对表演的声音和其他声音的录制品；在《罗马公约》中的表述为“phonogram”，一般指任何对表演的声音或其他声音的纯粹听觉固定物。录像制品，是指影视作品以外的任何有伴音或者无伴音的连续相关形象、图像的录制品。法律保护录制者对于录制品的权利，主要在于录制过程中录制者给予了资金技术和人力的投入，所以录制品的产生虽非创作，但应该源于一种独立制作完成的技术活动。以上可以总结出录制的两点属性，其一，录制仅为机械而忠实地对于现场情境的记录，其制作过程无独创性可言，故而不同于电影创作。如对文艺演出或体育比赛的机械摄像，产生的只能是录像制品。但如果在摄像的过程中，适当地选择场景，变换角度，运用各种镜头技术，使拍摄的内容并非是对客观现实的单纯的机械的记录，而是在一定程度上表现了对客观现实的某种认识，反映了某种思想或情感，拍摄的产物就可能被视为作品，至于有无剧本，则不应成为识别电影作品和录像制品的一种标志。[1] 其二，录制要求录制者独立完成，不可翻录自他人。翻录就其法律性质而言，仅为一种复制行为，但其不产生著作权法第三十九条规定的录制者的相关法律权利。

录制者权是随着录制技术的发展演进而被各国立法所关注，随着唱片、磁带乃至其他各种录制设备的发展，录制者独立录制表演者的表演活动，其间投入大量的人力物力。但如果录制品一经出售，就脱离了录制者的控制，可以被其他主

① 高文艺：《录音录像制作者权利及其保护》，载《国际贸易》1997 年第 5 期，第 42 页。

体反复播放利用或再行翻录，而录制者无法提出利益回报的法律主张。故录制者提出应该以法定权利的形式保护其录制品，使得录制者可以通过法律手段进一步控制其录制品的复制、传播。随着录制者权利的兴起，国际间于1961年、1971年和1989年分别通过了保护邻接权的《罗马条约》《保护录音制品制作者、防止录音制品被擅自复制公约》和《视听作品的国际登记公约》，1996年于日内瓦召开的关于著作权和邻接权外交保护会议上，又通过了《世界知识产权组织表演与录音制品公约》，目前录制者权已经被各国立法普遍认可。根据我国著作权法第四十一条第一款的规定，录制者享有复制权、发行权、出租权和信息网络传播权。即录制者对其录制品依法享有，并且可以通过以上的方式行使其权利。录制品的内容可以包括任何事物，也可以涉及作品及其表演活动。对于作品和表演活动的录制，则需要获得相关权利人的授权。在录制录音制品的情形下，如符合著作权法第四十条第三款的规定，则可适用于法定许可，无须著作权人的授权但须付酬。录制者权利的保护期限截止于录制品首次制作完成后的第50年的12月31日。

第四节　广播组织权

广播组织权，即广播电台、电视台对于其通过有线或者无线的方式发送的节目信号所享有的权利。作为各国邻接权立法蓝本的《罗马公约》，仅从字面形式定义了广播行为，broadcasting，“供公众接受的声音或图像和声音的无线电传播”。

早在20世纪20年代，电台广播就在欧洲广为流行，一些著作权人担心未经许可的广播会影响其经济收益，于是，在《伯尔尼公约》罗马修订会议上，法国、意大利等国家试图赋予著作权人对作品的广播予以控制的权利，而另一些成员国如澳大利亚、新西兰和挪威则针锋相对，主张电台是一种教育工具，广播作品不应被视为侵权行为。最终，双方达成了妥协，该公约一方面允许著作权人以许可方式控制作品的广播，另一方面也授权成员国国内立法机构“可自行规定实施上述权利的条件”。①

根据我国著作权法第四十五条规定，广播者对其广播节目依法享有转播权、录制权和复制权，即未经权利人许可，他人不得转播该组织的节目，也不得将这些节目录制并复制相关的录制品。所谓转播权，一般包括无线转播和有线转播。

① 胡开忠：《广播电台电视台播放作品法定许可问题研究》，载《知识产权》2013年第3期，第53页。

目前对广播节目的转播既可以通过无线方式，包括卫星转播，又可以通过有线方式转播，有赖于网络技术的发展，转播也可以在互联网上进行。学者将转播权解释为“以无线转播、有线转播及通过计算机网络转播在内的任何转播方式转播广播、电视节目的专有权”。[①] 所谓录制权，即将广播、电视录制在音像载体上的权利，录制指“对声音，或图像，或图像和声音，或图像和声音表现物的体现，从而可通过某种装置使之被感觉、复制或传播”。所谓复制权，是指对广播电视节目录制后的复制行为以及相关复制品实施控制的相关权利。

广播组织的权利保护期限截止于节目首次播放完成后的第五十年的12月31日。广播组织所播放的节目亦有可能涉及相关作者的著作权和相关表演者、录制者的邻接权，故只有在合法的前提下才能保证广播组织权的正当性。根据著作权法的相关规定，在广播组织所播放的节目内容中，播放他人已经发表的大多数类型的作品和录制制品，可适用于相关的法定许可制度，但对于未发表的作品和影视作品以及录像制品的播放，则仍需权利人的授权。

第五节　出版者的版式设计权

版式设计权即出版者对于其印刷品的版面格式的设计，包括对版心、排式、用字、行距、标点等版面布局因素的安排所享有的权利。版式设计是著作权法上的专有概念，但我国著作权法没有针对版式设计的概念做出明晰的界定，在实践中则并存多种与其相关的不同说法，如“封面设计”“装帧设计”“排版”“封面装帧”“整体设计”等。[②] 就其本质而言，版式设计是出版者在编辑加工作品过程中的劳动成果，根据著作权法第三十六条的规定，出版者享有版式设计权，可以禁止他人未经许可擅自复制其版式。该权利的保护期限截止于首次出版后第十年的12月31日。

将版式设计权纳入邻接权法律体系，是我国著作权法的一个特色。但相对于表演者、录制者和广播组织的权利的法定性，出版者获得权利的方式一般源于著作权人的授权。而其版式设计权更依附于著作权产生，其表现形式为装帧设计，则更接近于美术作品，故其单独存在为一项邻接权人权利的合理性仍需受到质疑。

① 李小侠：《利益平衡视角下广播组织邻接权制度的完善》，载《新闻界》2010年第1期，第9页。

② 吴园妹：《版式设计著作权法律问题探析》，载《中国新闻出版报》，2012年2月18日第4版。

第十一章　著作权的侵权行为和法律救济

第一节　著作权的侵权行为

著作权的侵权是指他人未经权利人许可，直接或者间接利用作品，对著作权人的专有权构成侵犯的行为。根据我国著作权法，权利人的权利体系包括人身权利和财产权利两部分，广义的著作权也包括邻接权人依法享有的权利，故著作权的侵权行为围绕着上述权利可能被侵犯的表现形式展开分析。著作权虽以私权为核心，但许多侵权行为同时牵涉公共利益的损害，针对特定的侵权行为，法律不仅需追究侵权人的民事责任，还需要国家层面的行政权力和刑事处罚的介入，以在维护权利人的合法权益的同时，进一步保障公共利益和公共秩序。

根据我国著作权的架构，将侵犯著作权的行为划分两类，分别在第四十七条和第四十八条中详尽规定。而划分的依据在于侵权行为的性质和后果，第四十七条中规定的侵权行为一般不涉及或者较少涉及社会公共利益，无须国家强制力量的介入；而第四十八条所涉及的侵权行为，对社会秩序和公共利益的损害较大，故立法中指明在要求侵权人需要负担的民事责任的同时，仍需对其进行行政责任和刑事责任的追究。

一、第四十七条规定的侵权行为

著作权法第四十七条规定的侵权行为如下：

第一，侵害著作人身权利的行为。具体而言，（1）未经著作权人许可，发表其作品的；该行为主要侵犯了权利人的发表权，根据发表权的内涵，该行为至少应包括未经权利人许可将其作品公开发表和以未经权利人许可的发表方式对其作品进行发表。（2）未经合作作者许可，将与他人合作的作品当作自己单独创作的作品发表的。此行为涉及其他合作作者的发表权和署名权，以及相关的财产权利。

(3) 没有参加创作，为谋取个人名利，在他人作品上署名的。这种行为构成了对权利人署名权的侵犯，该行为需要考虑两个构成要件：其一，须以违背作者意愿为前提；其二，须谋求名利为目的，缺一不可。(4) 歪曲、篡改他人作品的。此行为侵犯了作者的修改权和保持作品完整权。何谓歪曲或篡改，法律需要从两个角度加以衡量：其一，须以未经作者许可为前提；其二，须以损害作者声誉为后果。一般情况下二者互为因果。(5) 剽窃他人作品。剽窃为“窃取他人陈言”，与抄袭同义，即不动声色地将他人的表达方式据为己有。分析剽窃的构成，即其一其行为未经权利人许可、其二过程中侵权人没有独创性活动。剽窃以侵犯权利人的署名权为前提，同时一并涉及权利人的其他人格和财产权利，故对权利人权益损害较大。

第二，侵犯作者经济权利的行为。具体而言，(6) 未经权利人许可、以展览、摄制电影和以类似摄制电影的方法使用作品，或者以改编、翻译、注释等方式使用作品的，本法另有规定的除外。上述行为涉及权利人的展览权、摄制权、改编权、翻译权等。(7) 使用他人作品，应当支付报酬而未支付的；本规定涉及权利人在财产权利行使过程中的获取报酬权。获取报酬权是权利人经济利益实现的基本途径，也是著作权鼓励创作宗旨的集中体现。仔细分析该行为的构成，即应给予报酬而未给付或未付清，则具体包括未按约定的数额或制定的标准给付的、未按约定的期限给付报酬的，应当给付而未付或者少付的。上述行为的构成一般以权利人与给付方的在先约定为前提，故本属违约行为，不应单独被认定为侵权。只有在没有合同约定前提下的单纯未给付报酬的行为，如无须授权但仍须付酬的法定许可下的作品使用者，如未按规定付酬，则无疑才属于本项规定指代的情形。(8) 未经电影作品和以类似摄制电影的方法创作的作品、计算机软件、录音录像制品的著作权人或者与著作权有关的权利人许可，出租其作品或者录音录像制品的，本法另有规定的除外；此项规定所涵盖的行为包括影视和计算机作品的著作权人和录制品的邻接权人依法享有的出租权受到损害的情形。(9) 未经出版者许可，使用其出版的图书、期刊的版式设计的；此项规定针对的是出版者的版式设计权受到损害的情形。(10) 未经表演者许可，从现场直播或者公开传送其现场表演，或者录制其表演的；此项规定针对表演者的相关一部分权利（如直播、录制等）受到侵犯的情形，但不延及将表演录制下来进一步大规模的复制、发行等活动，该项行为所涉及的利益层面较大，故应在下一条侵权行为立法中加以规定。(11) 其他侵权行为。考虑到上述规定有可能不甚详尽，挂一漏万，故设置该项规定为兜底款项。

二、著作权法第四十八条规定的侵权行为

著作权法第四十八条规定如下："有下列侵权行为的，应当根据情况，承担停止侵害、消除影响、赔礼道歉、赔偿损失等民事责任；同时损害公共利益的，可以由著作权行政管理部门责令停止侵权行为，没收违法所得，没收、销毁侵权复制品，并可处以罚款；情节严重的，著作权行政管理部门还可以没收主要用于制作侵权复制品的材料、工具、设备等；构成犯罪的，依法追究刑事责任。"与第四十八条的规定行为相比，第四十八条规定的侵权行为多半牵涉大量的公共利益和公共秩序要素，社会危害性较大，故第四十八条在规定了侵权人的民事责任的同时，也规定了行政和刑事责任。

第四十八条所规定的侵权行为如下：（1）未经著作权人许可，复制、发行、表演、放映、广播、汇编、通过信息网络向公众传播其作品的，本法另有规定的除外；上述行为内容涉及著作权人的复制、发行、表演、放映、广播、汇编、信息网络传播权，但不包括第四十七条所涉及的出租、展览、摄制、改编、翻译各项，一般认为后者的侵权性质和范围较为轻微，与前者不可同日而语。（2）出版他人享有专有出版权的图书的；该项内容涉及出版者的专有许可范围下的出版权，同时也牵涉较大的社会公共利益和出版市场的公共秩序。（3）未经表演者许可，复制、发行录有其表演的录音录像制品，或者通过信息网络向公众传播其表演的，本法另有规定的除外；（4）未经录音录像制作者许可，复制、发行、通过信息网络向公众传播其制作的录音录像制品的，本法另有规定的除外；（5）未经许可，播放或者复制广播、电视的，本法另有规定的除外；上述三项内容涵盖了除录制者出租权之外的侵犯邻接权人合法权益的使用行为。（6）未经著作权人或者与著作权有关的权利人许可，故意避开或者破坏权利人为其作品、录音录像制品等采取的保护著作权或者与著作权有关的权利的技术措施的，法律、行政法规另有规定的除外；[①] 技术措施是指诸如利用加密技术以制止未经许可或者未由法律准许而采取的解密行为等有效的技术性方法和手段。技术措施是权利人为了防止他人非法接触、使用其作品而采取的技术手段，显然是网络空间著作权保护的重要手段之一。从本质上看，技术措施并非作品本身，其单纯的破坏也并未直接形成对作品或相关邻接权客体的非法使用，但现实状况是，规避和破坏此类措施的结果往

① 《中华人民共和国著作权法》第四十八条。

往是进一步为侵害作品本体提供便利。如不能在著作权下对该行为进行规制，则网络环境下的著作权保护势必会受到很大的冲击，故我国在2006年5月通过实施的《信息网络传播权保护条例》，进一步细化了针对技术措施的保护的规定和例外情形，并进一步明确了避开或破坏此类措施应当承担的法律责任。尽管如此，似乎该行为纳入著作权侵权行为之下在逻辑上有失周全，我国学术界对规避和破坏技术措施是否为著作权侵权行为的性质认定尚存极大争议。如学术界多以“间接侵权”作为判定该行为著作权侵权的基础，但究其本质，对于提供一种可被用于侵权的产品是否构成间接侵权的问题，版权法中已有明确的规则——“实质性非侵权用途”规则。而根据这一规则，向公众提供规避手段的行为几乎不可能构成间接侵权，因事实上几乎所有的规避手段在理论上都可以有一些“潜在的”合法用途。故应视为一种特殊的违法行为为宜。[①] 所以我国《著作权法修订草案》采纳了此种思路，对上述行为的概括用语是“下列违法行为……”而非“侵权行为”。其中包括：“未经许可，故意避开或者破坏权利人采取的技术保护措施的，法律、行政法规另有规定的除外；未经许可，故意制造、进口或者向他人提供主要用于避开、破坏技术保护措施的装置或者部件，或者故意为他人避开或者破坏技术保护措施提供技术服务的等。”[②]（7）未经著作权人或者与著作权有关的权利人许可，故意删除或者改变作品、录音录像制品等的权利管理电子信息的，法律、行政法规另有规定的除外；权利管理电子信息是识别作品、作品的作者、对作品拥有任何权利的所有人的信息，或者有关作品使用条款和条件的信息，以及代表此种信息的任何数字或者代码。权利管理电子信息是著作权人通过向公众声明其权利、表明权利人身份，从而规范和控制其作品在网络环境下的合法使用的必要手段。而对该信息的删除或改变无疑会干扰权利人对其作品的合法控制，乃至于进一步扰乱网络环境下的作品利用秩序。根据我国《信息网络传播权保护条例》第五条：“未经权利人许可，任何组织或者个人不得进行下列行为：故意删除或者改变通过信息网络向公众提供的作品、表演、录音录像制品的权利管理电子信息，但由于技术上的原因无法避免删除或者改变的除外；或者通过信息网络向公众提供明知或者应知未经权利人许可被删除或者改变权利管理电子信息的作品、表演、录音录像制品。”同时该条例还在第十四条中规定了权利人如对提供信息存储空间或者提供搜索、链接服务的网络服务提供者，权利人认为其服务所涉及的作品、

① 王迁：《论提供规避技术措施手段的法律性质》，载《法学》2014年第10期，第13页。

② 《著作权法修订草案》第七十三条。

表演、录音录像制品中，如被删除、改变了自己的权利管理电子信息的，可以以通知书的形式，向网络服务者提出法律主张，要求网络服务提供者删除该作品、表演、录音录像制品，或者断开与该作品、表演、录音录像制品的链接。（8）制作、出售假冒他人署名的作品的。此项行为一般涉及权利人的署名，但并不直接涉及其具体的作品。对于该项行为违法性的认定，似乎采用意义较为宽泛的姓名权侵权更为适宜。但姓名权在一般民法体系中涉及面较广，而署名权为著作权法领域内的专有概念，其针对性更强，法律干预更为直接有效。故在著作权的侵权行为中将此项行为专列，以期实现较为集中有利的规制目标。

第二节　著作权损害赔偿的理算

著作权侵权行为一旦构成，根据权利人的主张，法律需要以确定的原则和标准衡量侵权人造成的损害和权利人遭受的损失，从而通过要求侵权人依法补偿的方式恢复著作权人的合法利益，保障社会公平和秩序。根据民事侵权的一般性原则，著作权的侵权补偿以侵权行为所造成损害的全部财产损失为准，承担全部赔偿的责任。其赔偿范围不仅限于侵权行为本身对权利人造成的财产损失，还应当包括权利人为制止侵权行为所支付的合理开支。具体而言，根据著作权法第四十九条：侵犯著作权或者与著作权有关的权利的，首先侵权人应当按照权利人的实际损失给予赔偿；如果实际损失难以计算的，可以按照侵权人的违法所得给予赔偿。如权利人的实际损失或者侵权人的违法所得不能确定的，由人民法院根据侵权行为的情节，判决给予五十万元以下的赔偿。其中法定赔偿机制是著作权法对于实际损失和违法所得原则无法适用前提下的一种补充，是法官根据实际情形予以斟酌而最终确定下赔偿数额，也称为酌定赔偿。由于现实中造成著作权法侵权损害的情形较为复杂，涉及各种人为因素较多，故法定赔偿也是一种较为普遍的适用方式。但鉴于其判罚数额上限较低，依此判罚则对于较大损害侵权行为中的权利人的救济不足，整体机制有失公允。

根据最高人民法院《关于审理著作权民事纠纷案件适用法律若干问题的解释》，著作权侵权的诉讼时效为两年，如果著作权侵权行为从侵权之日起一直保持持续状态，则时效不终止。则针对起诉之日起两年之内的侵权行为权利人可以提出权利主张，诉请法院保护其合法权益。

第十二章　著作权集体管理

第一节　著作权集体管理概念和发展

著作权集体管理是指著作权人将著作权的部分权利授予相关组织管理，相关组织根据权利人的授权以自己的名义行使所管理的权利，并将所获取收益在扣除必要费用之后返还给权利人的一项法律制度。我国著作权法第八条规定："著作权人和与著作权有关的权利人可以授权著作权集体管理组织行使著作权或者与著作权有关的权利。著作权集体管理组织被授权后，可以以自己的名义为著作权人和与著作权有关的权利人主张权利，并可以作为当事人进行涉及著作权或者与著作权有关的权利的诉讼、仲裁活动。"

著作权集体管理，是在现代社会背景下知识产品迅速而大规模传播的必然需求下应运而生的制度。该制度产生于18世纪下半叶的法国，1777年7月由著名的戏剧家博马舍倡导成立了法国戏剧立法局（现在的法国戏剧作者和作曲者协会），为世界上第一个著作权集体管理组织。随后在德国、意大利、奥地利、英国以及北欧、东欧各国纷纷成立了著作权集体管理组织。①

作为授权使用机制，它构建了一条著作权权利人与潜在利用者之间的桥梁。著作权的私权属性强调权利人对自己权利的自由支配和积极行使，但著作权的权利体系十分复杂，许多权利使用过于分散频繁，仅凭权利人自身的有限精力，无法合理地满足权利的行使的需要。相对于独立分散的权利人个体，集体管理组织在授权渠道、收费机制、维权力度方面拥有明显的技术优势，集体管理组织将分散在主体间的著作权权利汇集起来，通过其专业性和集约性的特点进行授权、收费、监控、维权等方面的管理事务，为权利人提供相应的服务，以有效的形式充分保障权利人的合法权益。

---

① 卢海军：《论市场导向的著作权集体管理》，《电子知识产权》2007第3期，第23页。

第二节　著作权集体管理的性质

我国著作权法第八条第二款规定："著作权集体管理组织是非营利性组织，其设立方式、权利义务、著作权许可使用费的收取和分配，以及对其监督和管理等由国务院另行规定。"我国《著作权集体管理条例》第三条规定："本条例所称著作权集体管理组织，是指为权利人的利益依法设立，根据权利人授权、对权利人的著作权或者与著作权有关的权利进行集体管理的社会团体。"① 根据上述规定，集体管理组织是一个依据授权而对相关民事权利进行集体管理的、非营利性的社会团体。

作为一项民事权利管理组织，集体管理组织必须依据权利人授权方可行使对于著作权的管理权利。世界知识产权组织对于集体管理的推行持有明确的立场，即"自愿选择、避免强制"。集体管理虽以保障著作权人的合法权利为宗旨，但一旦选择集体管理，权利人个人将失去对该权利的直接控制，其后果为丧失掉单独和利用者谈判以期获取更佳使用报酬的机会。著作权纳入集体管理的渠道，其收益部分需要作为集体管理组织日常管理和机构运作的经费，而集体管理组织在运行过程中也会不可避免地平衡各个权利人之间的利益分配，最终权利人所获取利益回报往往是不精确的，也是不充分的。鉴于此，集体管理组织的加入和退出，秉承着权利人自愿的原则。《著作权集体管理条例》第十九条第一款规定："权利人可以与著作权集体管理组织以书面形式订立著作权集体管理合同，授权该组织对其依法享有的著作权或者与著作权有关的权利进行管理。权利人符合章程规定加入条件的，著作权集体管理组织应当与其订立著作权集体管理合同，不得拒绝。"该条例第二十一条规定："权利人可以依照章程规定的程序，退出著作权集体管理组织，终止著作权集体管理合同。"②

集体管理组织在进行权利管理过程中，包括收取费用、主张权利等法律事务，均是以自己的名义进行的，从学理角度而言，普遍地认为，著作权集体管理组织与权利人二者之间属于信托关系。即委托人基于对受托人的信任，将其财产权委托给受托人，由受托人按委托人的意愿以自己的名义，为受益人的利益或者特定

① 《中华人民共和国著作权集体管理条例》第三条。
② 《中华人民共和国著作权集体管理条例》第十九条、第二十一条。

目的，进行管理或者处分的行为。[1] 从权利关系角度分析，该制度表现为著作权人基于集体管理合同将其著作权授予集体管理组织，由集体管理组织为了权利人的利益，以自己的名义集中行使权利人的有关权利。在此著作权人与集体管理组织的关系与信托中存在三方法律关系，即委托人、受托人和受益人的关系模式基本相同，只不过集体管理组织授权行为中的委托人和受益人大致重合为权利人自身，故其性质上应认定为一种“自益信托”。[2]

集体管理组织本质上是非营利性的社会团体，其运营过程中收取的费用，除扣除组织运行的必要经费之后，全部返还给著作权人，不得留存或作为内部的利润分配。《著作权集体管理条例 》第三十一条规定：“ 著作权集体管理组织的资产使用和财务管理受国务院著作权管理部门和民政部门的监督。”[3] 同时在该条例的第三十二条和第三十三条也相应规定了著作权授权人对于被授权的集体管理组织的资产使用和相关财务报告等材料拥有查询和检举的权利。

第三节 著作权集体管理的授权范围

为了更好地协调权利人和集体管理组织的职能，平衡双方的权益，根据我国《著作权集体管理组织条例》第四条的相关规定，可以选择集体管理组织进行管理的权利主要包括表演权、放映权、广播权、出租权、信息网络传播权、复制权等权利人自己难以有效行使的权利，即所谓的“小权利”，此类权利具有行使频繁且分散的特征，其个别情形下行使对权利人整体利益格局不会构成实质性影响，故不宜由当事人直接支配管理。而另外一些所谓的“大权利”，如改编权、摄制权、翻译权、出版权等，其行使关系着权利人主要利益的实现，且不宜频繁行使，一般仍需要保留在权利人的支配之下，而不会纳入集体管理的机制之中。

---

① 李锋：《论我国著作权集体管理的性质》，载《韶关学院——社会科学》2005 年 11 期，第 23 页。

② 杨钊：《著作权集体管理制度本质的探讨》，载《当代经理人》2005 年第 17 期，第 13 页。

③ 《中华人民共和国著作权集体管理条例》第三十一条。

第三编

专利法

第十三章　专利制度概述

第一节　专利的概念

一、专利的含义

专利的英文 patent 源于拉丁语 Litterae patentes，意为公开的信件或公共文献，是中世纪的君主用来对臣民加封官禄、颁布大赦及赐予特权的证明。我国的“专利”从字面讲，即是“专有的技术或利益”。而生活中所用的“专利”一词有三种含义：

1. 从技术发明来看指专利技术，是受到专利法保护的发明创造，即受国家认可并在公开的基础上进行法律保护的专有技术，它强调的是享有独占权的技术或者方案。通常说某企业有多少“专利”即指此含义。

2. 从法律意义来看指专利权，是专利权的简称，即一项发明创造向国家审批机关提出专利申请，经依法审查合格后向专利申请人授予的在规定的时间内对该项发明创造享有的专有权，它强调的是一种专有的权利。通常说申请“专利”即申请专利权。

3. 从保护的内容来看指专利文献，即专利局颁发的确认申请人对其发明创造享有的专利权的专利证书或指记载发明创造内容的专利文献，是一种具体的物质文件。通常说的“专利”检索即是专利文献的检索。

二、专利的特征

1. 专利的垄断与公开

作为知识产权的一种，专利也有知识产权共有的一些特征，如无形性、专有性、地域性、时间性等，但专利权最主要的特征即在于“垄断”和“公开”，即以法律手段实现对技术的垄断，以书面的方式实现对技术信息及技术权利状态的公开。

专利的垄断不同于反垄断法所称的垄断，而强调的是一种独占权，是权利主体享有的一种经济上的排他性权利。专利从诞生之日起就是一种特权，授予权利人专有权是为了实现专利权人的财产利益，以保护其劳动成果，并最终达到刺激发明的目的。因此这种垄断不仅不会限制技术的传播，相反还有助于技术的推广，能有效地促进技术信息尽早公开。

但是专利垄断的终极目的是公共利益，因此专利的另一个重要的特征就是公开，要求申请人在专利文件中必须清楚、完整地公开其技术细节，以此区别于商业秘密。专利公开的作用主要包括三个方面：一是可以促进专利技术的利用；二是可以有效地避免重复开发；三是可以明确划定专利权请求保护的范围。可以说，以出版专利文献的形式来实现发明创造向社会的公开和传播是专利制度走向成熟的最显著特征。

2. 专利权的其他特征

（1）专有性受到较强的限制。知识产权的专有性并不是绝对的，为了平衡知识产权权利主体的个人利益和公共利益，对各种知识产权法律都规定了权利限制。

（2）时间性较为绝对。除商业秘密外，知识产权通常有一定的保护期，而专利权的期限受到严格的限制，时间较短，并且在保护期届满后即进入公有领域，不能续展。

第二节　专利制度的历史发展

一、专利的产生

专利最早出现在欧洲。据史料考证，专利的萌芽产生于公元前500年，在今意大利南部，一种烹调方法被授予为期一年的独占权①。但这种“专利”只是一种商品上的垄断经营特权，是“利”被某人所“专”，与现代专利的含义不同。因此通常认为专利制度应在中世纪后期，资本主义萌芽阶段，以商品经济及科学

① 王桂玲：《专利制度的起源及文献产生初探》，豆丁网，http：//www.docin.com/p-281676.html，2008-5。

技术的进步为基础，才产生现代意义上的专利。当时比较具有代表性的是1236年法兰西及英格兰的亨利三世授予一名波尔多人在该城市生产花布的为期15年的独占权；1421年意大利建筑师布鲁内来西发明的“带有吊机的驳船”曾获得在河上运输重物的方法的3年独占权。

二、专利法的颁布

1.《威尼斯专利法》

1474年3月19日，威尼斯共和国颁布了世界上第一部最接近现代专利制度的《威尼斯专利法》，从1475年到16世纪，在威尼斯许多重要的工业发明，如提水机、碾米机、排水机、运河开凿机等被授予10年的特许证，科学家伽利略在威尼斯共和国1594年获得了扬水灌溉机的20年专利权。

《威尼斯专利法》比较简单，保护对象仅限于市政建设中的机械装置，但其中已包括了通常所说的建立专利制度的四个目的：对社会有益、鼓励发明、有利于发明的推广与应用、发明人有权享有其智力成果。此外，该部法律中也包括了现代专利制度的某些因素，如规定授予专利权的条件是新颖性和实用性、专利权的时间限制、专利侵权行为的赔偿责任和法律后果等。可以说这部法律的有关规定为今天的专利制度奠定了基础。

但是《威尼斯专利法》还不能称为完全意义上的现代专利法，因为该法案规定获得专利的技术只能在威尼斯实施，并且要传授给当地同领域的工艺师，而对外国工艺师严格保密。因此该法案实际上解决的是威尼斯政府利用保守于民间的技术秘密的问题，是以法律的形态将技术置于国家的控制之下，与现代专利制度的“公开”特征不符。

2. 英国专利法

1324年至1377年间，在英国爱德华二世至三世统治期间，很多外国织布工人及矿工作为新技术的引进者被授予使用该技术的专有权；16世纪中期，时任英国首相威廉·塞西尔实施政策，为欧洲大陆的能工巧匠提供技术垄断权，以鼓励技术移民，促进英格兰技术和工业的发展。这使得授予专利成为当时英国国王较为经常的事务。伊丽莎白女王统治时期，专利授权活动出现小的高潮。但这种特权逐渐被滥用，授权专利的名实不副及专利权人滥用权利的现象普遍存在，不仅一些过时的技术获得了专利权，甚至与民众生活息息相关的油、盐、醋和淀粉也都成为专利对象，引起了国民的严重不满。于是从17世纪开始，英国开始了专利制度改革。

1623年，英国的《垄断法案》(*Statute of Monopolies*) 公布，自1624年开始实施。其主要目的是废除英王已经授予的所有垄断权，并禁止国王今后再授予这种权利。该法还规定了发明专利权的主体和客体、取得专利的条件、专利的有效期限及专利的无效等，明确规定了专利法的一些基本范畴，其中的许多原则和定义也一直沿用至今。因此，该法案被认为是世界上第一部具有现代含义的专利法。这一法案的实施，保护和激励了技术创新，为英国资本主义产业革命奠定了物质技术基础。

但是，《垄断法案》规定的专利申请程序复杂，申请费用高，时间长，并且对专利文献未做出明确规定。直至1709—1714年英国安娜女王统治时期，法规中才对描述发明内容的专利说明书有了明确要求。1778年，曼斯菲尔德法官确认专利申请人应该清楚详尽地描述其发明。

1852年《专利法修改法令》颁布，依据该法令，英国建立了现代意义上的专利局，并且明确要求发明人在提交专利申请时必须充分陈述其发明内容提交专利说明书，说明书将予以公布，从而打破了封建社会长期的技术封锁。英国专利局内建立的专利说明书处，专门负责专利说明书的印刷和出版。这是出版专利文献首次在专利法中有了明确规定，它标志着具有现代特点的专利制度的最终形成。

3. 其他国家专利法

继英国后，欧美其他国家纷纷效仿。例如美国1790年则颁布了专利法，是当时最系统、最全面的专利法。法国第一部专利法出现在1791年。随后，1800—1888年间，大多数工业化国家都颁布了本国专利法。这期间各国专利法的共同特征是专利授权时都没有明确的权利要求，而且都不进行检索和技术审查。1877年的德国专利法突出了强制审查原则，是最早实行专利审查制的国家。1905年起英国正式开始实行专利申请检索制度。

三、专利制度的国际化

随着专利制度在世界各国的普遍实行和国际经济与科技的高度发展，迫切要求专利制度趋于国际一体化，实质内容和申请审批程序逐步简化一致和统一。因而，国际间签订了一系列多边保护专利或工业产权的国际性或地区性条约，如1883年签订的《保护工业产权巴黎公约》，1971年的《国际专利分类斯特拉斯堡协定》、1978年的《欧洲专利公约》和《专利合作条约》以及1991年达成的《与贸易有关的知识产权（包括假冒商品贸易）协议》等，解决了包括国民待遇和专利独立原则的确定，专利性条件的统一，各种保护对象及专利分类办法的制定和统一，各种申请和审批程序的简化和统一，以及保护标准的统一等一系列问题，标志着专利制度走向国际一体化，进入一个崭新的发展阶段。

第三节　我国的专利制度

一、中华人民共和国成立前的专利制度

1. 我国古代的专利制度

我国古代文献中有“专利”一词，如汉代的盐铁专利、唐朝的食盐专利等，但其含义不同于现代意义上的专利，是国家“独专其利”。古代中国由于封建统治、重农抑商等政治和经济的原因，对重要技术，主要由国家采取强制手段予以保护，而民间技术发明则主要靠自我保护，没有形成发明者利益保护制度。

2. 洪仁玕专利思想

第一个将西方专利制度思想介绍到我国，提出建立专利制度建议的是太平天国时期的“干王”洪仁玕。他在《资政新篇》中，第一次提出了实施专利权的方法，其内容很接近现代专利制度。例如他提出“兴器皿技艺，有能造精奇利便者，准其自售，他人仿造，罪而罚之。即有法人而生巧者，准前造者收为己有，或招为徒焉”，即用专利制度来奖励发明创造；他还建议对不同的发明创造予以不同的奖励和保护，“器小者赏五年，大者赏十年，益民多者年数加多，无益之物，有责无赏，限满他人仿造”。但是由于太平天国运动的失败，洪仁玕的思想并未得到实施。

3. 上海机器织布局专利与《振兴工艺给奖章程》

1881 年，实业家郑观应向李鸿章申请给予上海机器织布局机器织布工艺 10 年专利，1882 年该申请被光绪皇帝认可。这是我国近代史上第一件专利。但它实际上是一种封建垄断特权，却与现代意义的专利有着本质的区别。

1898 年 7 月 12 日，光绪皇帝在“百日维新”运动中颁布了中国第一个鼓励技术、工艺发明创造的专利法规——《振兴工艺给奖章程》。这部法规与官督商办专利权相比有了明显的进步，其目的就是促进资本主义的经济发展。《振兴工艺给奖

章程》第一次从法律上承认了发明创造的进步作用，并对专利做了具体规定。这是第一次以官方文件的形式将西方专利制度引进我国，可以说是我国专利发展史上的转折点，是中国发明创造受到法律保护的开端。可惜在戊戌变法过程中“工艺专利”受到了顽固派的反对，直至清王朝覆灭，中国的专利制度一直处于萌芽状态。①

4.“中华民国”专利法

1912 年，“中华民国”工商部颁布了《暂行工艺品奖章》，规定对发明或改良产品，除医药品和仪器外，授予 5 年以内的专利权。1923 年，北洋政府农商部颁布了《暂行工艺品奖励章程》，1928 年又颁布了《奖励工艺品暂行条例》。这几部法规虽然条文不多，但已具备专利制度的主要内容，如专利的客体、专利的审批、专利权的保护等，对发展中国民族工业技术起了一定的作用。

1940 年，南京国民政府正式成立专利管理机构，并设立工业专利办法筹备委员会，负责起草专利法。1944 年 5 月，专利法颁布。这是我国历史上第一部比较完整的专利法。该法共分为发明、实用新型、新式样和附则 4 章，其内容基本符合现代专利法的要求。

二、中华人民共和国成立后的专利制度

1.“文革”前的专利法

中华人民共和国成立后，原政务院财政经济委员会于 1950 年 8 月通过了《保障发明权与专利权暂行条例》。该条例采用了苏联的发明证书和专利证书并行的双轨制，即申请人可自由选择发明证书或专利证书，获得发明证书的，依条例颁发奖金。

1963 年，《保障发明权与专利权暂行条例》被废止，国务院颁布了《发明奖励条例》，由发明奖励制度取代了发明保护制度，即实行单一的发明证书制度，发明属于国家所有，发明人不再享有专利权。

2.“文革”后的专利法

1979 年 3 月，为适应改革开放形式的需要，我国开始专利立法的准备工作。1980 年 1 月，国务院批准成立了国家专利局。1984 年 3 月 12 日，《中华人民共和国专利法》（以下简称《专利法》）经第六届全国人民代表大会常务委员会第四

① 孙羽、宋子良：《从洪仁玕到〈振兴工艺给奖章程〉——中国曲折发展的专利制度》，载于《自然辩证法通讯》1998 年第 2 期，第 28 页。

次会议审议通过，1985 年 4 月 1 日起正式施行，这是在中国内地第一部得到真正全面贯彻的专利法，标志着我国专利制度的开始。实践表明，《专利法》对鼓励发明创造，促进科技进步和经济发展，以及对外科技交流和经贸往来，发挥了积极、重要的作用。

专利法实施至今，一共进行了三次修改。

（1）1992 年《专利法》。1992 年 9 月，在建立中国特色社会主义市场经济体制的时代背景下，为落实《中美知识产权保护备忘录》中的承诺，我国对《专利法》进行了第一次修改。这次修改扩展了专利保护的技术领域，简化了授权前的程序，延长了专利权的保护期限，强化了专利权人的权利。

（2）2000 年《专利法》。2000 年 8 月，为适应我国加入世界贸易组织的形势需要，更有效地发挥专利制度促进科技创新和经济社会发展的作用，我国对《专利法》进行了第二次修改。这次修改取消了撤销程序，取消了专利复审委员会对实用新型和外观设计的终局决定权，赋予专利权人禁止他人许诺销售发明或者实用新型专利产品的权利，调整了职务发明创造权利归属的规定，增加了有关诉前临时措施的规定。第二次修改后的《专利法》不仅完全与世界贸易组织有关规则一致，而且更重要的是适应了我国完善社会主义市场经济体制的需要。

（3）2009 年《专利法》。2008 年 12 月 27 日，第十一届全国人大常委会第六次会议通过了《关于修改〈中华人民共和国专利法〉的决定》，修改后的《专利法》自 2009 年 10 月 1 日起施行。此次《专利法》主要是确立了“禁止重复授权原则”，提高了专利的授权条件，增加了对遗传资源利用的规定，完善了外观设计专利制度，提高了专利侵权的赔偿标准等。2009 年专利法是中国专利制度发展史上又一个重要的里程碑，标志着中国专利制度的发展进入日臻完善的新阶段。

3. 专利法的第四次修改

目前，《专利法》正在进行第四次修改，修改草案（征求意见稿）已于 2015 年公布。此次修改涉及实质性修改的条文共 30 条，并新增“专利的实施和运用”一章。具体内容主要包括五大部分：第一，加大专利保护力度，维护权利人合法权益；第二，促进专利的实施和运用，实现专利价值；第三，实现政府职能法定，建设服务型政府；第四，完善专利审查制度，提升专利质量；第五，完善专利代理法律制度，促进知识产权服务业健康发展。[①]

① 参见国家知识产权局网站，网址：http：//www. sipo. gov. cn/ztzl/ywzt/zlfjqssxzdscxg/xylzlfxg/201504/t20150424_ 1107544. html。

第十四章　专利权的客体

专利权的客体即专利保护的对象，是能够取得专利权并受到专利法保护的智力劳动成果。

世界各国对专利权客体的法律规定各不相同，我国《专利法》第二条规定："本法所称的发明创造是指发明、实用新型和外观设计。"

第一节　发明

一、发明的概念

发明是专利三大客体中技术含量最高、价值最大、保护期限也最长的一种，各国专利法都无一例外地把发明作为专利保护的对象。我国《专利法》第二条规定：发明，是指对产品、方法或者其改进所提出的新的技术方案。发明有以下几个特征：

1. 发明是一项技术方案。发明是一种为解决特定技术问题而做出的创造性构思，但单纯提出课题或构思而未提出具体的技术方案不能称作发明。同时专利上的发明也不是技术，只要是技术方案即可。

2. 发明是自然科学领域中的技术方案。专利法中的发明只限定自然科学领域中的技术。除此之外的其他技术不能称为专利法保护的技术方案。

3. 发明是运用自然规律的结果。发现是揭示自然界已经存在但尚未被人们所认识的自然规律和本质，是对自然规律的认识；发明是在人们已掌握的自然规律的基础上运用该规律所做出的一种技术方案，而不是指认识自然规律本身。

二、发明的种类

发明的表现形式多种多样，根据不同的标准可分为不同的种类。

1. 按照发明的质的不同，可分为：

（1）开创性发明，也称为首创性发明或开拓性发明，是指一种全新的技术方案，在技术史上未曾有过先例，它为人类科学技术在某个时期的发展开创了新纪元。开创性发明同现有技术相比，具有突出的实质性特点和显著的进步，具备创造性。①

（2）改进性发明，是指在现有技术的基础上，在保持其独特性质的前提下，又改善了其性能并使之具有新的功效的改进技术方案。改进性发明对现有技术成果有一定的依赖性，且创造性略低于开创性发明，但只要解决了一项技术难题或克服了一项技术偏见、取得了预料不到的技术效果，就具有了创造性，也可以获得专利权。我国现在申请的发明专利大部分属于改进性发明。

2. 按照发明的产物不同，可分为：

（1）产品发明，是指以有形形式出现的一切发明。包括制造品的发明、材料的发明（或称物质发明）、关于物品新用途的发明等。产品发明可以是一种独立的完整的产品，也可以是一种产品的一个部件。一项产品发明获得专利，连带其生产方法也受到保护。

（2）方法发明，是指制造产品或解决某个技术问题而采用的操作方法和技术过程的发明。就某种方法发明取得的专利权，不仅涉及该专利方法本身，而且扩展至依照该专利方法直接获得的产品。除法律另有规定外，任何单位和个人未经专利权人许可，不得为生产经营目的使用其专利方法以及使用、销售依照该专利方法直接获得的产品。②

第二节　实用新型

一、实用新型制度的历史沿革

用法律保护实用新型最先始于英国。1843 年英国制定了《外观设计著作权法》（*Designs Copyright Act*），其中对以实用为目的的产品新设计给予 3 年的保护。1891 年德国制定了第一部正式的《实用新型保护法》，对实用新型给予 3 年的保

① 参见《专利审查指南》（2010）第二章第 4.1 节。

② 参见《专利法》第十一条。

护，并采用简便的登记制。1911年，实用新型保护制度得到《保护工业产权巴黎公约》的正式承认。

早期实用新型保护的是一种模型，因此，实用新型法保护的对象是具有实用功能的技术造型或结构，这一特征在现在许多国家的实用新型制度中仍然有重要影响。随着时间的推移，实用新型的保护范围也逐渐扩大。如日本仅以平面图形设计为特征的产品、建筑物、用显微镜才能看见的微观结构以及电路等均可申请实用新型；德国则取消了以前关于“三维形状”“微观结构”等方面的限制性条件；法国和澳大利亚将实用新型的保护范围扩大到方法，因此在名称上法国也改为“实用证书”，澳大利亚则改为“小专利”，都不再使用“实用新型”。

二、我国的实用新型制度

我国中小企业较多，工业和技术水平较低，保护实用新型，有利于调动鼓励低成本、研制周期短的小发明创造，提高研发的积极性。据统计，2009年国家知识产权局累计受理专利申请97.7万件，其中实用新型专利申请31.1万件[①]，我国当年受理的实用新型申请占据了全球实用新型申请总量的78%[②]。2011年，我国实用新型专利申请达到了58.5万件[③]。由此可见，我国实用新型专利申请的数量很大。

（一）实用新型的概念

实用新型也称为“小发明”或“小专利”，《专利法》第二条第三款规定：“实用新型，是指对产品的形状、构造或者其结合所提出的适于实用的新的技术方案”。实用新型具有以下特征：

1. 实用新型必须是产品。实用新型专利只保护产品。产品应当是经过产业方法制造的，有确定形状、构造且占据一定空间的实体。一切方法以及未经人工制造的自然存在的物品不属于实用新型专利保护的客体。

2. 实用新型必须是具有一定立体形状和构造或者是两者结合的产品。产品的形状是指产品所具有的、可以从外部观察到的确定的空间形状；产品的构造是指产品的各个组成部分的安排、组织和相互关系。[④]形状和构造都只涉及立体产品，

① 冯晓青、刘友华：《专利法》，北京·法律出版社，2010年版，第61页。

② 《WIPO报告显示中国知识产权事业发展成绩斐然》，中华人民共和国国家知识产权局网站，网址：http://www.sipo.gov.cn，2011年10月27日新闻。

③ 《世界知识产权组织2011年知识产权事实和数据》，中国知识产权研究会网站，网址：http://www.cnips.org/xwzx_list.asp?NewsID=1422，2011年10月25日发布。

④ 《专利审查指南》（2010）第一部分第二章第6.2、6.3节。

因而平面产品、无确定形状的产品不能申请实用新型专利。

3. 实用新型必须具有实用性。实用新型必须在产业上有直接的实用价值，必须要产生一定的实用功能，以此区别于外观设计。

（二）实用新型和发明的区别

实用新型与发明保护的都是技术方案，在申请手续、授权条件、保护方式等方面也都非常接近，但二者也存在着较大的差异。

1. 保护范围不同。实用新型只适用于产品，不适用于方法，产品也要求具有固定的形状或构造；发明既保护产品，也保护方法，且对产品没有特殊要求。

2. 对创造性的要求不同。建立实用新型保护制度的目的之一，就是为了保护那些达不到发明专利的创造高度要求的简单的小发明创造，因此实用新型的创造性要求低于发明。我国《专利法》即规定，发明的创造性要求是具有突出的实质性特点和显著的进步，实用新型则是具有实质性特点和进步。（《专利法》第二十二条第三款）

3. 审查的程序不同。实用新型的审批程序比较简单、快捷。发明专利的取得要经过严格的实质审查，而实用新型只需经过初步审查认为符合要求的，即可授权，而不须进行实质审查。之所以做此规定，是因为实用新型多为一些简单的且易替代的技术，市场寿命较短，如通过长时间的实质审查后再授权，则该技术可能缺乏市场竞争力，被市场所淘汰。

4. 保护的期限不同。因实用新型的授权较低，因此保护期限也较短，只有10年，而发明则为20年。

第三节　外观设计

一、外观设计保护制度概况

外观设计是产品的外在式样，是产品的重要组成部分。外观设计是否具有吸引力也是决定产品竞争力的重要因素之一。许多国家尤其是工业比较发达的国家，通常将外观设计作为工业产权的一个重要内容。

外观设计保护制度是在工业革命使大量工业品进入市场后应运而生的。一般认为1711年法国制定的保护里昂盛产的丝绸的外观设计，是最早建立的外观设计制度。1806年法国颁布了独立的外观设计法，建立了比较完整的外观设计保护制度，随后各国相继建立了外观设计制度。1883年签订的《巴黎公约》把外观设计列为工业产权的一种，推动了各国立法对外观设计的保护。目前全世界约有100多个国家和地区保护外观设计。

就世界范围来看，各国或地区对外观设计的称谓和保护范围略有不同，大多数国家和地区称为工业品外观设计，但也有所区别，如日本称“意匠”，美国称“设计专利”，我国台湾地区称“新式样”。就保护范围来看，多数国家保护的是产品的外观设计，即设计与产品是合为一体的；但也有少数国家如美国、法国等的外观设计保护范围较大，不仅保护工业品的美术设计，也保护与产品无关的新图案或新造型，甚至纯美术作品也可给予外观设计保护。

此外，各国保护外观设计的法律形式有所不同，如日本、瑞典等国制定了专门的外观设计保护法；而我国和美国等国家则在专利法中规定外观设计的保护；英国认为外观设计应以专利形式保护，但制定了专门的外观设计法；德国则采用了工业品外观设计著作权法与外观设计注册法并存的模式，对符合著作权法要求的外观设计可获得专利权和著作权的双重保护；意大利与德国相反，认为外观设计不能获得重复的权利。但不论各国对外观设计采用何种保护方式，其保护的效果都是基本一致的，即外观设计所有人对其外观设计享有独占的垄断权。

二、外观设计的概念

（一）概念

《专利法》第二条第四款规定：“外观设计是指对产品的形状、图案、色彩或者其结合所做出的富有美感并适于工业上应用的新设计。”外观设计具有以下特征：

1. 外观设计必须以产品为载体。这里的所谓产品，可以是立体形状或平面形状的产品，但限于有固定形状、可以整体移动的产品，不包括气体、液体、呈粉末状或颗粒状的固定物质，也不包括不可整体移动的各种建筑物。它既可以是单个产品，也可以是配套使用的成套产品中具有独立性可以单独销售的零部件。单纯的美术设计，即使为公众所熟悉或喜爱，但若不与产品相结合，则只能受著作权法的保护，而不能申请外观设计专利权。

2. 外观设计是产品的形状、图案、色彩或其结合的设计。与产品内部结构无关，也不要求有实用性，这是外观设计和实用新型的核心区别。

3. 外观设计应当富有美感。富有美感的外观设计应该是肉眼可直接看到的，需要借助特定的工具才能分辨其形状、图案、色彩的设计不能申请外观设计专利，如暗纹、防伪标识等。

4. 外观设计必须适合于工业应用。即外观设计能应用于产业上并形成批量生产，不能重复生产的手工艺品、农产品、畜产品、自然物不能作为外观设计的载体。

（二）不授予外观设计专利保护的情形

依据上述特征的判断，以下属于不授予外观设计专利权的情形[①]：

1. 取决于特定地理条件、不能重复再现的固定建筑物、桥梁等；2. 因其包含有气体、液体及粉末状等无固定形状的物质而导致其形状、图案、色彩不固定的产品；3. 产品的不能分割、不能单独出售或者使用的局部或部分设计；4. 对于由多个不同特定形状或图案的构件组成的产品，如果构件本身不能成为具有独立使用价值的产品，则该构件不属于外观设计专利保护的客体；5. 不能作用于视觉或者肉眼难以确定，需要借助特定的工具才能分辨其形状、图案、色彩的物品；6. 要求保护的外观设计不是产品本身常规的形态；7. 以自然物原有形状、图案、色彩作为主体的设计；8. 纯属美术范畴的作品；9. 仅以在其产品所属领域内司空见惯的几何形状和图案构成的外观设计；10. 文字和数字的字音、字义不属于外观设计保护的内容；11. 产品通电后显示的图案。

三、外观设计专利权与相近权利的区别

（一）外观设计专利权与著作权

著作权是基于文学、艺术、科学作品依法产生的权利。外观设计专利权保护的外观设计和著作权所保护的作品都具有独创性和可复制性，但两种权利存在着较大的差异。

第一，权利的产生方式不同。著作权遵循自动保护原则，而外观设计专利权需经申请确权。

第二，获得权利的要求不同。著作权保护的作品要求具有独创性或原创性，而外观设计的授权条件包括新颖性和创造性，即不允许对相同或相似的设计授权专利权，因此外观设计对独创性的要求更高。

第三，应用领域不同。著作权主要限于文学、艺术和科学领域的作品，而外

---

① 参见《专利审查指南》（2010）第一部分第三章第7.4节。

观设计专利应用于工业领域，属于工业产权之一。

第四，保护期限不同。著作权中的署名权、修改权、保护作品完整权的保护期不受限制，其余权利的保护期为作者终生及其去世后五十年。外观设计专利权的保护期较为绝对，只有十年。

（二）外观设计专利权与商标权

外观设计专利权和商标权同属于工业产权，是知识产权中最相近的两个权利。商标是指由文字、图形、字母、数字、三维标志和颜色组合而成的，用以区别商品的生产者、经营者或者服务的提供者的标志。商标中与外观设计最为相似的是三维标志商标。三维标志商标又称为立体商标或外形商标，是指用具有长、宽、高三种度量的三维立体物标志构成的商标标志。

外观设计专利权与商标权的关系。外观设计与商标都可以由图案（形）、色彩及其组合组成，都具有一定的可识别性，都可用于产品的包装上；二者在表现形式上也有部分重合，外观设计和商标都可表现为平面的图案，或是三维的立体形状。外观设计和商标还可互相转换。其区别主要表现为：

第一，功能和作用不同。商标是一种区别性的标志，使用商标的目的是维护商品生产者或者经销者的信誉及其商品质量；外观设计是一种产品装饰，使用的目的是增加产品的美感，通过视觉可以引起消费者的购买欲。

第二，适用的范围不同。外观设计必须用于产品上，而商标不仅可用于产品，还可用于服务。

第三，注册的条件不同。外观设计应当具有新颖性、创造性和实用性，并且富有美感；商标则必须具备新颖性和显著性。二者对新颖性的要求也不同。根据《专利法》第二十三条规定，授权的外观设计不得同现有设计相同或实质相同，并且与现有设计或者现有设计特征的组合相比，应当具有明显区别；而核准注册的商标只要在申请日前同他人在同一类商品上已经注册的或者已初步审定的商标不相同或者不相近似即可。

第四，注册的程序不同。外观设计专利权不需经过实质审查，商标权则要实质审查。

第五，保护的期限不同。外观设计专利权的保护期限为 10 年；商标权也为 10 年，但在期满前 6 个月内可续展。

第十五章　专利权的主体

专利权的主体是根据专利法的规定，依法享有专利权，并承担相关义务的人。专利权人包括自然人和法人。在专利申请的不同阶段，可分为发明人或设计人、专利申请人、专利权人。

第一节　专利权主体的类型

一、发明人或设计人

1. 概念

发明人或设计人是指对发明创造的实质性特点做出了创造性贡献的人。在理解这一定义时应注意以下问题：

（1）发明人或设计人只限定为自然人，单位或集体均不能成为该主体。

（2）发明人或设计人必须是直接参加发明创造活动，并对发明创造的实质性特点有创造性贡献的人。因此，仅提出设想、构思或启发性意见的人，仅负责组织领导工作的人，仅为物质条件的利用提供方便或者从事其他辅助工作的人等，均不属于发明人。

（3）发明人或设计人不适用民法中民事主体资格的限制性规定，未成年人和限制民事行为能力人也可成为该主体。

2. 共同发明人或设计人

发明创造由两人或两人以上共同完成的，则其互为共同发明人或设计人，其所完成的发明创造被称为共同发明。通常情况下发明创造为共同发明人所共有。

3. 发明人或设计人的合法受让人

专利权是一种无形财产权，因此也是可以转让的，专利的申请权和专利权都可以通过买卖、赠予、继承等方式转让，受让人和继承人是发明人或设计人的合法受让人。根据《专利法》的规定，转让专利申请权和专利权，当事人必须订立书面合同，以专利局登记和公告后生效。中国单位或者个人向外国人、外国企业或者外国其他组织转让专利申请权或者专利权的，应当依照有关法律、行政法规的规定办理手续。

二、单位

在职务发明创造的情况下，发明人或设计人做出的发明创造的专利申请权属于所在的单位。

三、受让人

受让人是指通过合同或继承而依法取得专利权的单位或个人。各国专利法都规定专利申请权和专利权可以依法转让，其受让人就成为继受专利权人。

四、外国人

外国公民、法人或其他单位可以在我国申请专利，但需按照以下原则办理：在我国境内有经常居所或营业所的外国人，可享有与我国国民同样的待遇；在我国境内没有经常居所或营业所的外国人，则需按照该外国人所属国与我国签订的共同承认申请并取得专利权的双方协定、该外国人所属国与我国共同参加的相互承认申请并取得专利权的国际条约办理，或者依据互惠原则允许该外国人在我国申请专利并取得专利权。

《专利法》第十九条还规定："在中国没有经常居所或者营业所的外国人、外国企业或者外国其他组织在中国申请专利和办理其他专利事务的，应当委托依法设立的专利代理机构办理。中国单位或者个人在国内申请专利和办理其他专利事务的，可以委托依法设立的专利代理机构办理。"

第二节　专利权主体的确定

一、专利申请权主体的确定

专利申请权是专利法的特有概念。只有享有申请权的人，才有资格获得专利权，因而专利申请权主体的确定是专利权主体确定的前提和核心内容。

（一）职务发明创造与非职务发明创造

1. 职务发明创造的概念

根据《专利法》第六条的规定，职务发明创造是指发明人或设计人执行本单位的任务或者主要是利用本单位的物质条件所完成的发明创造。①

根据《专利法实施细则》第十二条的规定，所谓“执行本单位任务”是指：（1）在本职工作中做出的发明创造；（2）履行本单位交付的本职工作之外的任务所做出的发明创造；（3）退休、调离原单位后或者劳动、人事关系终止后一年内做出的，与其在原单位承担的本职工作或者原单位分配的任务有关的发明创造。“一年”是以正式办理调离或退职、退休手续之日起计算。

“本单位的物质技术条件”是指本单位的资金、设备、零部件、原材料或者不对外公开的技术资料等。

2. 专利申请权的归属

（1）非职务发明创造

《专利法》第六条第二款规定：“非职务发明创造，申请专利的权利属于发明人或者设计人；申请被批准后，该发明人或者设计人为专利权人。”

（2）职务发明创造

《专利法》第六条第一款规定：“职务发明创造申请专利的权利属于该单位；申请被批准后，该单位为专利权人。”同时第三款还规定：“利用本单位的物质技术条件所完成的发明创造，单位与发明人或者设计人订有合同，对申请专利的权利和专利权的归属做出约定的，从其约定。”

职务发明的发明人或设计人虽然没有申请和取得专利的权利，但仍然有以下两项权利：

第一是发明人和设计人的署名权。《专利法》第十七条规定：“发明人或者设计人有权在专利文件中写明自己是发明人或者设计人。”

第二是获得物质报酬的权利。《专利法》第十六条规定：“被授予专利权的单位应当对职务发明创造的发明人或者设计人给予奖励；发明创造专利实施后，根据其推广应用的范围和取得的经济效益，对发明人或者设计人给予合理的报酬。”②

---

① 2015年《专利法修改草案（征求意见稿）》将此条修改为：“执行本单位任务所完成的发明创造为职务发明创造。”“利用本单位的物质技术条件所完成的发明创造，单位与发明人或者设计人订有合同，对申请专利的权利和专利权的归属做出约定的，从其约定；没有约定的，申请专利的权利属于发明人或者设计人”。

② 职务发明的发明人可获得的报酬数额，具体可参见《专利法实施细则》（2010）第76—78条。

（二）合作发明

合作发明是由两个以上的单位或者个人合作完成的发明创造。根据《专利法》第八条的规定，合作发明在有合同约定时依约定，无合同约定时申请权属于共同发明人所有。

对于共有的合作发明，发明的当事人一方不同意申请专利的，另一方或者其他各方不得申请专利。当事人一方转让其共有的专利申请权的，其他各方享有以同等条件优先受让的权利。合作开发的当事人一方声明放弃其共有的专利申请权的，可以由另一方单独申请或者由其他各方共同申请。申请被批准后，申请的单位或者个人为专利权人。申请人取得专利权的，放弃专利申请权的一方可以免费实施该专利。这与《合同法》的规定是一致的。

（三）委托发明

委托发明是以合同方式委托他人完成的发明创造。同样，根据《专利法》第八条的规定，委托发明在有合同时依照合同约定，合同无约定或约定不明确时专利申请权则归于完成发明创造的一方。发明人或设计人取得专利权的，委托人可以免费实施该专利。发明人或设计人转让专利申请权的，委托人享有以同等条件优先受让的权利。

二、专利权主体的确定

专利申请被批准后，专利权即归该申请主体所有，申请人即为专利权人。但在现实中，经常有两个以上的单位或个人分别就同一内容的发明创造申请专利权。此时，就需要确定专利权的主体。

（一）专利权主体的确定原则

确定专利权主体的原则也称为专利的授权原则。《专利法》第九条规定："同样的发明创造只能授予一项专利权。"这实际上就确立了"禁止重复授权原则"。这是2009年《专利法》新增加的一个内容，将原来《专利法实施条例》的规定上升到了《专利法》中。

（二）同样的发明创造的专利权主体的确定

根据《专利审查指南》的规定，同样的发明创造是指对要求保护的发明创造相同。在判断时，应当对两份发明或者实用新型的权利要求书的内容进行比较，说明书及其附图可以用于解释权利要求。

因此，同一个主体就内容相同的发明创造先后申请发明或者实用新型专利；

或者不同的主体同日或先后就内容相同的发明创造申请发明、实用新型、外观设计专利时，就构成了“同样的发明创造”。

1. 同一申请主体的授权问题

为了鼓励发明创造，同时解决专利申请案积压的问题，我国过去允许同一申请人同日或者先后就同样的发明创造既申请发明专利，又申请实用新型专利，这样申请人可以就其发明创造及时获得专利保护；在对其发明专利申请进行实质审查后，认为符合授权条件的，只要该申请人声明放弃其已经获得的实用新型专利权，可以授予其发明专利权。但这种做法可能导致专利权的超期保护，并且有可能损害社会公众利益，因此2008年《专利法》修改时即规定“同一申请人同日对同样的发明创造既申请实用新型专利又申请发明专利，先获得的实用新型专利权尚未终止，且申请人声明放弃该实用新型专利权的，可以授予发明专利权。”将允许同一申请人对同样的发明创造既申请实用新型专利，又申请发明专利，作为“禁止重复授权原则”的一种例外情况，既缓解了申请案的积压，又保护了社会公众利益。

2. 不同申请主体的授权问题

（1）授权的原则

对于不同申请主体就同样的发明创造提出专利申请的，目前世界上有两种解决方式：

①先发明原则

先发明原则是以发明创造完成的时间先后为准，专利权授予最先完成发明创造的人。该原则有利于保护最先完成发明创造的人，有利于鼓励发明创造。但其弊端也很明显：其一，它可能助长发明人长期保守其发明创造的秘密，不利于发明创造的尽早公开和传播。其二，当两个以上的人就同样的发明创造申请专利时，判断谁是最先完成发明创造的人是一件非常困难的事情。其三，发明人为了证明自己是最先完成发明创造的人需要保留大量的证据，这将增加科研人员的负担，并使获得的专利权变得不够稳定。

②先申请原则

先申请原则是以提出申请时间的先后为准，专利权授予最先提出专利申请的人。目前世界上绝大多数国家都采用先申请原则，包括美国从2013年开始也由“先发明制”转为了“发明人先申请制”。我国也是从1984年《专利法》就规定采用先申请原则。

先申请原则保护最先提出专利申请的人，有利于发明创造的尽早公开，能够避免重复研究。此外，由于先申请原则不需证明发明创造完成时间的先后，只需证明提出申请时间的先后，因此，其处理程序较为简单，发明人不必保留关于完成发明创造的时间的证据。

但是，这一原则也有不足之处：其一，对于先完成发明创造而后提出申请的申请人不公平；其二，容易导致大量不成熟、价值不高的专利申请，给专利审查工作增加不必要的负担。为了解决这两个问题我国专利法对发明专利申请采用早期公开、延迟审查的制度，并且规定了先用权，在一定程度上保护了先发明人在一定范围内的实施其发明创造的权利。

（2）判断申请先后的标准

采用先申请标准的关键是申请时间先后的判断，世界上大多数国家都选择以“申请日”作为判断标准。只有德、法等少数国家以“申请时刻”作为判断标准。以时刻为标准无疑是非常精确的。不过因其举证较困难，所以我国也采用“申请日”标准。

如果两个以上的申请人同日（指申请日；有优先权的，指优先权日）分别就同样的发明创造申请专利的，应当在收到国务院专利行政部门的通知后自行协商确定申请人[①]。

① 《专利法实施细则》第四十一条第一款。

第十六章　专利权的授权条件

专利权是国家依法授予专利权人的独占权，一项发明创造能否被授予专利权，不仅要满足技术要求，还要满足法律条件。世界各国对专利权的授权条件做出了严格的法律规定，一般而言，包括形式要件和实质要件。形式要件是指发明创造在申请专利的过程中所应当满足的程序上的要求；实质要件是指专利法所规定的作为一项专利技术应当满足的基本条件。本章主要介绍授予专利权的实质要件。

第一节　消极条件

授予专利权的实质要件可分为消极条件和积极条件。消极条件是指不能被授予专利权的情形；积极条件是指授予专利权必须满足的条件，即通常所说的“三性”：新颖性、创造性、实用性。从总体上讲，专利授权的消极条件可分为《专利法》第五条规定的“违法的发明创造”和第二十五条规定的“不授予专利权的发明创造”两大类，其区别主要在于前者所指的发明创造是违反了我国法律、社会公德，或者存在违法可能性；而后者所指的发明创造本身不违法，但根据我国《专利法》的相关规定将其排除在专利法的保护范围之外。

一、违法的发明创造

根据《专利法》第五条的规定，违法的发明创造包括两种情况：

（一）危害公共秩序的发明创造

专利制度的根本目的即是促进技术的开发和应用，以推动国家经济的发展和人类文明的进步，而危害公共秩序的发明创造则与这一目的相违背，因此各国虽然对“公共秩序”的理解有所不同，但基本都规定对危害公共秩序的发明创造不授予专利权。例如，日本《专利法》第三十二条第二款规定：“有碍公共秩序、善良风俗和公共卫生的发明”不授予专利[1]；英国 1977 年《专利法》第 1 条第 3 款

① 《我国知识产权司法体制改革》第二章“日本的专利行政诉讼”，载于《中国知识产权司法保护网》，网址：http：//www. chinaiprlaw. cn/file/200606018050. html。

(a) 规定："发明的发表或实施一般有可能诱使违法、不道德或反社会行为发生"，不授予专利权[①]；波兰《专利法》第十二条规定：其利用与现行法律或社会秩序相违背的发明不授予专利；瑞典《专利法》第一条规定：其利用与道德或公共秩序相抵触的发明不授予专利[②]。

我国《专利法》第五条第一款也规定："对违反法律、社会公德或者妨害公共利益的发明创造，不授予专利权。"《专利审查指南》第二部分第一章还规定了几种例外情况：

1. 如果发明创造因滥用而可能造成妨害公共利益的，或者发明创造在产生积极效果的同时存在某种缺点的，例如对人体有某种副作用的药品，则不能以"妨害公共利益"为理由拒绝授予专利权。

2. 依据《专利法实施细则》第十条规定，如果仅仅是发明创造的产品的生产、销售或使用受到法律的限制或约束，则该产品本身及其制造方法并不属于违反法律的发明创造。例如，用于国防的各种武器的生产、销售及使用虽然受到法律的限制，但这些武器本身及其制造方法仍然属于可给予专利保护的客体。

3. 对于用于医疗的各种毒药、麻醉品、镇静剂、兴奋剂和用于娱乐的棋牌、游戏机等发明创造并没有违反法律，正常使用时是有益的产品，但是由于其被滥用会成为毒品或赌博工具而违反法律的，则可以授予专利权。

(二) 基因窃取的发明创造

2008 年《专利法》修改时首次将遗传资源的保护纳入专利法的调整范围之内，这是本次专利法修改的一个重大突破，对保护我国珍贵的遗传资源也有重要的意义。《专利法》第五条第二款规定："对违反法律、行政法规的规定获取或者利用遗传资源，并依赖该遗传资源完成的发明创造，不授予专利权"。相应的《专利法实施细则》也做出了规定。《专利法实施细则》第二十六条规定："专利法所称遗传资源，是指取自人体、动物、植物或者微生物等含有遗传功能单位并具有实际或者潜在价值的材料；专利法所称依赖遗传资源完成的发明创造，是指利用了遗传资源的遗传功能完成的发明创造。""就依赖遗传资源完成的发明创造申请专利的，申请人应当在请求书中予以说明，并填写国务院专利行政部门制定的表格。"

---

① 闫卫军：《论可专利性的道德例外——以欧洲专利公约为例》，载《科技与法律》2007 年第 5 期，第 72 页。

② 冯晓青、刘友华：《专利法》，北京 · 法律出版社，2010 年 8 月版，第 76 页。

违反法律、行政法规的规定获取或者利用遗传资源，就是指遗传资源的获取或者利用未按照我国有关法律、行政法规的规定事先获得有关行政管理部门的批准或者相关权利人的许可，对此类发明创造，不能授予专利权。《专利法》第二十六条第五款还规定："依赖遗传资源完成的发明创造，申请人应当在专利申请文件中说明该遗传资源的直接来源和原始来源；申请人无法说明原始来源的，应当陈述理由。"

在我国没有专门的遗传资源保护立法的情况下，利用专利制度来保护我国遗传资源，有利于防止非法窃取中国遗传资源进行技术开发并申请专利，保护我国的遗传资源。

二、不授予专利权的项目

《专利法》第二十五条规定了以下几种发明创造不授予专利权：

（一）科学发现

科学发现不同于改造客观世界的技术方案，不是专利法意义上的发明创造，因此不能被授予专利权。

（二）智力活动的规则和方法

智力活动是人的思维运动，没有采用技术手段或者利用自然规律，也未解决技术问题和产生技术效果，因而不构成技术方案，当然也就不是专利法意义上的发明创造，故不能被授予专利。

（三）疾病诊断和治疗方法

疾病的诊断和治疗是一个复杂多变的过程，难以实现产业上再现的要求，不符合专利制度的特征。同时，从社会公共利益的角度考虑，如果授予某种疾病的诊断和治疗方法以专利权，必然会增加病人的医疗负担，也不利于急症病人的救治，不利于国民身体素质的改善。因此各国对此类发明创造通常都不授予专利权。

但是，用于实施疾病诊断和治疗方法的仪器或装置，以及在疾病诊断和治疗方法中使用的物质或材料属于可被授予专利权的客体，如血压仪、磁疗仪等。

（四）动物和植物品种

对于动物和植物品种的发明是否授予专利权，目前国家上有两种不同的做法。第一种是以美国为代表的少数国家，认为动植物新品种不是自然界原有的，是人类的发明创造，因此可以授予专利。目前只有美国、法国、意大利、日本、波兰、丹麦等国授予植物新品种以发明专利，匈牙利、罗马尼亚授予动物品种以专利权。第二种是大多数其他国家认为，动植物新品种受土壤、水质、环境等客观条件及遗传变异等因素影响较大，因此无人工重复的可能性，不符合专利的工业重复再现的要求，不能授予发明专利。

从保护和促进我国育种技术和农业发展的角度出发，我国《专利法》也没有授予动植物新品种专利权。但是需要注意的是，动物和植物品种的生产方法可以授予专利权。此外《审查指南》第二部分第十章规定微生物发明和微生物方法可以获得专利保护。所谓微生物发明是指利用各种细菌、真菌、病毒等微生物去生产一种化学物质（如抗生素）或者分解一种物质等的发明，包括细菌、放线菌、真菌、病毒、原生动物、藻类等。微生物本身属于科学发现，但当微生物经过分离成为纯培养物，并且具有特定的工业用途时，微生物可给予专利保护的客体。其次，《专利审查指南》规定基因或DNA片段是首次从自然界分离或提取出来，其碱基序列是现有技术中不曾记载的，并能被确切地表征，且在产业上有利用价值，也可给予专利权保护。

（五）用原子核变换方法获得的物质

原子核变换包括原子的自然衰变和人工核反应。原子核变换方法以及用该方法所获得的物质关系到国家的经济、国防、科研和公共生活的重大利益，不宜为单位或私人垄断，因此不能被授予专利权。目前世界上绝大多数国家均不对此授予专利权。

（六）对平面印刷品的图案、色彩或者二者的结合做出的主要起标识作用的设计

目前，在我国受理的外观设计专利申请中，存在相当数量的瓶贴、平面包装袋和创新水平不高的外观设计，而且常常涉及外观设计专利权与商标权、著作权之间的权利交叉与冲突。为了进一步提高我国外观设计的创新性，2008年《专利法》增加了不授予外观设计专利权的规定。《专利法》第二十五条第（六）项规定："对平面印刷品的图案、色彩或者二者的结合做出的主要起标识作用的设计，不授予专利权。"

《专利审查指南》（2010）第一部分第三章第6.2节对此条做出了细化的规定，明确如果一件外观设计专利申请同时满足以下三个条件，则认为所述申请属于新专利法第二十五条第一款第（六）项规定的不授予专利权的情形：

一是该使用外观设计的产品属于平面印刷品。平面印刷品主要是指平面包装袋、瓶贴、标贴等用于装入被销售的商品或者用于附着于其产品之上、不单独向消费者出售的二维印刷品，也可以包含用于标示某种服务的二维印刷品，审查员应当根据申请的图片或者照片以及简要说明，判断使用外观设计的产品是否属于平面印刷品。

二是该外观设计是针对图案、色彩或者二者的结合而做出的。也就是说，产品的形状要素不予考虑，所以任何二维产品的外观设计均可认为是针对图案、色彩或者二者的结合而做出的。

三是该外观设计主要起标识作用。“主要起标识作用”是指二维印刷品的图案、色彩或者二者的结合主要是用于让消费者识别被装入的商品或者被附着的产品的来源或者生产者，而不是用于使被装入的商品外观或者被附着的产品外观本身“富有美感”而吸引消费者。能够产生识别产品来源或者生产者作用的标识并不限于商标标识或者厂家名称，只要二维印刷品的图案、色彩或者其结合主要用于产生标识作用，就属于被排除的范围。

第二节　发明、实用新型的专利条件

《专利法》第二十二条第一款规定：“授予专利权的发明和实用新型，应当具备新颖性、创造性和实用性。”

一、新颖性

新颖性是授予专利权的最基本的条件之一。一项发明创造只有不同于以往的技术，才有成为专利的可能性；只有对前所未有的发明创造给予专利保护，也才符合专利法的基本宗旨。

（一）新颖性的含义

《专利法》第二十二条第二款规定：“新颖性，是指该发明或者实用新型不属于现有技术；也没有任何单位或者个人就同样的发明或者实用新型在申请日以前向国务院专利行政部门提出过申请，并记载在申请日以后公布的专利申请文件或者公告的专利文件中。”

（二）新颖性的判断

在专利法上，对新颖性的判断是以“现有技术”作为参照的，一项技术如果属于现有技术，则不具有新颖性，不能授予专利权。因此，判断新颖性的关键是对现有技术进行准确界定。《专利法》第二十二条第四款规定，“现有技术，是指申请日以前在国内外为公众所知的技术”。由此可见，界定现有技术的方法就是确定该技术内容在某一特定时间之前是否已为公众所知，即是否已经“公开”。

1. 现有技术的公开方式

一项技术只要处于可为非特定人获取的状态，则该技术已经公开。达到这种状态的方式有多种，通常分为三类：

（1）出版物公开

出版物公开是一种最普遍的公开方式。专利法意义上的出版物是指记载有技术或设计内容的独立存在的传播载体，并且应当表明或者有其他证据证明其公开发表或出版的时间。出版物可以是各种印刷的、打字的纸件，例如专利文献、科技杂志、科技书籍、学术论文、专业文献、教科书、技术手册、正式公布的会议记录或者技术报告、报纸、产品样本、产品目录、广告宣传册等，也可以是用电、光、磁、照相等方法制成的视听资料，例如缩微胶片、影片、照相底片、录像带、磁带、唱片、光盘等，还可以是以其他形式存在的资料，例如存在于互联网或其他在线数据库中的资料等。印有“内部资料”“内部发行”等字样的出版物，确系在特定范围内发行并要求保密的，不属于公开出版物。

出版物的印刷日视为公开日，有其他证据证明其公开日的除外。印刷日只写明年月或者年份的，以所写月份的最后一日或者所写年份的 12 月 31 日为公开日。

（2）使用公开

使用公开是指由于该项技术的应用而向公众公开了该项技术的内容，如新产品的制造、销售、使用和公开展示、表演等，其实质是该发明或实用新型处于非特定多人能够得知其技术特征的状态。使用公开的方式包括能够使公众得知其技术内容的制造、使用、销售、进口、交换、馈赠、演示、展出等方式。只要通过上述方式使有关技术内容处于公众想得知就能够得知的状态，就构成使用公开，而不取决于是否有公众得知。但是，未给出任何有关技术内容的说明，以致所属技术领域的技术人员无法得知其结构和功能或材料成分的产品展示，不属于使用公开。此外，使用公开还包括放置在展台上、橱窗内公众可以阅读的信息资料及直观资料，例如招贴画、图纸、照片、样本、样品等。

使用公开是以公众能够得知该产品或者方法之日为公开日。

（3）以其他方式公开

为公众所知的其他方式，主要是指口头公开等。例如，口头交谈、报告、讨论会发言、广播、电视、电影等能够使公众得知技术内容的方式。这种公开的方式应是在公开的场合进行，并且公开后本专业普通技术人员能了解该技术方案并可实施该技术方案。

口头交谈、报告、讨论会发言以其发生之日为公开日。公众可接收的广播、电视或电影的报道，以其播放日为公开日。

2. 新颖性的地域标准

地域标准又称为空间标准，是指现有技术公开的地域范围。在规定的地域范围内未公开的发明创造才具有新颖性。世界各国对地域标准的规定主要有三种：

（1）绝对新颖性。绝对新颖性也称为世界新颖性，是指发明必须在全世界范围内没有在出版物上公开或公知、公用。

（2）相对新颖性。相对新颖性也称为本国新颖性，是指一项技术在本国范围内没有公开过，在国外的公开不影响其新颖性。

（3）混合新颖性。混合新颖性是将出版物的公开和公知公用区别，采用不同的标准，对前者采用绝对新颖性，对后者则采用相对新颖性。

《专利法》在修改时取消了现有技术的地域限制，采用了绝对新颖性标准。这主要是因为随着科学技术尤其是互联网技术的发展，出版物与非出版物之间的界限越来越模糊，将现有技术做此区分已没有太大的意义；其次随着经济全球一体化的趋势加强，我国与国际经济、技术的联系越来越密切，采用绝对新颖性标准，可以避免将在国外已经过时的技术在我国获得专利，也有利于提高我国的专利授权的质量，提高我国的技术创新能力。

3. 新颖性的时间标准

判断一项发明或者实用新型是否具有新颖性，需要将要求保护的技术方案与已经公开的技术进行比较，这就涉及一个时间点的问题。以什么时间点作为判断的标准，是新颖性的一个十分重要的问题。

国际上采用的新颖性时间标准基本上有两种，一种是以发明创造的完成日期作为判断新颖性的时间标准。发明是什么时候完成的，有时很难确定，在发生纠纷时要提出证明也很困难。因此，目前世界上只有美国等极少数国家采用这种标准，绝大多数国家采用另外一种标准，也就是以提出专利申请的申请日作为判断新颖性的时间标准。这种方式鼓励及早申请专利，而且容易判断，简便易行。此外，有的国家的专利法，例如日本的特许法，不仅规定申请日，还规定要以同一日中的具体时间即申请时刻为准，但这种做法在实际操作上具有一定的困难，因此采用的也较少①。

---

① 《新专利法详解：第二十二条（发明和实用新型专利的专利性条件：新颖性、创造性和实用性）》，载于法律在线网，网址：http：//www. flzx. com/wenji/285942. html。

我国以申请日作为判断新颖性的时间标准。也就是说，申请日以前公开的技术都是现有技术，申请日当日公开的技术不算在现有技术之内。

（三）抵触申请

根据《专利法》第二十二条第二款的规定，在发明或者实用新型新颖性的判断中，由任何单位或者个人就同样的发明或者实用新型在申请日以前向专利局提出并且在申请日以后（含申请日）公布的专利申请文件或者公告的专利文件损害该申请日提出的专利申请的新颖性。为描述简便，在判断新颖性时，将这种损害新颖性的专利申请，称为抵触申请①。如果在先申请因被撤回、被视为撤回或者被驳回而没有公布或者公告，就不能用于评价在后申请的新颖性。

对抵触申请，依照在先原则，驳回在后申请人的申请。

（四）丧失新颖性的例外

按照专利法的规定，申请专利的发明如在申请日前已经公开，便失去新颖性，不能获得专利权，这是一条基本的原则。但这一基本原则并非绝对，也有例外。许多国家专利法都规定，在申请日前的一定期限内，发明创造在某些特定情况下的公开，可以不丧失新颖性，即所谓不丧失新颖性的公开。这个期限也称为“宽限期”。《专利法》第二十四条规定，申请专利的发明创造在申请日以前六个月内，有下列情形之一的，不丧失新颖性：

（1）在中国政府主办或者承认的国际展览会上首次展出的。中国政府主办的国际展览会，包括国务院、各部委主办或者国务院批准由其他机关或者地方政府举办的国际展览会。中国政府承认的国际展览会，是指《国际展览会公约》规定的由国际展览局注册或者认可的国际展览会。

（2）在规定的学术会议或者技术会议上首次发表的。所谓“规定”是指国务院有关主管部门或者全国性学术团体组织召开的学术会议或者技术会议，不包括省以下或者受国务院各部委或者全国性学会委托组织召开的学术会议或者技术会议。在符合以上规定的学术会议或者技术会议上第一次发表的发明创造，不丧失新颖性。在后者所述的会议上的公开将导致丧失新颖性，除非这些会议本身有保密约定。

（3）他人未经申请人同意而泄露其内容的。即他人违反申请人本意的公开。他人未经申请人同意泄露其发明创造的内容的方式可以包括：他人未遵守明示的或者默示的保密义务而将申请人的发明创造的内容公开；他人用威胁、欺诈、偷

① 《专利审查指南》（2010）第二部分第三章第2.2节。

盗、间谍活动等不正当手段从发明人或者经他告诉而得知发明创造内容的任何其他人那里得知发明创造的内容而后公开。这两种情况的公开都是违反申请人本意的，是非法的公开。

发生上述任何一种情形之日起六个月内，申请人提出申请之前，发明创造再次被公开的，只要该公开不属于上述三种情况，则该申请将由于此在后公开而丧失新颖性。再次公开属于上述三种情况的，该申请不会因此而丧失新颖性，但是，宽限期自发明创造的第一次公开之日起计算①。

二、创造性

（一）概念

创造性，也被称为非显而易见性、先进性、进步性、创造高度、独创性等，是指与现有技术相比，该发明具有突出的实质性特点和显著的进步，该实用新型具有实质性特点和进步。

（1）发明有突出的实质性特点，是指对所属技术领域的技术人员来说，发明相对于现有技术是非显而易见的。如果发明是所属技术领域的技术人员在现有技术的基础上仅仅通过合乎逻辑的分析、推理或者有限的试验可以得到的，则该发明是显而易见的，也就不具备突出的实质性特点。

（2）发明有显著的进步，是指发明与现有技术相比能够产生有益的技术效果。例如，发明克服了现有技术中存在的缺点和不足，或者为解决某一技术问题提供了一种不同构思的技术方案，或者代表某种新的技术发展趋势。

（二）创造性的判断

对创造性的判断是以申请日以前的现有技术作为标准，将发明、实用新型专利申请或者专利的权利要求的技术方案与申请日（或者优先权日）以前已有的技术做比较。需要注意的是，创造性判断的基础是权利所要求保护的技术方案，而不是说明书中记载的内容。

三、实用性

（一）概念

实用性，是指发明或者实用新型申请的主题必须能够在产业上制造或者使用，并且能够产生积极效果。授予专利权的发明或者实用新型，必须是能够解决技术

① 参见《专利审查指南》（2010）第一部分第一章和第二部分第三章。

问题，并且能够应用的发明或者实用新型。

在产业上能够制造或者使用的技术方案，是指符合自然规律、具有技术特征的任何可实施的技术方案。

能够产生积极效果，是指发明或者实用新型专利申请在提出申请之日，其产生的经济、技术和社会的效果是所属技术领域的技术人员可以预料到的。这些效果应当是积极的和有益的。

（二）实用性的审查

发明或者实用新型专利申请是否具备实用性，应当在新颖性和创造性审查之前首先进行判断。

要求申请专利的发明或者实用新型具有实用性，只需要根据申请人在说明书中所做的清楚、完整的说明，所属领域的技术人员可依说明书予以实施，而不是要求这种发明或者实用新型在申请时已经实际予以制造或者使用。

发明或者实用新型专利申请属于下述情形之一的，应当认为不具备实用性[①]：

（1）缺乏技术手段。具备实用性的发明或者实用新型，应当是一项已经完成的技术解决方案。如果申请仅仅提出了发明的任务，而没有说明实现其任务的技术手段，或者只说明了部分技术手段，该发明就是一项尚未完成的发明，它不能制造或者使用，因而不具备实用性。

（2）无再现性。再现性是指所属技术领域的技术人员，根据公开的技术内容，能够重复实施专利申请中为解决技术问题所采用的技术方案。这种重复实施不得依赖任何随机的因素，并且实施结果应该是相同的。无再现性的发明或者实用新型专利申请主题不具备实用性。

（3）违背自然规律。具备实用性的发明或者实用新型应当符合自然规律。违背自然规律的发明或者实用新型专利申请是不能实施的，因此不具备实用性。

（4）利用独特的自然条件的产品。利用特定的自然条件完成的技术解决方案不具有可再现性，因此不具备实用性。

（5）无积极效果。具备实用性的发明或者实用新型应当能够产生预期的有效效果。明显无益、脱离社会需要的发明或者实用新型不具备实用性。

---

① 参观《专利审查指南》（2010）第二部分第五章“实用性”。

第三节 外观设计的专利条件

《专利法》第二十三条规定："授予专利权的外观设计，应当不属于现有设计；也没有任何单位或者个人就同样的外观设计在申请日以前向国务院专利行政部门提出过申请，并记载在申请日以后公告的专利文件中。授予专利权的外观设计与现有设计或者现有设计特征的组合相比，应当具有明显区别。授予专利权的外观设计不得与他人在申请日以前已经取得的合法权利相冲突。本法所称现有设计，是指申请日以前在国内外为公众所知的设计。"

根据此条的规定以及外观设计本身的特点，可认为外观设计专利的授权条件包括新颖性、创造性、不得与他人在先的合法权利相冲突，以及富有美感，并适于工业上的应用。

一、新颖性

《专利法》第二十三条第一款规定，授予专利权的外观设计，应当不属于现有设计。现有设计就是申请日以前在国内为公众所知的设计。包括申请日以前在国内外出版物上公开发表过、公开使用过或者以其他方式为公众所知的设计。

对外观设计新颖性的审查文法即是与涉案专利要求保护的产品的外观设计进行比较，判断对比设计中是否包含有与涉案专利相同或者实质相同的外观设计①。

1. 相同

外观设计相同，是指涉案专利与对比设计是相同种类产品的外观设计，并且涉案专利的全部外观设计要素与对比设计的相应设计要素相同，其中相同种类产品是指用途完全相同的产品。外观设计要素是指形状、图案以及色彩。如果涉案专利与对比设计仅属于常用材料的替换，或者仅存在产品功能、内部结构、技术性能或者尺寸的不同，而未导致产品外观设计的变化，二者仍属于相同的外观设计。

2. 实质相同

外观设计实质相同的判断仅限于相同或者相近种类的产品外观设计。相近种类的产品是指用途相近的产品。对于产品种类不相同也不相近的外观设计，不进

---

① 参见《专利审查指南》(2010) 第四部分第五章。

行涉案专利与对比设计是否实质相同的比较和判断，即可认定涉案专利与对比设计不构成实质相同。

如果一般消费者经过对涉案专利与对比设计的整体观察可以看出，二者的区别仅属于下列情形，则涉案专利与对比设计实质相同：

（1）其区别在于施以一般注意力不能察觉到的局部的细微差异，例如，百叶窗的外观设计仅有具体叶片数不同；

（2）其区别在于使用时不容易看到或者看不到的部位，但有证据表明在不容易看到部位的特定设计对于一般消费者能够产生引人瞩目的视觉效果的情况除外；

（3）其区别在于将某一设计要素整体置换为该类产品的惯常设计的相应设计要素，例如，将带有图案和色彩的饼干桶的形状由正方体置换为长方体；

（4）其区别在于将对比设计作为设计单元按照该种类产品的常规排列方式作重复排列或者将其排列的数量做增减变化，例如，将影院座椅成排重复排列或者将其成排座椅的数量做增减；

（5）其区别在于互为镜像对称。

二、显著性

根据《专利法》第二十三条第二款的规定，授予专利权的外观设计与现有设计或者现有设计特征的组合相比，应当具有明显区别。

涉案专利与现有设计或者现有设计特征的组合相比不具有明显区别是指如下几种情形：①

（1）涉案专利与相同或者相近种类产品现有设计相比不具有明显区别；

（2）涉案专利是由现有设计转用得到的，二者的设计特征相同或者仅有细微差别，且该具体的转用手法在相同或者相近种类产品的现有设计中存在启示；

（3）涉案专利是由现有设计或者现有设计特征组合得到的，所述现有设计与涉案专利的相应设计部分相同或者仅有细微差别，且该具体的组合手法在相同或者相近种类产品的现有设计中存在启示。

三、不与他人的合法在先权利相冲突

现实中，常有将他人已经注册为商标或者享有著作权的作品中的图案或者造

① 参见《专利审查指南》（2010）第四部分第五章《无效外观》“6. 根据专利法第二十三条第二款的审查”。

型申请并获得外观设计专利权的现象发生，导致不同人对同样的客体享有不同类型的知识产权，在行使这些知识产权时会产生不同权利相互冲突的问题。为解决这一问题，《专利法》第二十三条第三款规定："授予专利权的外观设计不得与他人在申请日以前已经取得的合法权利相冲突。"

其中，"他人"是指专利权人以外的民事主体，包括自然人、法人或者其他组织。"合法权利"，是指依照中华人民共和国法律享有并且在涉案专利申请日仍然有效的权利或者权益。包括商标权、著作权、企业名称权（包括商号权）、肖像权以及知名商品特有包装或者装潢使用权等。在申请日以前已经取得（以下简称在先取得），是指在先合法权利的取得日在涉案专利申请日之前。"相冲突"，是指未经权利人许可，外观设计专利使用了在先合法权利的客体，从而导致专利权的实施将会损害在先权利人的相关合法权利或者权益。

四、具有美感并适于工业上应用

《专利法》中未直接规定授予专利权的外观设计必须具有美感并适于工业上应用，因为对美的判断带有个人色彩，极具主观性。但是外观设计本身的作用就是包装产品，具有美化产品、吸引消费者的功能，因此，富有美感应是外观设计的应有之义。

但是对外观设计的美感要求太高，不能从艺术的角度来进行判断。一般而言，只要不违反公序良俗或使人厌恶，就可视其具有美感。

适于工业应用是指外观设计能够用于产品的制造，并且能够用工业的方法反复实现，以此区别于纯粹的美术作品或者艺术品。

第十七章　专利权的申请与审批

专利权和商标权一样，不是自动产生，而是需要经申请、审批后，对符合条件的才能授权。申请人就一项发明创造要求获得专利权的，应当根据专利法及其实施细则的规定向专利局提出专利申请。但是1991年底，关贸总协定乌拉圭回合出台了“知识产权协议”的邓克尔文，其中要求过去未给化工、医药以“产品专利”的国家，对一部分未申请（也不可能再申请）专利的产品，给予专利主管机关之外的“行政保护”，西方国家称这种保护为“管道保护”。我国于1993年也开始了这种保护。但是这种“准专利”或“类专利”的保护，只能作为专利权保护的一种例外[1]，2008年的《专利法》也没有规定这种例外的情况，而是在第二十六条中直接规定“申请发明或者实用新型专利的，应当提交请求书、说明书及其摘要和权利要求书等文件”。由此可见，绝大多数专利权仍然要通过向专利局申请才能获得。

第一节　专利权的申请

一、专利申请的原则

（一）书面原则

指专利的申请必须以书面的形式提出。书面原则贯穿于专利权的产生、存续至消灭的整个过程。专利申请、专利审查、专利代理、专利实施等各种专利事务，都应采用书面形式。书面的形式包括书面形式（纸件形式）或者电子文件形式。

（二）单一性原则

一件发明或者实用新型专利申请应当限于一项发明或者实用新型。一件外观设计专利申请应当限于一项外观设计。属于一个总的发明构思的两项以上的发明

① 郑成思：《知识产权法》（第二版），北京·法律出版社，2003年1月版，第215页。

或者实用新型，可以作为一件申请提出。同一产品两项以上的相似外观设计，用于同一类别并且成套出售或者使用的产品的两项以上的外观设计，可以作为一件申请提出。所谓“总的发明构思”是指可以作为一件专利申请提出的两项以上的发明或者实用新型应当在技术上相互关联，包含一个或者多个相同或者相应的特定技术特征，其中特定技术特征是指每一项发明或者实用新型作为整体，对现有技术做出贡献的技术特征。所谓“同一类别”是指产品属于分类表中同一小类。所谓“成套出售或者使用”是指各产品的设计构思相同，并且习惯上是同时出售、同时使用。

对不符合单一性原则的专利申请，应当由申请人自动提出，或根据专利局审查员的要求，将该申请分为两件或两件以上符合单一性规定的专利申请。

二、专利申请的提出和申请日的确定

（一）专利申请的提出

专利人应当向专利局提交符合《专利法》和《专利法实施细则》要求的申请文件。根据《专利法实施细则》第 39 条 的规定，专利申请文件有下列情形之一的，国务院专利行政部门不予受理，并通知申请人：

1. 发明或者实用新型专利申请缺少请求书、说明书（实用新型无附图）或者权利要求书的，或者外观设计专利申请缺少请求书、图片或者照片、简要说明的；

2. 未使用中文的；

3. 不符合本细则第一百二十一条第一款规定的[①]；

4. 请求书中缺少申请人姓名或者名称，或者缺少地址的；

5. 明显不符合专利法第十八条或者第十九条第一款的规定的；

6. 专利申请类别（发明、实用新型或者外观设计）不明确或者难以确定的。

国务院专利行政部门收到发明或者实用新型专利申请的请求书、说明书（实用新型必须包括附图）和权利要求书，或者外观设计专利申请的请求书、外观设计的图片或者照片和简要说明后，应当明确申请日、给予申请号，并通知申请人。

（二）申请日的确定

申请日对于专利申请人来说具有极其重要的意义，它不仅是判断先申请人的必要条件，还是专利新颖性判断的时间标准，更是专利保护期的起算日。因此，

---

① 《专利法实施细则》第一百二十一条第一款的规定是：“各类申请文件应当打字或者印刷，字迹呈黑色，整齐清晰，并不得涂改。附图应当用制图工具和黑色墨水绘制，线条应当均匀清晰，并不得涂改。”

必须予以明确。根据《专利法》第二十八条、《专利法实施细则》第4条和《专利审查指南》第五部分第3章的规定，申请日有以下几种情况：

1. 向专利局受理处或者代办处窗口直接递交的专利申请，以收到日为申请日。

2. 通过邮局邮寄递交到专利局受理处或者代办处的专利申请，以信封上的寄出邮戳日为申请日；寄出的邮戳日不清晰无法辨认的，以专利局受理处或者代办处收到日为申请日，并将信封存档。①

3. 通过速递公司递交到专利局受理处或者代办处的专利申请，以收到日为申请日。

4. 邮寄或者递交到专利局非受理部门或者个人的专利申请，其邮寄日或者递交日不具有确定申请日的效力，如果该专利申请被转送到专利局受理处或者代办处，以受理处或者代办处实际收到日为申请日。

5. 分案申请以原申请的申请日为申请日，并在请求书上记载分案申请递交日。

此外，《专利法实施细则》第40条还规定："说明书中写有对附图的说明但无附图或者缺少部分附图的，申请人应当在国务院专利行政部门指定的期限内补交附图或者声明取消对附图的说明。申请人补交附图的，以向国务院专利行政部门提交或者邮寄附图之日为申请日；取消对附图的说明的，保留原申请日。"

（三）优先权与优先权日

优先权是申请人提出先后两次申请时，将在后申请的申请日提前到在先申请（首次申请）的申请日的权利。在先申请日为优先权日；享有优先权的期限为优先权期。优先权可分为外国优先权和本国优先权。

1. 外国优先权

外国优先权也称为国际优先权，即首次申请是在外国提出的优先权。

《巴黎公约》第4条A款第（1）项规定：在本联盟的任何一个国家正式提出发明专利、实用新型或者外观设计注册申请的任何人或者权利继受人，从最初的申请日（"优先权日"）起，在一定期间（"优先权期间"）内，在联盟的其他成员国提出同样的内容的申请（"专利申请日"）的应当享有优先权。

申请人在外国首次申请后，就相同主题的发明创造在优先权期限内向中国提出的专利申请，都看作是在该外国首次申请的申请日提出的，不会因为在优先权期间内，即首次申请的申请日与在后申请的申请日之间任何单位和个人提出了相

---

① 《专利法实施细则》第四条规定的是："邮戳日不清晰的，除当事人能够提出证明外，以国务院专利行政部门收到日为递交日。"

同主题的申请或者公布、利用这种发明创造而失去效力。此外，在优先权期间内，任何单位和个人提出的相同主题发明创造的专利申请不能被授予专利权。

要享有外国优先权，必须具备以下条件：

（1）提出优先权请求的人必须是享有优先权的人。在外国第一次提出申请的申请人应当与在中国提出申请的申请人是同一人。

（2）首次申请必须是同一主题的第一次申请。即优先权只能以在第一国的第一次申请为基础。

（3）首次申请必须是正式申请。即“足以确定在有关国家中提出申请的日期的申请，而不问该申请以后的结局如何”。也就是说，优先权一旦产生便独立于首次申请而存在。享有外国优先权的发明创造与外国首次申请审批的最终结果无关，只要该首次申请在有关国家或政府间组织中获得了确定的申请日，就可作为要求外国优先权的基础。

（4）要求优先权的发明创造必须与首次申请属同一内容。在后申请中新出现的内容不得将其申请日提前到优先权日。

（5）必须在《巴黎公约》的缔约国提出优先权请求。优先权适用于在缔约国提出的专利申请。对非缔约国，需由其国内法或国家间的双边条约确定。

（6）必须在优先权期间内提出。《专利法》第二十九条第一款规定：“申请人自发明或者实用新型在外国第一次提出专利申请之日起十二个月内，或者自外观设计在外国第一次提出专利申请之日起六个月内。”

2. 本国优先权

本国优先权是指申请人在一国首次提出专利申请后又就相同的发明再次向该国专利局提出申请的，可享有的优先权。

（1）本国优先权制度的意义

实行本国优先权制度可以解决在专利申请和审查过程中修改、完善和补充申请文件内容而保留原申请的有效性问题。利用本国优先权制度，申请人可以在提出第一次申请后，对原申请方案进行改进或完善，并重新提出同一主题的新申请；或者将原发明专利申请和实用新型专利申请之间进行转化。因此本国优先权制度有利于提高专利的申请质量和申请效益，也有利于保护发明人的合法权利。

（2）享有本国优先权的条件

①只能以第一次在中国提出申请的专利申请作为优先权的基础，且第一次申请为正式申请。也就是说，专利申请人就相同主题提出申请的只能享有一次本国

优先权。

②要求优先权的在后申请的申请人与在先申请中记载的申请人应当一致。[①]

③两次申请的技术主题应该相同。

④必须在优先权期间内提出。《专利法》第二十九条第二款规定："申请人应自发明或者实用新型在中国第一次提出专利申请之日起十二个月内，向国务院专利行政部门就相同主题提出专利申请。"

（3）不得作为本国优先权的基础的情形

根据《专利审查指南》（2010）第一部分第一章第6.2.2.1节的规定，在先申请的主题有下列情形之一的，不得作为要求本国优先权的基础：

①已经要求过外国优先权或者本国优先权的。但虽然要求过外国优先权或者本国优先权，却未享有优先权的，可以再要求本国优先权。

②已经被授予专利权的。

③属于按照规定提出的分案申请的。因为分案申请以原申请日作为申请日，属于已经行使过母案的优先权，因此不能再作为在后申请的优先权基础。

（4）本国优先权注意的问题

第一，本国优先权的规定仅适用于发明或实用新型，不适用于外观设计。[②]

第二，要求本国优先权的，在后申请提出时，在先申请即被视为撤回。

（5）本国多项优先权和本国部分优先权

①本国多项优先权

一件中国在后申请中记载了多个技术方案时，且该多个技术方案分别在中国各首次申请中记载过，则该在后申请可以要求本国多项优先权，分别以其在中国首次申请的申请日为优先权日。

②本国部分优先权

在后申请可以对在先申请进行修改，并且可以增加在先申请中没有的技术方案。此时，在先申请中已经清楚记载的技术方案可以给予优先权，但新的技术方案就只能视为在后申请的申请日提出，不能享有优先权。这也称为部分优先权。

---

① 《专利法实施细则》第三十一条第三款规定："要求优先权的申请人的姓名或者名称与在先申请文件副本中记载的申请人姓名或者名称不一致的，应当提交优先权转让证明材料，未提交该证明材料的，视为未要求优先权。"

② 《专利法修改草案》（征求意见稿）第二十九条规定："申请人自发明或者实用新型在中国第一次提出专利申请之日起十二个月内，或者外观设计在中国第一次提出专利申请之日起六个月内，又向国务院专利行政部门就相同主题提出专利申请的，可以享有优先权。"

3. 要求优先权应履行的手续

无论要求本国优先权还是外国优先权，申请人都应当在申请的时候提出书面声明，所谓“书面声明”，是指在发明专利、实用新型专利或外观设计专利申请的请求书中所设的“要求优先权的声明”一栏内填写有关项目。声明中写明首次申请的申请号、申请日以及受理国家，否则视为未提出声明。提出申请时，未提出要求优先权书面声明的，其后果是视为未要求优先权。

根据《专利法》第三十条的规定，申请人还应自申请之日起三个月内提交第一次提出的专利申请文件的副本；未提出书面声明或者逾期未提交专利申请文件副本的，视为未要求优先权。

三、专利申请文件

（一）申请发明和实用新型专利

申请发明或者实用新型专利的，应当提交请求书、说明书及其摘要和权利要求书等文件。

1. 请求书

请求书是申请人用于表达请求专利局对其发明授予专利权的愿望的书面文件。在我国，请求书是一种专利局专门印刷的标准表格。

申请书的内容：(1) 发明、实用新型或者外观设计的名称；(2) 申请人是中国单位或者个人的，其名称或者姓名、地址、邮政编码、组织机构代码或者居民身份证件号码；申请人是外国人、外国企业或者外国其他组织的，其姓名或者名称、国籍或者注册的国家或者地区；(3) 发明人或者设计人的姓名；(4) 申请人委托专利代理机构的，受托机构的名称、机构代码以及该机构指定的专利代理人的姓名、执业证号码、联系电话；(5) 要求优先权的，申请人第一次提出专利申请的申请日、申请号以及原受理机构的名称；(6) 申请人或者专利代理机构的签字或者盖章；(7) 申请文件清单；(8) 附加文件清单；(9) 其他需要写明的有关事项①。发明或实用新型的名称通常需说明其所属的技术领域或主要应用的领域。发明专利还需说明其种类。

2. 说明书

说明书是具体阐述发明或实用新型内容的书面文件。说明书应当对发明或者

① 《专利法实施细则》第16条。

实用新型做出清楚、完整的说明，以所属技术领域的技术人员能够实现为准；必要的时候，应当有附图。

《专利法实施细则》第17条第一款规定发明或者实用新型专利申请的说明书应当包括下列内容：

①技术领域：写明要求保护的技术方案所属的技术领域。

②背景技术：写明对发明或者实用新型的理解、检索、审查有用的背景技术；有可能的，并引证反映这些背景技术的文件。

③发明内容：写明发明或者实用新型所要解决的技术问题以及解决其技术问题所采用的技术方案，并对照现有技术写明发明或者实用新型的有益效果。

④附图说明：说明书有附图的，对各幅附图作简略说明。

⑤具体实施方式：详细写明申请人认为实现发明或者实用新型的优选方式；必要时，举例说明；有附图的，对照附图。

3. 权利要求书

权利要求书是具体说明申请文件的发明或实用新型请求专利法保护的范围的书面文件。权利要求书是申请文件的核心部分，也是专利授权后，确定专利权保护范围的根据。《专利法》第二十六条第四款规定：“权利要求书应当以说明书为依据，清楚、简要地限定要求专利保护的范围。”

（1）权利要求书的内容①

权利要求书应当记载发明或者实用新型的技术特征。

权利要求书中的技术特征可以引用说明书附图中相应的标记，该标记应当放在相应的技术特征后并置于括号内，便于理解权利要求。附图标记不得解释为对权利要求的限制。

权利要求书应有独立权利要求，也可以有从属权利要求。独立权利要求记载必要的技术特征，从整体上反映发明或实用新型的技术方案。从属权利要求应当用附加的技术特征，对引用的权利要求做进一步限定。

（2）权利要求书的格式与要求

①一件权利要求书中应当有独立权利要求，独立权利要求放在从属权利要求之前，权利要求书中有几项权利要求的，应当用阿拉伯数字顺序编号。发明或者实用新型的独立权利要求应当包括前序部分和特征部分，按照下列规定撰写：

前序部分：写明要求保护的发明或者实用新型技术方案的主题名称和发明或

---

① 参见《专利法实施细则》第19—22条。

者实用新型主题与最接近的现有技术共有的必要技术特征；

特征部分：使用“其特征是……”或者类似的用语，写明发明或者实用新型区别于最接近的现有技术的技术特征。这些特征和前序部分写明的特征合在一起，限定发明或者实用新型要求保护的范围。

②发明或者实用新型的从属权利要求应当包括引用部分和限定部分，按照下列规定撰写：

引用部分：写明引用的权利要求的编号及其主题名称；

限定部分：写明发明或者实用新型附加的技术特征。

4. 说明书摘要[①]

说明书摘要是说明书记载内容的概述，它仅是一种技术信息，不具有法律效力。说明书摘要的内容不属于发明或者实用新型原始记载的内容，不能作为以后修改说明书或者权利要求书的根据，也不能用来解释专利权的保护范围。

说明书摘要应当写明发明或者实用新型专利申请所公开内容的概要，即写明发明或者实用新型的名称和所属技术领域，并清楚地反映所要解决的技术问题、解决该问题的技术方案的要点以及主要用途。说明书摘要可以包含最能说明发明的化学式；有附图的专利申请，还应当提供一幅最能说明该发明或者实用新型技术特征的附图。摘要中不得使用商业性宣传用语。

（二）申请外观设计专利

《专利法》第二十七条规定：申请外观设计专利的，应当提交请求书、该外观设计的图片或者照片以及对该外观设计的简要说明等文件。申请人提交的有关图片或者照片应当清楚地显示要求专利保护的产品的外观设计。

外观设计的简要说明应当写明外观设计产品的名称、用途，外观设计的设计要点，并指定一幅最能表明设计要点的图片或者照片。省略视图或者请求保护色彩的，应当在简要说明中写明。对同一产品的多项相似外观设计提出一件外观设计专利申请的，应当在简要说明中指定其中一项作为基本设计。简要说明不得使用商业性宣传用语，也不能用来说明产品的性能。

四、专利申请的修改与撤回

（一）申请的修改

专利申请人提出专利申请后，可以对申请文件进行修改。修改的情况可能有

① 《专利法实施细则》第23条。

以下三种：

1. 申请人的主动修改

发明专利申请人在提出实质审查请求时以及在收到国务院专利行政部门发出的发明专利申请进入实质审查阶段通知书之日起的3个月内，可以对发明专利申请主动提出修改。实用新型或者外观设计专利申请人自申请日起2个月内，可以对实用新型或者外观设计专利申请主动提出修改。

2. 按照通知书的要求修改

《专利法实施细则》第51条第3款规定："申请人在收到国务院专利行政部门发出的审查意见通知书后对专利申请文件进行修改的，应当针对通知书指出的缺陷进行修改。"

3. 审查人员的依职权修改

国务院专利行政部门可以自行修改专利申请文件中文字和符号的明显错误。国务院专利行政部门自行修改的，应当通知申请人。

修改的方式包括提交补正书或提交替换页。发明或者实用新型专利申请的说明书或者权利要求书的修改部分，除个别文字修改或者增删外，应当按照规定格式提交替换页。外观设计专利申请的图片或者照片的修改，应当按照规定提交替换页。

（二）申请的撤回

1. 申请撤回的情形

专利的申请可以撤回。撤回的方式有明示的撤回和默示的撤回。明示的撤回即专利申请人以书面的形式向专利审查机关提出撤回专利申请。《专利法实施细则》第36条规定："申请人撤回专利申请的，应当向国务院专利行政部门提出声明，写明发明创造的名称、申请号和申请日。"如果是共同发明，声明还应当有全体申请人签章。

默示的撤回是指专利申请人没有明确表示撤回，但因其行为视为其撤回专利申请。具体包括以下几种情形：

（1）申请人无正当理由逾期不请求实质审查的，该申请被视为撤回。

（2）国务院专利行政部门应当将审查意见通知申请人，要求其在指定期限内陈述意见或者补正；申请人期满未答复的，其申请被视为撤回。

（3）无正当理由不按期缴纳有关费用的，其申请视为撤回。

（4）其他视为撤回的情形。包括申请人无正当理由逾期不提交中文译文，不提交申请日前与其发明有关的参考资料等，其申请均被视为撤回。

2. 撤回的效力

专利申请一经撤回，专利局即终止专利审查。申请人及其继受人不得再要求恢复。发明专利申请在进行公布准备程序以前撤回的，撤回以后不再公布。撤回专利申请的声明在国务院专利行政部门做好公布专利申请文件的印刷准备工作后提出的，申请文件仍予公布；但是，撤回专利申请的声明应当在以后出版的专利公报上予以公告。对于已经公布的发明专利申请，还应当在专利公报上予以公告。申请人无正当理由不得要求撤销撤回专利申请的声明被视为撤回的，可在恢复期限内办理恢复手续。

第二节　专利申请的审批

一、专利审查制度概述

从世界范围来看，专利审查制度可分为两大类，一类是以法国为代表的不审查制，还有一类是审查制。

不审查制又可分为登记制和文献报告制。登记制指专利局不对申请案作实质审查，只进行形式审查后即予以登记授权的专利审查制度。文献报告制指专利局对申请案除了进行形式审查外，还要对专利申请做出新颖性检索报告的专利审查制度。法国实行的就是文献报告制①。因为不审查制下，专利的质量往往不高，而作为技术进行工业投资却因容易被宣告无效而风险较高，因此采用的国家不多。

审查制又可分为即时审查制和早期公开延迟审查制。即时审查制以美国为代表，指专利局接到专利申请后立即进行形式审查，然后自动启动实质审查程序，对符合条件的申请予以授权的专利审查制度。因为即时审查制容易导致申请案的积压，故现在大多数国家采用早期公开延迟审查制。

早期公开延迟审查制以荷兰为代表，指专利局在申请案通过形式审查后，将申请案的内容公开，待一定期限后再作实质审查，对符合条件的申请予以授权的专利审查制度。因为早期公开延迟审查制只在申请人要求时才进行实质审查，因此非常便于专利申请人进行选择，对于价值不大的发明创造可以不申请实质审查，

---

① 汤宗舜：《专利法教程》，北京·法律出版社，2003 年 3 月版，第 131 页。

从而避免申请被驳回，节省了审查费用；同时也减轻了专利局的工作压力。

我国对发明专利申请的审查也采用早期公开延迟审查制，而对实用新型和外观设计申请的审查采用形式审查制。

二、专利申请的审查程序

（一）发明专利的审查程序

《专利法》第四章“专利申请的审查和批准”规定了发明专利的审查程序包括：

1. 国务院专利行政部门收到发明专利申请后，经初步审查认为符合本法要求的，自申请日起满十八个月，即行公布。

2. 国务院专利行政部门可以根据申请人的请求早日公布其申请。发明专利申请自申请日起三年内，国务院专利行政部门可以根据申请人随时提出的请求，对其申请进行实质审查。

3. 发明专利申请经实质审查没有发现驳回理由的，由国务院专利行政部门做出授予发明专利权的决定，发给发明专利证书，同时予以登记和公告。发明专利权自公告之日起生效。

（二）实用新型和外观设计专利

实用新型和外观设计专利申请经初步审查没有发现驳回理由的，由国务院专利行政部门做出授予实用新型专利权或者外观设计专利权的决定，发给相应的专利证书，同时予以登记和公告。实用新型专利权和外观设计专利权自公告之日起生效。

三、专利申请的复审

《专利法》第四十一条规定：“国务院专利行政部门设立专利复审委员会。专利申请人对国务院专利行政部门驳回申请的决定不服的，可以自收到通知之日起三个月内，向专利复审委员会请求复审。专利复审委员会复审后，做出决定，并通知专利申请人。”

复审程序是因申请人对驳回决定不服而启动的救济程序，同时也是专利审批程序的延续。因此，一方面，专利复审委员会一般仅针对驳回决定所依据的理由和证据进行审查，不承担对专利申请全面审查的义务；另一方面，为了提高专利授权的质量，避免不合理地延长审批程序，专利复审委员会可以依职权对驳回决定未提及的明显实质性缺陷进行审查。

复审应经过以下程序：

1. 形式审查

专利复审委员会收到复审请求书后，应当进行形式审查。审查的内容包括复审请求人的资格、复审请求的客体、期限、申请文件、费用的缴纳等。不符合有关规定的，视为复审请求未提出。

2. 前置审查

专利复审委员会应当将经形式审查合格的复审请求书（包括附具的证明文件和修改后的申请文件）连同案卷一并转交做出驳回决定的原审查部门进行前置审查。前置审查认为复审请求成立或者是申请文件修改文本克服了申请中存在的缺陷的，可以撤销驳回决定；否则，可坚持驳回决定。

3. 复审委员会合议复审

复审请求审查决定的类型：

（1）复审请求不成立，维持驳回决定。

（2）复审请求成立，撤销驳回决定。

（3）专利申请文件经复审请求人修改，克服了驳回决定所指出的缺陷，在修改文本的基础上撤销驳回决定。

专利复审委员会进行复审后，认为应当撤销原驳回决定的，由原审查部门继续进行审查程序。专利申请人对专利复审委员会的复审决定不服的，可以自收到通知之日起三个月内向人民法院起诉。

第十八章　专利权

第一节　专利权的内容

一、专利权人的权利

（一）独占实施权

独占实施权即专利权人享有的实施自己专利技术的权利。独占实施权是专利权的核心，是专利权人享有其他权利的基础，其他各项权利基本上都是从这项权利中派生出来的。

独占实施权包括两个方面，一是专利权人自己实施其专利的权利；二是禁止他人实施其专利的特权，除专利法另有规定的以外，专利权人有权禁止任何单位和个人未经许可实施其专利。

《专利法》第十一条规定："发明和实用新型专利权被授予后，除本法另有规定的以外，任何单位或者个人未经专利权人许可，都不得实施其专利，即不得为生产经营目的制造、使用、许诺销售、销售、进口其专利产品，或者使用其专利方法以及使用、许诺销售、销售、进口依照该专利方法直接获得的产品。外观设计专利权被授予后，任何单位或者个人未经专利权人许可，都不得实施其专利，即不得为生产经营目的制造、许诺销售、销售、进口其外观设计专利产品。"具体而言，独占实施权包括以下内容：

1. 制造权。制造权是专利权人有自己制造专利文件中记载的专利产品的权利。

2. 使用权。使用权包括使用专利产品和专利方法，以及依该专利方法直接获得的产品。

3. 许诺销售权。许诺销售权是我国加入 WTO 后根据《与贸易有关的知识产权协定》的规定在 2000 年修改专利法时增加的。许诺销售是英文 offering for sale 的汉译，其含义即为“为了将来的销售而提出要约”或“为销售而提供”。《最高人民法院关于审理专利纠纷案件适用法律问题的若干规定》（2001年6月22日）规定：“许诺销售，是指以做广告、在商店橱窗中陈列或者在展销会上展出等方式做出销售商品的意思表示。”

许诺销售权，是专利权人有明确表示愿意出售具有权力要求书所述技术特征的专利产品以及禁止他人未经专利权人许可许诺销售专利产品的权利。简言之，许诺销售权就是允许专利权人可以为自己的专利产品通过各种方式做宣传，而禁止他人未经授权而擅自宣传其专利产品，而且重点在于有效禁止侵权。专利权的许诺销售权，其目的在于在商业交易的早期阶段及时制止侵权行为，将侵权行为扼杀在“侵权可能”或“即发侵权”的阶段，防止将来专利侵权产品的传播，从而减少专利权人的损失。

4. 销售权。销售权是专利权人享有的销售专利产品及销售依照专利方法直接获得的产品的权利。

5. 进口权。进口权是指专利权人享有的自己进口或者禁止他人未经允许，为生产经营目的进口由该专利技术构成的产品或进口包含该专利技术产品或进口由专利方法直接生产的产品的权利。

（二）转让权

转让权是指专利权人作为转让方，通过订立书面合同，将专利所有权或持有权转让给他人的权利。专利权的转让需要签订书面合同，并向专利行政部门登记，由专利行政部门予以公告。转让自登记之日起生效。中国单位或者个人向外国人转让专利权的，应当依照有关法律、行政法规的规定办理手续。

（三）许可实施权[①]

许可实施权是指专利权人通过实施许可合同的方式，许可他人实施其专利并收取专利使用费的权利。专利实施许可的种类：

1. 独占许可。独占许可是指在一定地域内，被许可方在合同有效期间对被许可使用的专利技术拥有独占的权利，许可方自己不能在该地域内使用其专利技术，也不得把该技术再许可给第三方使用。但专利的所有权仍属于许可方。

---

① 除下列的几种许可情形外，《专利法修改草案》（征求意见稿）第七十九—八十一条还增加了一种当然许可制度，以提高专利的利用率。

当然许可制度是专利权人以书面方式向国务院专利行政部门声明其愿意许可任何人实施其专利，并明确许可费的，由国务院专利行政部门予以公告，其他人根据条件，在通知专利权人后即可付费使用该专利的一种制度。

2. 排他许可。排他许可是指在一定地域内，被许可方在合同有效期间对被许可使用的专利技术享有排他的使用权，许可方不得把该专利技术再许可第三方使用，但许可方自己有权在该地域内使用该项技术。

3. 普通许可。普通许可是指许可方允许被许可方在指定的地域内使用其专利技术，同时，许可方自己有权在该地域内使用该技术，也可以许可第三方使用。

4. 分许可。分许可是指许可方允许被许可方在指定的地域内使用其专利技术以及允许被许可方在一定条件下再许可第三方使用该技术。

5. 交叉许可。也称相互许可，是指两个专利权人互相允许对方在约定的时间和地域、范围内实施自己的专利。交叉许可多发生在改进发明的专利权人与原专利权人之间。

（四）标记权

标记权即专利权人有权自行决定是否在其专利产品或者该产品的包装上标明专利标记和专利号的权利。标记权的作用主要是提醒产品的购买者知道该产品有专利技术；另一方面也是专利权人在主张侵权保护时的证明材料。

国家知识产权局《专利标记和专利号标注方式的规定》[①] 第4条规定：标注专利标记和专利号的，应当标明下述内容：（1）采用中文标注专利权的类别，例如中国发明专利、中国实用新型专利、中国外观设计专利；（2）国家知识产权局授予专利权的专利号。除此外，可附加其他文字、图形标记，但不得误导公众。

（五）放弃权

专利权人可以在专利权保护期限届满前的任何时候，以书面形式声明或以不缴纳年费的方式自动放弃其专利权。专利权人提出放弃专利权声明后，一经国务院专利行政部门登记和公告，其专利权即可终止。

放弃专利权时需要注意：（1）在专利权由两个以上单位或个人共有时，必须经全体专利权人同意才能放弃；（2）专利权人在已经与他人签订了专利实施许可合同许可他人实施其专利的情况下，放弃专利权时应当事先得到被许可人的同意，并且还要根据合同的约定，赔偿被许可人由此造成的损失，否则专利权人不得随意放弃专利权。

（六）请求保护权

专利权人认为其专利权受到侵犯时，有权要求专利管理机关处理，也可直接向人民法院起诉。

---

① 2003年7月1日起实施。

二、专利权人的义务

1. 缴纳年费的义务。专利权人应自被授予专利权的当年开始缴纳年费。若不缴纳，视为放弃专利权。

2. 不得滥用专利权。即不得损害他人的知识产权和其他合法权益，还包括强制许可的限制。

第二节　专利权的限制

为了维护国家和社会利益，防止专利权人滥用其专利权，各国专利法都对专利权进行了一定的限制。

一、专利权的强制许可

强制许可是指国家专利主管机关可以不经专利权人的同意，通过行政申请程序决定允许申请人实施发明专利或实用新型专利的制度。

（一）强制许可的类型

1. 不实施专利时的强制许可

不实施专利的强制许可也称为普通的强制许可。《专利法》第四十八条第一项规定：专利权人自专利权被授予之日起满三年，且自提出专利申请之日起满四年，无正当理由未实施或者未充分实施其专利的。即具备专利实施条件的人，向专利权人提出以合理的条件实施专利许可的申请，在合理的期限没有获得许可，该申请人就可以向国务院专利许可行政主管部门提出强制申请。

获得此种强制许可的条件：

（1）请求人必须具备实施该专利的条件。

（2）请求人应曾以合理的条件请求专利权人许可实施其专利。“合理的条件”即与通常情况下专利权人将其专利许可他人实施时所能满足的条件相同或者相类似。对是否构成“合理的条件”，应由国务院专利行政部门根据不同专利的具体情况加以判定。

（3）专利权人自专利权被授予之日起满三年，且自提出专利申请之日起满四年，无正当理由未实施或者未充分实施其专利的。“未实施或未充分实施”要求必须是专利权人自己不实施或未充分实施，否则会侵害其独占的实施权，并可能导致过度竞争。

（4）请求人未能在合理长的时间内获得这种许可。对于多长时间即构成“合理长的时间”，也应由国务院专利行政部门根据各项专利的不同情况做出判定。

2. 反垄断性的强制许可

《专利法》第四十八条第一项规定：“专利权人行使专利权的行为被依法认定为垄断行为，为消除或者减少该行为对竞争产生的不利影响的，国务院专利行政部门可以给予实施反垄断性的强制许可。”

3. 根据公共利益需要的强制许可

《专利法》第四十九条规定：“在国家出现紧急状态或者非常情况时，或者为了公共利益的目的，国务院专利行政部门可以给予实施发明专利或者实用新型专利的强制许可。”[①] 紧急状态或者非常情况如战争、大规模疫病、发生严重自然灾害等情况；公共利益主要是指为了国民经济以及公共卫生、人民健康等情况需要授予强制许可。本条规定的强制许可，可以不经任何人提出强制许可的申请，而由国务院专利行政部门直接做出强制许可的决定，但应指定具有实施条件的单位实施有关专利技术。

4. 针对药品的强制许可

《专利法》第五十条规定：“为了公共健康目的，对取得专利权的药品，国务院专利行政部门可以给予制造并将其出口到符合中华人民共和国参加的有关国际条约规定的国家或者地区的强制许可。”这是按照 TRIPS 协议的要求增加的内容。

5. 依存专利的强制许可

《专利法》第五十一条规定：“一项取得专利权的发明或者实用新型比前已经取得专利权的发明或者实用新型具有显著经济意义的重大技术进步，其实施又有赖于前一发明或者实用新型的实施的，国务院专利行政部门根据后一专利权人的申请，可以给予实施前一发明或者实用新型的强制许可。在依照前款规定给予实施强制许可的情形下，国务院专利行政部门根据前一专利权人的申请，也可以给予实施后一发明或者实用新型的强制许可。”

依存专利也称为从属专利，指先后两个专利之间在技术上存在依存关系，在后专利的实施需以在先专利的实施为前提。获得此种强制许可必须符合下述条件：

---

① 国家知识产权局 2006 年 1 月 1 日实施的《涉及公共健康问题的专利实施强制许可办法》对此也做了规定。

（1）两个发明创造均已获得专利权，且在后专利的实施要依赖于前一专利的实施。

（2）在后专利同在先专利相比，具有显著的经济意义的重大技术进步。

（3）申请强制许可的，只能是在后专利权人。但在先专利权人在其专利技术被强制许可使用后，可申请获得交叉许可使用。

（二）强制许可的效力

1. 国务院专利行政部门做出的给予实施强制许可的决定，应当及时通知专利权人，并予以登记和公告。

2. 通过强制许可获得的许可为普通许可，是非独占的，被许可人无权再许可他人实施，也不得转让此种使用。

（三）强制许可的注意事项

1. 强制许可仅限于发明专利或实用新型专利，外观设计专利不适用。

2. 行使强制许可决定权的仅限于专利主管机关。给予强制许可实施的决定由国务院专利行政部门做出，并及时通知专利权人，予以登记和公告。

3. 强制许可涉及的发明创造为半导体技术的，其实施限于公共利益的目的和构成垄断情形。①

4. 强制许可的实施应当主要为了供应国内市场，除了反垄断和药品的强制许可。②

（四）强制许可的终止

给予实施强制许可的决定，应当根据强制许可的理由规定实施的范围和时间。强制许可的理由消除并不再发生时，国务院专利行政部门应当根据专利权人的请求，经审查后做出终止实施强制许可的决定。

二、专利权的合理使用

《专利法》第六十九条规定了不视为侵犯专利权的五种情形。

（一）专利权的用尽

专利产品或者依照专利方法直接获得的产品，由专利权人或者经其许可的单位、个人售出后，使用、许诺销售、销售、进口该产品的，不构成侵权。

2008 年，《专利法》在修改时完善了有关权利用尽原则的规定，允许平行进口行为。

---

① 《专利法》第五十二条。

② 《专利法》第五十三条。

1. 平行进口的概念

平行进口又称灰色市场进口，是指一项知识产权在两个国家同时受到法律保护，一国进口商未经知识产权持有人授权，从另一国知识产权所有人手中进口并销售受该国知识产权法律保护的商品。无论是专利、版权，还是商标权都存在着平行进口。专利历史上最典型的案例就是1992年发生在日本的“BBS铝制车轮案”。

由于平行进口主要发生在低价位国向高价位国的进口，进口商往往从低价位国购买后向高价位国进口，就会构成对原专利权人的竞争。因此各国专利法通常会对该行为进行规定。

2. 平行进口的特点

（1）平行进口的产品都是合法产品（真品）；

（2）平行进口涉及的两国都有知识产权；

（3）被平行进口的产品以低价与进口国或地区市场上原有的同一知识产权产品竞争。

3. 专利权的国内用尽与国际用尽

平行进口实际上涉及专利权用尽的地域性问题。专利权的用尽分为国内用尽和国际用尽。

专利权的国内用尽又称为权利穷竭的地域性，是指专利权穷竭的效力仅及于权利赖以产生和存在的准据法律的效力范围内。也就是说专利产品一经专利权人或其受让人投入市场，它就应不受任何限制地在一国内自由流通，但专利权在一国的穷竭，并不导致它在国际市场上穷竭，在其他国家仍旧处于“未曾行使”的状态。专利权的国际用尽又称为权利穷竭的普遍性，是指权利穷竭的效力遍及全世界，即知识产权产品在权利人的控制下首次销售之后，无论何人在何处使用或销售该产品，都无须取得权利人的许可，也不侵犯知识产权。如果认为知识产权国内用尽，则平行进口构成侵权；若为国际用尽，则不侵权。

各国对平行进口的态度各不相同。2008年修改后的我国《专利法》充分利用TRIPS留给各成员的自由空间，规定允许平行进口行为。同时，允许平行进口行为使我国在必要时可从国外进口我国不能制造或者制造能力不足的专利药品，有利于解决我国的公共健康问题。

（二）在先使用

在先使用是指行为人在专利申请日前已经制造相同产品、使用相同方法或者已经做好制造、使用的必要准备，并且仅在原有范围内继续制造、使用的，不构成侵权。在先使用是对先申请原则的一个完善，以保护独立完成发明创造的发明人的劳动和合法权利。

在先使用的条件：

1. 时间条件：在先使用行为必须在专利的申请日或优先权日以前进行；

2. 主观条件：先使用人所使用的发明创造必须是独立完成或者合法获得的，即其在先使用是善意的；

3. 使用范围条件：先用权的制造或使用行为，只限于原有的范围之内，不得扩大使用范围。

（三）临时过境的外国运输工具的使用

《专利法》第六十九条第三款规定：“临时通过中国领陆、领水、领空的外国运输工具，依照其所属国同中国签订的协议或者共同参加的国际条约，或者依照互惠原则，为运输工具自身需要而在其装置和设备中使用有关专利的，不构成侵权。”

（四）非生产经营目的利用

为科学研究和实验目的，以及为教育、个人及其他非为生产经营目的使用专利技术的，可以不经专利权人的许可，不视为侵权行为。这些行为与专利权人不存在竞争关系，也不会侵害权利人的利益。但这种使用，只能是小范围的没有营利性质的使用，不能对专利权人的潜在的市场利益构成威胁，否则不属于合理使用的范围。

需要注意的是，《专利法》第七十条规定：“为生产经营目的使用、许诺销售或者销售不知道是未经专利权人许可而制造并售出的专利侵权产品，能证明该产品合法来源的，不承担赔偿责任。”

（五）为医药的行政审批的

为提供行政审批所需要的信息，制造、使用、进口专利药品或者专利医疗器械的，以及专门为其制造、进口专利药品或者专利医疗器械的。

第十九章　专利权的保护

第一节　专利权保护范围的确定

专利权的保护范围，就是专利权效力所及的范围。只有界定专利权的保护范围，才能有效地对专利权进行保护和判断是否侵权。

一、发明和实用新型专利权的保护范围

各国一般都规定权利要求是确定发明或者实用新型专利权保护范围的直接依据。但是对权利要求如何理解，主要有以下三种不同的解释原则。

1. 周边限定原则

周边限定原则即在理解和解释权利要求时，只能严格地按照权利要求书的字面含义来进行，不允许做任何扩大的解释，因此，权利要求书记载的范围是专利保护的最大限度。这一原则的好处是明确专利权的保护范围，可以通过权利要求书相对清晰地了解专利权的保护范围。但其不足在于对权利要求书的撰写提出了更高的要求，以获得足够宽而确切的保护范围。采用这一原则的国家有美国、英国等。

2. 中心限定原则

中心限定原则是在解释权利要求时，以权利要求书所陈述的实质内容为中心，全面考虑发明创造的目的、性质及说明书和附图，向外作适当的扩大解释，将中心四周一定范围内的技术包括在专利保护范围之内。德国曾采用这一原则。该原则对专利权人的保护更为充分；但不利于界定专利权的边界，对第三人不公平。

3. 折中原则

依照该原则，专利保护范围应根据权利要求所表示的实质内容加以确定，但权利要求所表示的技术特征有疑义时，可以引用说明书和附图进行解释。《欧洲专

利公约》及其成员国和我国的专利立法都采用了这一原则。《欧洲专利公约》第69条即规定："欧洲专利和欧洲专利申请的保护范围决定于其权利要求书的内容，说明书和附图可用于解释权利要求书。"[①] 我国《专利法》第五十九条第一款也规定："发明或者实用新型专利权的保护范围以其权利要求的内容为准，说明书及附图可以用于解释权利要求的内容。"

《最高人民法院关于审理侵犯专利权纠纷案件应用法律若干问题的解释》[②] 也规定："人民法院应当根据权利要求的记载，结合本领域普通技术人员阅读说明书及附图后对权利要求的理解，确定专利法第五十九条第一款规定的权利要求的内容。""人民法院对于权利要求，可以运用说明书及附图、权利要求书中的相关权利要求、专利审查档案进行解释。说明书对权利要求用语有特别界定的，从其特别界定。上述方法仍不能明确权利要求含义的，可以结合工具书、教科书等公知文献以及本领域普通技术人员的通常理解进行解释。"

此外，该解释第五条还规定："对于仅在说明书或者附图中描述而在权利要求中未记载的技术方案，权利人在侵犯专利权纠纷案件中将其纳入专利权保护范围的，人民法院不予支持。"

二、外观设计专利权的保护范围

《专利法》第五十九条第二款规定："外观设计专利权的保护范围以表示在图片或者照片中的该产品的外观设计为准，简要说明可以用于解释图片或者照片所表示的该产品的外观设计。"

第二节　专利侵权及法律责任

专利侵权行为是指在专利保护期内，行为人未经专利权人许可，以营利为目的实施专利权人的专利的行为。[③]

一、专利侵权行为的构成要件

1. 侵害的对象为有效的专利，这是构成专利侵权行为的前提。

---

① 冯晓青、刘友华：《专利法》，北京·法律出版社，2010年版，第257页。

② 2009年12月28日通过，自2010年1月1日起施行。

③ 参见《专利法》第六十条规定："未经专利权人许可，实施其专利，即侵犯其专利权。"

2. 必须有侵害行为的发生。所谓“侵害行为”，即未经权利人许可而实施其专利。实施包括制造、使用、许诺销售、销售、进口该专利产品，或使用其专利方法及使用、许诺销售、销售、进口依该专利方法直接获得的产品，或制造、许诺销售、销售、进口某外观设计专利产品等行为。

3. 侵权行为人是以生产经营为目的实施侵权行为。

4. 侵害行为与专利权的损害之间有因果关系，即专利权人由于侵害事实而使其实施专利受到影响，因此直接或间接地对专利权人造成了财产或精神上的利益损失。

二、判断专利侵权的基本方法

（一）全面覆盖原则

全面覆盖原则是指在判断发明和实用新型专利侵权时，法院应当将被控侵权产品或者方法和专利权利要求进行比较，如果被控侵权产品或者方法具备了权利要求里的每一项技术特征，专利侵权就成立。这是法院判定专利侵权的基本方法。

（二）等同原则

等同原则主张将被控侵权的技术构成与专利权利要求书记载的相应技术特征进行比较，如果所属技术领域的普通技术人员在研究了专利权人的专利说明书和权利要求后，不经过创造性的智力劳动就能够联想到的，诸如采用等同替换、部件移位、分解或合并等替换手段实现专利的发明目的和积极效果的，并且与专利技术相比，在目的、功能、效果上相同或者基本相同，法院则应当认定侵权行为成立。

（三）禁止反悔原则

禁止反悔原则是对等同原则的一种限制。如果专利权人在专利申请过程中放弃了某些内容，在以后的专利侵权诉讼过程中，专利权人就不能够再把这些内容重新纳入专利权的保护范围之内，并且用来对抗侵权人。

具体而言，指在专利审批、撤销或无效宣告程序中，专利权人为确立其专利的新颖性和创造性，通过书面声明或者文件修改，对权利要求的保护范围作了限制或者部分地放弃了保护，并因此获得了专利权，那么在专利侵权程序中法院适用等同原则确定保护范围时，禁止将已被限制排除或者已经放弃的内容重新纳入专利保护范围。

三、专利违法行为的法律责任

（一）专利侵权的民事责任

专利侵权的民事责任主要表现为停止侵权和赔偿损失。在损失的计算上，《专利法》第六十五条规定：“侵犯专利权的赔偿数额按照权利人因被侵权所受到的实际损失确定；实际损失难以确定的，可以按照侵权人因侵权所获得的利益确定。权利人的损失或者侵权人获得的利益难以确定的，参照该专利许可使用费的倍数合理确定。赔偿数额还应当包括权利人为制止侵权行为所支付的合理开支。权利人的损失、侵权人获得的利益和专利许可使用费均难以确定的，人民法院可以根据专利权的类型、侵权行为的性质和情节等因素，确定给予一万元以上一百万元以下的赔偿。”

（二）专利违法的行政责任

《专利法》规定的专利违法行政责任有三类：

1. 违法行为人的行政责任

主要是假冒专利的行政责任。《专利法》第六十三条规定：“假冒专利的，除依法承担民事责任外，由管理专利工作的部门责令改正并予公告，没收违法所得，可以并处违法所得四倍以下的罚款；没有违法所得的，可以处二十万元以下的罚款。”

2. 单位的行政责任

《专利法》第七十二条规定：“侵夺发明人或者设计人的非职务发明创造专利申请权和本法规定的其他权益的，由所在单位或者上级主管机关给予行政处分。”

3. 专利管理机关及其工作人员的行政责任

（1）泄露国家机密的行政责任。《专利法》第七十一条规定：“违反本法第二十条规定向外国申请专利，泄露国家秘密的，由所在单位或者上级主管机关给予行政处分。”

（2）专利管理机关的行政责任。《专利法》第七十三条规定：“管理专利工作的部门不得参与向社会推荐专利产品等经营活动。管理专利工作的部门违反前款规定的，由其上级机关或者监察机关责令改正，消除影响，有违法收入的予以没收；情节严重的，对直接负责的主管人员和其他直接责任人员依法给予行政处分。”

（3）徇私舞弊的行政责任。《专利法》第七十四条规定：“从事专利管理工作的国家机关工作人员以及其他有关国家机关工作人员玩忽职守、滥用职权、徇私舞弊，构成犯罪的，依法追究刑事责任；尚不构成犯罪的，依法给予行政处分。”

（三）专利违法的刑事责任

1. 假冒专利

《专利法实施细则》第八十四条规定下列行为属于假冒专利的行为：

（1）在未被授予专利权的产品或者其包装上标注专利标识，专利权被宣告无效后或者终止后继续在产品或者其包装上标注专利标识，或者未经许可在产品或者产品包装上标注他人的专利号；

（2）销售第（1）项所述产品；

（3）在产品说明书等材料中将未被授予专利权的技术或者设计称为专利技术或者专利设计，将专利申请称为专利，或者未经许可使用他人的专利号，使公众将所涉及的技术或者设计误认为是专利技术或者专利设计；

（4）伪造或者变造专利证书、专利文件或者专利申请文件；

（5）其他使公众混淆，将未被授予专利权的技术或者设计误认为是专利技术或者专利设计的行为。

这里所称的“假冒专利”包括了冒充专利和假冒他人专利两种行为。假冒专利情节严重的，构成犯罪，按照《中华人民共和国刑法》第二百一十六条的规定，处三年以下有期徒刑或者拘役，并处或者单处罚金。

2. 泄露国家机密罪

《专利法》第四条规定：“申请专利的发明创造涉及国家安全或者重大利益需要保密的，按照国家有关规定办理。”第二十条规定：“任何单位或者个人将在中国完成的发明或者实用新型向外国申请专利的，应当事先报经国务院专利行政部门进行保密审查。保密审查的程序、期限等按照国务院的规定执行。中国单位或者个人可以根据中华人民共和国参加的有关国际条约提出专利国际申请。申请人提出专利国际申请的，应当遵守前款规定。”第二十一条第三款规定：“在专利申请公布或者公告前，国务院专利行政部门的工作人员及有关人员对其内容负有保密责任。”对于违反前述规定的，《专利法》第七十一条规定，违法向外国申请专利，泄露国家秘密的，“由所在单位或者上级主管机关给予行政处分；构成犯罪的，依法追究刑事责任。”

第四编

商标法

第二十章　商标概述

第一节　商标的概念

商标是一种标志，是一种符号。商标通过其表达特定的含义，广泛而深刻地影响着人们的生活。法律上把商品或者服务的标志称为商标。商标法对商标界定始终着眼于商标的构成要素和商标的功能。随着经济的发展，作为商标可使用的范围越来越大，商标法对商标的界定变得更加复杂并具扩张性。

商标之所以受到法律保护，与其特性和功能息息相关，如今的商标已从简单的商品标识，演变为具有特定含义的无形资产；商标标示商品来源的功能日益退化，而其表彰商业信誉、品质保障和广告宣传的经济功能日益显著。法律对商标的保护不仅保护符号本身，而且保护其社会属性。

一、商标的概念

什么是商标，当前在世界各国及国际组织比较一致的看法为，商标就是能够将一个企业的商品或者服务同其他企业的商品或者服务区别开来的标志。换言之，商标是一种用于商品上或者服务中的特定标记，消费者通过这种标记，识别或者确认该商品、服务的生产经营者和服务提供者。

《法国知识产权法典》L. 711-1 条规定："制造、商业或服务商标指用以区别自然人或法人的商品或服务可用书写描绘的标志。尤其可以构成这样的标志是：(1) 各种形式的文字，如字、字的搭配、姓氏、地名、假名、数字、缩写词；(2) 音响标志，如声音、乐句；(3) 图形标志，如图画、标签、戳记、边纹、全息图像、徽标、合成图像；外形，尤其是商品及其包装的外形或表示服务特征的外形；颜色的排列、组合或色调。"

《德国商标法》第 3 条第（1）项规定："任何能够将其使用的商品或服务与

使用其他标志的商品或服务相区别的标志，可以作为商标获得保护，尤其是文字（包括人名）、图案、字母、数字、声音标志、三维造型（包括商品或其包装以及容器的形状）、还包括颜色或颜色的组合。”

美国联邦商标法《兰哈姆法》第1127条规定：“商标是指（1）由一个人使用的；或（2）一个人有真诚的意图在商业中使用的，并申请在本法建立的主注册簿上注册的，用以对其商品，包括独特的产品，与他人生产或销售的商品予以识别和区别的，用以表明商品来源（即使该来源未指出）的任何文字、名称、符号或图形，或其组合。”

《日本商标法》第2条规定：“本法所称的商标，是指下列各项规定的文字、图形、记号、立体图形或者它们的组合，或者它们与颜色的组合（以下称为标识）：（1）以营业为目的生产、证明或者转让商品者在其商品上使用的标识；（2）以营业为目的提供或者证明服务者在服务上使用的标识。”

世界贸易组织在《与贸易有关的知识产权协定》中确定：“任何标记或标记的组合，只要能够将一企业的货物和服务区别于其他企业的货物或服务，即能够构成商标；此类标记，特别是单词，包括人名、字母、数字、图案的成分和颜色的组合以及任何此类标记的组合，均应符合注册为商标的条件；……这些标记应为视觉上可感知的。”

国际保护工业产权协会（AIPPI）在柏林大会上曾对商标做出的定义：“商标是用以区别个人或集体所提供的商品及服务的标记。”

在欧洲共同体商标条例中，商标是“可以由能用书写表示的任何标志，特别是文字，其中包括人名、图案、字母、数字、商品形状或其包装组成，只要这些标志能够将一个企业的商品或服务同其他企业的商品或服务区别开来”。

我国商标法并没有直接规定商标的定义，而是从商标注册的角度出发，规定了哪些标志可以作为商标注册，该法第八条规定：“任何能够将自然人、法人或者其他组织的商品与他人的商品区别开的标志，包括文字、图形、字母、数字、三维标志、颜色组合和声音等，以及上述要素的组合，均可以作为商标申请注册。”

其中“声音”作为商标申请注册的要素是2013年修订的《中华人民共和国商标法》（以下简称《商标法》）增加的内容，突破了此前对商标要素必须具有可视性的要求。《商标法实施条例》第十三条第五款规定：“以声音标志申请商标注册的，应当在申请书中予以声明，提交符合要求的声音样本，对申请注册的声音商标进行描述，说明商标的使用方式。对声音商标进行描述，应当以五线谱或者简谱对申请用作商标的声音加以描述并附加文字说明；无法以五线谱或者简谱描述的，应当以文字加以描述；商标描述与声音样本应当一致。”

关于单一颜色作为商标注册的问题，一种意见认为，经过使用，单一颜色具有第二含义，并能起到区别商品或者服务来源的功能，应该接受该类商标注册申请，一种意见认为，自然界中单一颜色种类极其有限，接受单一颜色商标申请可能会对某颜色的使用造成垄断，妨碍其他经营主体的正常使用。为了平衡商标使用人与竞争者的利益，立法者采纳了后一种意见，2013 年修订的《商标法》对此未做出规定。

通过对各国以及国际组织关于商标概念的规定，我们可以从以下几个方面来理解商标法中的商标。

（1）商标是指示商品或服务来源的商业标志。

商标的功能在于区分不同商品或服务的来源，防止消费者产生混淆，消费者可以借助商标来选择商品或者服务。任何标记或标记的组合，只要能够将一企业的商品或服务区别于其他企业的商品或服务，即能够构成商标。对于商标可保护的客体，并不必然要求“可视性”，具有“可听性”的声音也可以申请商标注册。目前气味商标、全息图像商标还无法获得我国法律的认可。

（2）商标价值的基础来源于商标的使用。

商标因使用而产生价值，商标的知名度和美誉度都是因经过长期、持续的传播才被相关公众所认知，进而使消费者将商标与企业的商品或服务联系在一起。

（3）商标的使用应当与商品或服务相结合。

商标标志的构成要素是一种人为创设的符号，符号的基本功能就是指代。商标的使用必须与销售的商品或提供的服务相结合，这既是商标区分功能的本质要求，也是商标社会属性的根本体现。

（4）商标应具有显著性。

商标反映和承载了商品或者服务的信息，包括来源信息、种类信息、品质信息、商誉信息和广告信息等。商标的首要功能乃是表明商品或者服务的来源，以便消费者识别，所以商标必须具有能够将自己的商品或者服务与他人的商品或者服务相区别的显著特征。

二、商标的特征

商标是商品或服务的标志，它象征着商品或服务的质量、信誉、评价和名声，通过对商标概念的分析可看出商标具有如下特征。

1. 商标具有依附于商品的从属性，即商标是商品经济的必然产物

在自然经济社会中，社会上大多数人能够自给自足，仅有少数产品用于出售交换，其出售之商家，亦有于商品上附加图记或仿单者。此种图记或仿单虽亦有商标之部分功能，但在事实上，该等图记或仿单，乃是表彰营业之标记，与现代所谓商标之意义不尽相同。唯有进入商品经济社会后，科技进步，商品种类及数量繁多，购买时需选择，则商标成为不可缺，商标制度由此建立和发展。因而可以说，没有商品就谈不上商标，商标与商品经济有着不可分割的联系。

2. 商标具有财产属性

商标经选择、设计和使用，使该商标建立良好的市场信誉，并且经过商标注册取得法律所保障的商标权后，该商标就成为商标权利人拥有的具有经济价值的无形资产，它与权利人的有形财产一样是不可缺少的，有时甚至是更为重要的财富。商标所代表的商品品质越优良，销售量越大，所具有的财产价值越高。

3. 商标具有竞争性

商标能够最直观地标明商品的来源，而使消费者认牌选购，所以一个商标也最能代表某一商品的知名度和市场占有率，各市场主体通过争创名牌参与市场竞争，因而可以说商标起源于市场竞争。同时，因为商标能够促进生产，繁荣市场，维护生产者和消费者的利益，商标又能够保证和促进合法竞争。

4. 商标具有支配性

商标是商标权利人专用的标志，权利人可以占有、使用、收益和处分商标。商标也是商标权利人的名声、信誉和评价的象征，不允许他人侵犯或损害，也不允许出现混淆。未经商标权利人许可，他人不得使用商标。

三、商标与其他商业标志

在市场经济活动中，商业中使用的标志众多，在商品或服务上除了商标外，其他商业标志往往伴随着商标一同出现，发挥着各自不同的功能。

（1）TM

TM 是英文 tradeMark 的缩写，在美国，在商标旁边标注 SM（服务标志）或者 TM 的文字、图形或符号，表明相关标志并非通用标志或广告，而是作为商标使用，但不一定已经注册。在我国，对 TM 的使用和管理没有规定，只要是经营者想告知他人某标志是其作为商标使用，无论该标志是否申请商标注册，都可以使用

“TM”。在实务中经常会遇到这种情况，有的商标注册代理机构会告诉企业“TM代表正在申请中的商标，还没有正式被注册，只要拿到《商标受理通知书》之后，标注TM就可以使用这个商标了”，这其实是对“TM”含义的误读，因为企业取得《商标受理通知书》仅表明商标局已收到申请人的商标申请，并不表明所申请的商标已获准注册。企业之所以标注“TM”目的是表明该标志作为商标使用，即使在商标申请过程中，只要该商标没有获得核准注册，无论是否标注“TM”字样，如果该商标的使用侵犯了他人的商标权，同样要承担侵权责任。那么，企业是否可以使用注册中的商标呢？当然可以使用，只不过可能存在侵权的法律风险，这个与是否加注“TM”并无关系。

（2）注册商标

注册商标，是一个法律概念，是指经过官方审核通过的正式注册的商标。在我国，使用注册商标，可以在商品、商品包装、说明书或者其他附着物上标明“注册商标”或者注册标记。注册标记包括注和R。R是Registered的缩写，即注册的意思，表明该商标已在商标局进行注册申请并经商标局审查通过，取得商标注册证书，成为注册商标，受到商标法的保护，任何企业或个人未经注册商标所有人许可或授权，均不可自行使用，否则将承担侵权责任。使用注册标记，应当标注在商标的右上角或者右下角（《商标法实施条例》第六十三条）。在美国，唯有在联邦获得注册的商标方可使用R标志。

（3）品牌

品牌，英文为Brand，源出古挪威文brandr，意思是“烧灼”，是指制造者在商品上的烙印。现在Brand一词经常与其他词汇相结合。例如famous brand就是知名品牌的意思。品牌不是法律概念，而是商业用语，它强调企业与消费者之间关系的建立、维系与发展。品牌的市场作用表现在，品牌有益于促进销售，增加品牌效益，有利于强化顾客品牌认知，引导顾客选购商品，并建立顾客品牌忠诚。商标是品牌中的标志和名称部分，便于消费者识别，但品牌的内涵远不止于此，品牌不仅仅是一个易于区分的名称和符号，更是一个企业信誉的象征，品牌的载体主要是商标、版权、商号等。

（4）企业标志

企业标志，即logo或者logo type，指企业、组织或者个人经过特殊设计、用于帮助提升公众认知度的特殊的图文设计或标志，由图案组成或者由组织者的字号、名称组成。从功能上讲logo通常与其商标具有相同的内涵，但不具备商标的法律意蕴，除了可视性标志可以申请注册商标外，具有显著特征的产品外形、颜色、声音、气味、全息图像也可成为注册商标。

（5）商号

商号，亦称字号，即企业名称，指用于识别在一定地域内和一定行业中不同经营者的称谓。商号作为企业名称的主要部分，具有人身权属性，商号不经登记不得使用。商号与商标往往有着十分紧密的联系，如有的经营者将其商号直接作为商标使用，也有经营者将其商号作为商标的重要组成部分。在功能上，商号用于区分不同的经营主体，而商标用于区分不同来源的商品或服务。在保护范围上，商标一经核准注册就在全国范围内受法律保护，而商号仅在商人注册登记的区域范围内受到保护。

（6）地理标志

地理标志是WTO（世贸组织）知识产权协议《与贸易有关的知识产权协议》（简称TRIPS）第二部分第三节规定的成员对地理标志的保护义务。

TRIPS协议对地理标志的定义："地理标志是指证明某一产品来源于某一成员国或某一地区或该地区内的某一地点的标志。该产品的某些特定品质、声誉或其他特点在本质上可归因于该地理来源。"

地理标志是特定产品来源的标志。它可以是国家名称及不会引起误认的行政区划名称和地区、地域名称，是用于具有特定地理来源的商品的标志，这些商品具有可主要归因于产地的品质、声誉或其他重要特征，主要与该地区的自然环境和人文环境密切相关。最常见的地理标志是商品产地名称，用以表示某类产品的原产地，原产地不同，商品的内在品质，往往会因不同的地理等自然因素或加工工艺而不同。地理标志不具有专有性，只表明商品来源于某一特定地区，例如西湖龙井作为地理标志显示了产品的特色、质量和信誉。地理标志可以申请为证明商标，由某一特定地区范围内生产具有相同特征的同一商品的所有经营者共同使用，各个经营者在使用该证明商标同时，还可以使用自己的商标用以区别不同的经营者。

（7）原产地名称

原产地名称是根据《保护工业产权巴黎公约》《保护原产地名称及其国际注册里斯本协定》对原产地名称的规定。

原产地名称定义如下："原产地名称是指一个国家、地区或特定地方的地理名称，用于标示产于该地的产品，这些产品的特定的质量或特征完全或主要是由该地理环境所致，包括自然的和人为的因素。"

原产地名称是一种特殊的地理标志，它更着重于强调产源的独特性，往往是这种独特性决定了原产地产品的特定品质。原产地名称具有以下基本特征：（1）它是一个地理名称；（2）它明示商品或服务的地理来源；（3）它表明商品的特定质量和特点。如：库尔勒香梨、景德镇瓷器等。

实际上，TRIPS 协议所定义的地理标志是比照《巴黎公约》的原产地名称来定义的。

因此，地理标志和原产地名称是属于同一概念的，如果要把原产地名称和地理标记的定义做比较，则可以看到下面的情形，地理标志的定义比原产地名称的定义要宽。换句话说，所有的原产地名称都是地理标志，但一些地理标志不是原产地名称。

国家质检总局制定的《原产地域产品保护规定》（1999 年 7 月 30 日），对地理标志和原产地名称进行了一系列的保护性规定。依据该规定，原国家质检总局为原产地域产品保护工作的主管部门，负责组织对原产地域产品保护申请进行审核、确认保护地域范围、产品品种注册登记等管理工作。

（8）域名

域名，是互联网上用户在网络中的名称和地址，由字母、数字组成。从技术上看，域名具有唯一性，商标则不然。商标的注册和保护是按商品或服务类别进行的，相同或近似的商标可以为不同的商标权人所拥有，并分别在不同类别的商品或服务上使用。由于因特网域名的唯一性与商标法商品或服务分类制度的差别，域名与商标之间的冲突时有发生，最典型的莫过于因域名恶意抢注而引起的纠纷，行为人在明知的情形下，故意将他人的知名商标、商号涵盖的文字注册为自己的域名，再以高价将这些域名卖给拥有商标或商号的所有人。

（9）商务标语

商务标语，是企业经营者为了推销商品或服务项目而使用的宣传广告用语。在商业活动中，为了推销商品，经营者在宣传推广中使用表达赞美含义的广告类标语，尽管它们在通常的使用中不具备商标的识别和区分功能，但如果广告用语符合商标法有关显著性的要求，可以成为商标，例如“怕上火喝王老吉”“怕上火喝加多宝”“专业创造可能”都已经成为注册商标，如果符合著作权法有关作品的要求，也可以获得著作权法的保护。

（10）包装装潢

商品的包装，是指为识别商品以及方便携带、储运而使用在商品上的辅助物和容器。商品的装潢，是指为识别与美化商品而在商品或者其包装上附加的文字、图案、色彩及其排列组合。商品的包装装潢与商标共同附在同一商品上，为同一商品服务，经常混为一体，极易混淆。包装装潢的使用目的就是为了保护商品、美化商品和宣传商品，激发消费者的购买欲望，使用商标是为了区分商品来源，以示同一种商品不同的经营者。保护商品包装装潢权的前提条件是该商品为知名商品，使用与他人相同或近似的商品包装装潢，客观上可能会使消费者产生混淆和误认，如果该商品系知名商品，则可能构成不正当竞争。

（11）通用标记

通用标记是指表示商品特点、性质、用途的行业标记或习惯使用的符号及图形。它通常以一种简洁、醒目的符号或图形构成，往往不仅为本行业的从业人员所熟知，而且一般消费者也可以了解表达的含义。如“HB”表示铅笔笔芯的硬度，用高脚玻璃酒杯图形表示商品为易碎物品，应小心轻放，用雨伞图形表示商品怕水怕潮湿，应注意防水防潮。通用标记广泛适用于具有相同特征的商品上，其目的是告知使用者该商品所具有的需要特别注意的特征。通用标记会与商标同时出现在商品或包装上，但通用标记不具有区别来源的作用，缺乏商标构成要素中的显著性，因此，与商标有着明显的区别。

（12）特殊标志

特殊标志，指全国性或国际性的文化、体育、科学研究及其他社会公益活动所使用的，由文字、图形组成的名称及缩写、会徽、吉祥物等标志（《特殊标志管理条例》第二条）。如奥林匹克五环标志就属于特殊标志。特殊标志与商标的表现形态一致，但是特殊标志的所有人是文化、体育、科学研究及其他公益活动的主办者，而不是以营利为目的的经营者。使用在商品上的特殊标志并不具有区别来源的功能，也不具有品质保证的功能，它仅仅标明商品的经营者向特殊标志的所有人提供了资金赞助，从而取得特殊标志所有人许可其使用该特殊标志的权利。

四、商标的禁用条款

有哪些特定的标志不能作为商标使用，在商标法中做出了规定，这就是商标的禁用条款，或者说这是商标的基本标准，无论是注册商标或者未注册商标都必须符合这个基本标准，不得违背。

商标的禁用条款，就是确定下列标志不得作为商标使用，或者说违背法律规定使用下列标志的，即不符合商标的基本标准，不得作为商标。

根据《商标法》第十条的规定，不得作为商标使用的标志为：

（一）同中华人民共和国的国家名称、国旗、国徽、国歌、军旗、军徽、军歌、勋章等相同或者近似的，以及同中央国家机关的名称、标志、所在地特定地点的名称或者标志性建筑物的名称、图形相同的；

（二）同外国的国家名称、国旗、国徽、军旗等相同或者近似的，但经该国政府同意的除外；

（三）同政府间国际组织的名称、旗帜、徽记等相同或者近似的，但经该组织同意或者不易误导公众的除外；

（四）与表明实施控制、予以保证的官方标志、检验印记相同或者近似的，但经授权的除外；

（五）同“红十字”“红新月”的名称、标志相同或者近似的；

（六）带有民族歧视性的；

（七）带有欺骗性，容易使公众对商品的质量等特点或者产地产生误认的；

（八）有害于社会主义道德风尚或者有其他不良影响的。

县级以上行政区划的地名或者公众知晓的外国地名，不得作为商标。但是，地名具有其他含义或者作为集体商标、证明商标组成部分的除外；已经注册的使用地名的商标继续有效。

在商标禁用条款中，对于涉及地名的规定既有禁止事项，又有除外事项，是为了适应使用地名作为商标的复杂情况。

第二节　我国商标的发展史

商标，是随着商品经济不断发展而发展的。商品生产和交换的发展，导致了生产和消费之间的媒介——商业的出现，这是人类社会发展史上的一次大分工，推动着人类文明的发展，而商标也随同商品从原始雏形逐渐发育成熟，并得到了法律的保障。

一、雏形状态

我国的商业活动出现甚早。先秦典籍中已经有了大量关于商人活动的记载，因而也存在着雏形状态的商品标识。秦汉以前的印章和印记，是在商品交流时作为凭信的。

《周礼》“掌节职”条，有“货贿用玺节”一语，据汉代郑康成注释，“掌节职为主通货贿之官，谓司市也”。又说“玺节者，即今之印章也”。刘熙在《释名》中也说：“玺者徙也，封物使可转玺而不可发也。”如今各地博物馆中都存有汉代实物“封泥”，就是将货物捆扎牢固，在固定处打好绳结穿上木块，再用泥固封后捺上印章，正如现代火漆印固封手续一样。长沙马王堆一号汉墓出土的封泥，上面刻有“侯家丞”字样。另外，出土的战国（公元前475—前221年）时代的陶器和传世的汉代铜镜上，也有印章、印记，标明生产者的姓氏、姓名及产地。所有这些印章、印记，即是我国商标的滥觞。

二、初步发展阶段

随着生产力的提高和商品经济的发展，产品花色品种增多，生产同类商品的店铺也不断增加，生产者和商业主都需要有一个能够用以区别同类产品的记号，以便推广宣传自己生产加工的商品。在唐代瓷器上有“卞家小口（小口即茶壶）天下有名”“郑家小口天下第一”等自我宣传的字样。北宋名窑龙泉青瓷中有“永清窑记”的底款，宋时的湖州、饶州、杭州生产的铜镜和漆器上，都注明生产的铺号，如“湖州镇石家念二叔照子”和“湖州真正石家念二叔照子”两种不同的印记，他们为了声明自己不是冒牌，在“石家”前面加上“真”或“真正”字样。

三、成熟状态

就现存实物来研究，至迟在北宋时代（公元960—1126年）就已产生了包括文字和图形的图文并茂的商品标识。当时，城乡商业和商业组织颇为发达，手工业生产者为了推销商品，维护信誉，特意设计使用了商标。

山东济南一家专造功夫细针的刘家针铺，就设计、制作了一枚专门印刷商标的铜版，以白兔为商品标志。这是我国目前发现最早的第一枚完全意义上的商标，现保存在中国历史博物馆。这枚白兔商标，既有文字，又有图形，近于正方形，上方阴文横刻“济南刘家功夫针铺”店号，中间阳刻白兔儿图形，两侧还竖刻着阳文“认门前白兔儿为记”，两边平分四字，下方刻有较长阳文附记。这一设计，即使与现代的商标相比较，仍然显得相当规范。

此后的商标，又向前推进了一步，除了代表质量特点的文字图画外，还结合商品寓有祝福、喜庆的吉祥含义。如药铺多用“鹤鹿同春”“福禄寿三星”，金银首饰店多用“和合”“如意”为记的吉祥图案，以迎合顾客的心理。还有另一种形式，即在某些产品上使用明记暗号，可作为退换或维修的凭证，借以保证质量，这是一种显示我国商业道德的严肃态度。

四、较为完善的状态

宋代以来，我国的农业生产发达，手工业和商业也日趋繁荣，城市经济蓬勃发展，对外贸易通过航线日渐拓展的“海上丝绸之路”也更为畅通。这些都促进了商品经济的向前发展，从而也就相应地提高了商标的使用价值。纵观历史，不难看出，古代中国的工商业者为了创立自己的商标，维护自己的商业声誉和经济利益，不仅很早就开始使用商标，而且由混沌至明晰，由不自觉到自觉，不断探索、实践，代有创新、发展，终使商标的应用逐渐臻于完善，在人类知识产权史上当仁不让地写下了辉煌的一页。

五、近代中国

1840—1842 年的鸦片战争，西方资本主义凭借坚船利炮打开了古老中国关闭的大门。炮舰后面紧跟着商船，运来大批洋货，在占领中国市场，掠夺中国权益的同时，也刺激了中国近代资本主义工商业的兴起，社会经济发生了千百年来未有之巨变。随着社会经济的变迁，建立商标管理机构、颁布商标保护法律逐渐水到渠成，越来越引起各界之士的重视。

在西方资本主义对中国进行经济侵略的过程中，一直把在中国建立近代商标注册制度列为重要一环。1902 年，《中英续订商约》第七款载明中国政府“设立牌号注册局所”；1903 年，《中美商约》第九款载明“中国政府允示禁冒用”。这些，当然是闯入中国的西方列强保护其在华利益的需要，但是另一方面，甲午战争后民族生存危机的空前严峻，也迫使清政府于 20 世纪初年接连颁布了一系列鼓励工商业发展的法令和法规，其中就包括《商标注册暂拟章程》。1904 年，中国的商标注册工作正式开始，但是，当时清政府颁布的《商标试办章程》，不仅是把持海关总税务司职务的英国人赫德（Robert Hart）所代拟，而且是在外国人控制下的海关所执行的。

应该说，在当时的历史条件下，清政府关于商标注册和保护的法令法规也起到了一定的作用，而越是近代工商业发达的地方，越是对外交往频繁的地区，这些经济法规的效力就会发挥得相对好一些。例如上海和天津，分别是当时中国南方和北方重要的工商业中心，商标注册和保护就曾在这里上演过一幕幕好戏。以上海总商会和天津总商会为中介，各行各业的合法经营者为维护自身的经济利益，与各色奸商展开了激烈的斗争，涉及的案例从名牌汽水打假到榨油机专利设计的诉讼，从肥皂外观雷同的冲突到假借啤酒商标的纠纷，五花八门，不一而足。在租界林立、洋商大行其道的当时，也出现过华商根据有关商标制度奋起反击洋商压制正当竞争的事件。光绪三十三年（1907 年），德国啤酒在天津的美国代理商永康洋行投诉天津松盛啤酒厂所产啤酒商标与之雷同，并在《大公报》上刊发声明，诋毁松盛啤酒的声誉。对此，松盛啤酒厂从两种商标保护体系的客观事实为自己争取了主动，结果此案以美商败诉而告终。虽然松盛啤酒厂未必能意识到自己在不知不觉中已经成为中国早期商标制度的受益者之一，但是弱小的中国近代民族工业毕竟在商标法规的保护之下化解了一次劫难。

随着封建枷锁的打破，中国的现代商标制度逐渐发展完善起来。北洋政府时期颁布的《商标法》和《商标法旅行细则》已经非常细致完备，其中对商品的分类就有 65 种之多，但是实际执行效果怎么样呢？“民国” 13 年（1924 年），天津商会档案中有这样一段记载：“……以《商标法》自上年五月颁布以来，迭经商标局现再通告商家速行依法请求注册，以保证权利。唯据最近商标局所刊布之第九期商标公报，则核准者二百五十四件，审定公告者七百四十三件，合计尚不足千件，而此不足千件之商标，尚系概括洋商在内。”以上商会档案所载内容描述了当时华商对待商标注册的态度。20 世纪 20 年代正是民族实业发展的黄金时期，彼时情形尚且如此，整个民国时期商标产权制度的状况已是可见一斑。

从总体上看，北洋军阀政府和国民党政府，虽然也曾设有商标管理机构，也曾颁布过一些商标法令，法规虽已颁行但却实施不力，许多时候竟成一纸空文。即使注册的商标，实际上还是以外国商标占主导地位。来自资本主义国家的洋商标，随着洋货进入中国，先逐渐在通商口岸城市倾销，继之遍及穷乡僻壤。例如当时英商英美烟草公司出品的“强盗牌（pirates）”香烟，“五卅”惨案后，慑于中国人民的反帝情绪，改为中文“老刀牌”，但图形仍然是反映帝国主义侵略者的海盗自画像。又如日本的“仁丹”和“味之素”，行销极广，全国城乡到处贴满了这些商品的广告。

随着近代中国民族资本工商企事业的兴起，商标的设计、制定和推出成为企业经营管理的一个重要环节。由于中外的历史传统、经济发展、社会生活和民族特性的不同，中国的商标设计体现出自己的鲜明风格和特点。民族资本厂商为了占领市场、推销商品，多利用中国的传统喜庆纹样和民间戏曲、神话为题材设计商标，常见的有龙、凤、喜、寿、麒麟、蝙蝠、狮子、牛郎织女、八仙过海、五子夺魁，等等，以求迎合中国人的文化习惯和消费心理。

这时期中国民族资本工商企业的商标，还往往表现出爱国思想的一面，这是半殖民地半封建社会的政治经济状况的集中反映，也凸显出中华民族爱国救亡的时代精神。在“五四”运动时期，就曾经出现过一批较好地反映时代精神的反帝内容的商标。例如在“提倡国货”的号召下，以“雪耻”“警钟”为牌名，以民族英雄和爱国故事为形象，鼓励人民反对侵略。著名的“抵羊牌”毛线商标和“钟”牌毛巾被单商标，前者以“抵羊”的谐音和寓意，隐含“抵制洋货”和斗争抵抗之意；后者用出类拔萃的“萃众”两字组成钟形，象征着“警钟”常鸣的含义。这种设计思想在当时起到了积极的影响和作用。

这一时期，商标形式的设计和应用也向前推进了一步。由于商标是商品的代表性形象，一旦消费者对商品的效用感到满意，对商标也就会产生兴趣甚至感情，于是就会发生从经济价值到艺术欣赏观念的逐步转移；另一方面，随着社会生产的发展，商品的花色品种越来越多，消费者的文化和生活水平也不断地提高，对商标的要求在客观上越来越高。商标的标准规格、标准字体和编排式样以及色彩变化等，均较以往体现出更加强烈的时代感和浓厚的民族性，其目的是在各种业务活动的广告宣传中充分发挥加强商品或企业形象的积极作用，使顾客随时随地一看便知某企业或商品的代表性形象，并且越发加深印象。随着市场竞争的日趋激烈，进行广泛、持续的广告宣传，对于维护品牌权威和社会信誉，无疑具有不可替代的积极作用。正因为如此，各家企业拟定了一系列的设计策略，利用各种条件强调商标宣传，这已经成为近代中国民族资本企业经营管理中不可或缺的措施之一。

商标的商业特性，应该从社会功能和商业效果两个方面来认识。商标离不开具体的商品和商业活动，创造一个商标形象，首先要求符合商品内在含义的鲜明、强烈而易于识别的艺术特征，其次才是宣传商品和美化商品的审美趣味，这可以说是商标艺术的基本特质。虽然由于每个企业或商品的性质、目的和诉诸的要求有所不同，因而商标设计策略的方针和重心也不一样，编制的内容和形式也就各有特点，但是，近代中国民族资本企业的商标所具有的基本特征，还是可以归纳为以下几点：一是形象鲜明简洁，有强烈刺激的特征；二是具有丰富的想象力，与商品或业务有内在的联系；三是具有独创的象征意义，与其他商标不相雷同；四是体现时代精神，又有民族风格的图书，收录了1904—1932年间中国企业注册的近万个商标，其中不乏创意好、设计精、能够给人留下深刻印象的商标图案。

由于商标依附在不同性质的材料的商品上，因而也就受到各种材料及其工艺和生产条件的制约。一般说来，包装的纸张通过印刷工艺，而金属材料则通过压印、贴花或者腐蚀的工艺，还有其他采用相应的工艺制作过程加以处理的。以肥皂为例，肥皂上有印模压出凹凸面的商标，包装纸上有平面印刷的商标，在运输包装箱上也印有商标，可见商标的形式是随着商品性质、材料和制作条件而决定的。

在形形色色、千姿百态的商品世界里，商标的制作与应用也林林总总，各不相同。有些是利用印刷工艺的商标，以印刷在纸上的为多，也有少数印刷在金属、塑料和其他材料上，如各种袋、盒、罐、筒等包装物和瓶贴。有些是利用金属、塑料制成的商标，从商品本身材料上加以处理或附加的居多，如进行压模、腐蚀或铸造加工成凹凸面后经过各种处理的商标。有些是利用涂料喷绘成贴印的商标，某些自然物质材料，如皮革、木材以及部分玻璃、搪瓷等，只能用涂料制成或直接喷绘成商标。有些是利用各种纤维编织或烫印的商标，以服装、鞋帽和布料用品居多，用纤维的不同颜色的经纬线编织或用涂料烫印出商标。也有其他一些利用版纸、金属、化工材料进行印刷或压模而成的标签和吊牌商标，这是因为某些商品本身无法附着商标。另外，还有借火漆印赖以封口的商标。凡此种种，可谓光怪陆离，五花八门。

从我国商标发展的历史来看，我们可以归纳以下几点：

一、商标产生于有商品生产之后，是商品经济的产物。未有商品生产之前，在器物上的文字、图形标记，仅仅是作为其制作者或所有人的标记；而当有了商品生产，出现了商品交换，用在商品上以示区别的标记，便是应运而生的商标。

二、商标产生之后，经历了随商品经济的发展而发展的过程。由于商品生产日益发达，同类商品有了多个生产者，商品市场上竞争日趋激烈，商标的作用充分发挥，其本质特征充分显露。所以商标从初期出现，经过发展，趋于成熟，是一个历史的过程，商标的定义是一个历史的概念，不是从初始到当代一直如此，应当将商标置于发展的过程中来认识它的出现及其后的演变。中国在宋代就有白兔商标等，但由于受制于商品生产的发展程度，未能进一步发展。欧洲的18—19世纪，由于商品经济高度发达，商标作用得以发挥，商标制度逐步建立，对商标的认识和运用达到了新的高度。今天在中国或是在许多国家中，对商标的认识以及商标制度的建立，都是与一定的历史发展过程相联系的，认识历史就是为了更好地把握商标的本质属性，重视它的价值，建立和完善反映其本质特征的法律制度。

三、商标从产生到发展的过程，也是商标定义逐渐形成的过程。在发展中，商标的内涵不断丰富，采用的形式增加，但其本质特征不是一下子就显露出来，而是在实践中逐步为人们所认识。人们只应依据商标的特点去发挥它的作用，挖掘它的潜在价值，完善它的功能，并体现在法律制度中。比如，最初商标只是为了表明该商品的生产者，而后又发现它是市场竞争的重要手段；使用商标不仅是表明商品的来源，而且可以作为商品品质的象征；商标不仅是生产经营者对自己的商品所做的标记，而且还发展为一种自我救济手段，即在法律保护下，防止他人假冒自己名义生产销售商品。

第三节　商标的种类

我国《商标法》第三条规定："经商标局核准注册的商标为注册商标，包括商品商标、服务商标和集体商标、证明商标。"

伴随商品经济的发展，商标的使用范围不断扩大，种类不断丰富，除了《商标法》第三条中规定的商品商标、服务商标、集体商标和证明商标以及第五条规定的共有商标外，我们还可以从不同的角度，依据不同的标准从学理上对商标进行分类。

一、商品商标、服务商标

按照商标使用对象的不同，商标可划分为商品商标和服务商标。

1. 商品商标，是指使用于商品的商标。《商标注册用商品和服务国际分类尼斯协定》所附的《商品与服务分类表》（2017 年文本）将商品分为 34（1—34 类）个大类，几乎将所有的商品类别都包括在该表中，而所有使用于这些商品上的商标都称为商品商标。

2. 服务商标，是指使用于服务项目，用以区别服务业经营者所从事的同类服务项目的特点的显著标记。《商品和服务分类表》（2017 年文本）将服务分为 11

(35—45 类）大类，将服务商标纳入商标法调整范围，有利于服务行业的公平竞争，有利于服务行业的发展。

人们一般认为，商品商标与服务商标易于区分。但以下几种情形，商品商标和服务商标会出现冲突：

一是商品与服务本身构成类似。当商品和服务之间在功能、用途、销售渠道、服务对象等方面存在特定联系，容易使相关公众混淆的，可以认定商品和服务构成类似。此时，如果服务商标权利人在店招、装潢等使用自己的服务商标便可能会导致相关公众认为其与商品商标的权利人之间存在某种关联关系，进而可能构成在类似商品上使用与其注册商标相同或近似商标的侵权行为。

二是商品与服务提供行为所产生的产品构成相同或类似。服务的本质是经营者智力、体力的输出，大部分服务表现为单纯的劳务提供行为或过程，并不会产生相应的产品或物品，但也有些服务除了表现为劳务提供行为，还会产生相应的产品，例如餐饮服务提供者提供的服务不仅表现为餐饮制作的过程，更重要的是要产生供人消费的食品或饮品。此时，服务提供行为的结果就有可能与商品商标核定使用的商品构成相同或类似商品。

三是商品与服务用具、容器等构成相同或类似。经营者在提供服务过程中必然会涉及服务的用具、容器等物品，如果他人恰好在这些物品上注册了相同或类似的商标，此时经营者在服务用具上使用自己的服务商标便可能与他人在相同或类似商品上注册的商品商标产生冲突。

二、文字商标、图形商标、字母商标、数字商标、三维标志商标、颜色组合商标、声音商标和非形象商标

按照商标的构成要素分类，商标分为文字商标、图形商标、字母商标、数字商标、三维标志商标、颜色组合商标、声音商标和非形象商标。

文字商标，是指只用文字构成的商标，如“海鸥”“张小泉”“黑妹”等。文字商标既可以以汉字为主，也可以是外国文字和少数民族文字；文字商标中的汉字可以任意选用楷、草、隶、篆、行书和艺术字体，文字商标中的外国文字亦不论为何种文字，皆可，只需以一般人标准能识别其为文字者为限。文字商标的内容十分广泛，既可是表示一定意义者，也可是不具备任何特定意义的文字，仅是商标权人自创的词句。文字商标的特点是比较简明，便于称谓，有的词表示一定的含义，可以使商品购买者产生亲近之感。文字商标也有其不足之处，就是受到

民族、地域的限制。比如汉字商标在国外就不便于识别。同样，外文商标在我国也不便于识别。还有少数民族文字，也受着一定地域所限。

图形商标，是指以平面图形构成的商标。图形商标又分为：（1）记号商标：是指用某种简单符号构成图案的商标；（2）几何图形商标：是以较抽象的图形构成的商标，例如日本三菱电器的商标图案就是由三个菱形符号构成，德国奔驰汽车的商标就是由一个圆环内套一个星形构成；（3）自然图形商标：是以人物、动植物、自然风景等自然的物象为对象所构成的图形商标，有的以实物照片，有的则是经过加工提炼、概括与夸张等手法进行处理的自然图形所构成的商标。图形商标的优点在于比较直观，形象鲜明，艺术性强，并富有感染力，易于记忆，另外，它不受语言的限制，不论哪个国家的人一般都懂得图形的含义。从历史上看，图形商标比文字商标出现得早，但是由于其具有不易称呼、设计困难等缺陷，纯粹的图形商标越来越少了。

字母商标，是指用拼音文字或注音符号的最小书写单位，包括拼音文字、外文字母如英文字母、拉丁字母等所构成的商标。由于字母数量有限，字母商标的注册一直受到严格的限制。

数字商标，是指用阿拉伯数字、罗马数字或者是中文大写数字所构成的商标。其特点是不落俗套，别具一格，也逐渐被一些人所认识，同样可以收到较好的效果。如“555”“101”“999”，等等。

三维标志商标又称立体商标，是指以商品外形或商品的实体包装作为商标。它与我们通常所见的表现在一个平面上的商标图案不同，而是以一个具有长、宽、高三种度量的立体物质形态出现，这种形态可能出现在商品的外形上，也可以表现在商品的容器以及与商品本身密切联系的装潢或其他地方。例如美国的可口可乐公司就将其饮料瓶作为商标注册。但并不是所有的三维标志都可以作为商标注册。《商标法》第十二条规定：“以三维标志申请注册商标的，仅由商品自身的性质产生的形状、为获得技术效果而须有的商品形状或者使商品具有实质性价值的形状、不得作为商标注册。”由此可得出，以下三种三维标志的形状不能作为商标注册：（1）仅由商品自身的性质产生的形状，如书本形状、通用的灯泡形状等；（2）为获得技术效果而须有的商品形状或者使商品具有实质性价值的形状、如剃须刀的形状、切菜刀的形状等；（3）使商品具有实质性价值的形状，如轮胎的形状等。

颜色组合商标，是指由两种或两种以上的色彩排列、组合而成的商标。文字、图案加彩色所构成的商标，不属颜色组合商标，只是一般的组合商标。

组合商标，是指由文字、图形等两种或两种以上成分相结合构成的商标，也称复合商标。如三角牌电饭锅的商标以及海尔牌电冰箱的商标等。组合商标文图并茂，形象生动，惹人注目又便于称呼，具备文字商标和图形商标所长，又克服两者的弊端，所以在我国及其他国家使用极为广泛。

声音商标，属于新型商标，是指由能够区别商品或服务来源的声音构成的商标。声音商标可以由音乐性质的声音构成，比如一支乐曲；可以由非音乐性质的声音构成，比如自然界的声音、人或动物的声音；也可以由音乐性质与非音乐性质兼有的声音构成。“中国国际广播电台广播节目开始曲”是我国经核准注册的首个声音商标。

非形象商标，在我国是指以“气味”“灯光色彩”“电子数据传输标记”等申请商标注册，这种商标在少数国家已经出现，但其不具有可视性或稳定性，在核准注册时有许多监测技术问题及审查原则都未解决，所以至今尚无有关的法律规定，也无注册的先例，我国《商标法》除声音商标外，也没有关于其他非形象商标的法律规定。

三、制造商标、销售商标、集体商标

按照商标使用者的不同情况划分为制造商标、销售商标、集体商标。

制造商标，又称生产商标，它是明确表明商品的生产、制造和加工者的一种商标。例如海尔电器公司的“海尔”商标、飞利浦电器公司的“飞利浦”商标。制造商标不仅可以把不同的生产厂家区分出来，而且还可以同销售商共享利益。因为如果在商品上不使用制造商标，而仅有销售商的销售标记，就会使生产者逐渐被人忽略淡忘，而只能听任销售商的摆布，从而使销售商独得其利，因此，生产商使用“制造商标”是十分必要的。

销售商标，又称商业商标，是销售商销售商品时使用的商标。例如山东银座商城股份有限公司的“银座”商标，国美电器（GOME）的“国美”商标。销售商标是为了宣传销售者自身的商标，通常是在制造商实力薄弱或销售商实力雄厚、享有盛誉的时候使用。销售商标仍然是以质量取胜，只有销售的商品质量过关、性能优良才会使销售商赢得信誉。

集体商标，依我国《商标法》第三条的规定，是指以团体、协会或者其他组织名义注册，供该组织成员在商事活动中使用，以表明使用者在该组织中的成员资格的标志。集体商标由集体组织注册，但商标注册人自己并不使用该商标，而是由集团组织的各个成员按规定的条件和手续使用该商标。集体商标使用的目的在于向公众表明商品具有某种质量特征和统一集团商品的某种特定的共同特征。集体商标的使用避免了集体组织内部成员共同商标也应签订商标许可使用合同的麻烦，利于建立集团信誉，创造规模经济效益和社会效益。

四、营业商标、等级商标、证明商标

按照商标的用途和作用分类，可分为营业商标、等级商标、证明商标。

营业商标是指以生产或经营企业的名称或标记作为商标。例如“狗不理”包子铺、“同仁堂”药店、“盛锡福”帽店都是以企业的名称作为商标。这样的商标优点在于与厂名、店名相统一，容易识别，便于记忆。但是，一般是在企业名称简单、明快、容易呼叫的情况下可为采用，大多数局限于有悠久历史和传统的企业。

等级商标是指同一企业在同一类商品上因不同规格、质量而使用的系列商标，目的在于区分开不同规格、质量、等级的同类商品，使购买者可根据自己的经济条件、使用目的和使用习惯来购买适合自己的商品，也使生产者能够确保不同等级商品的质量，创造名牌。如瑞士表，“劳力士”牌、“欧米茄”牌为一级表，“浪琴”牌为二级表，“梅花”牌为三级表，“英纳格”牌为四级表。青岛同泰橡胶厂生产的轮胎，因规格不同，分别使用“骆驼”“金鹿”“工农”等商标。

证明商标依我国《商标法》第三条的规定，是指由对某种商品或者服务具有监督能力的组织所控制，而由该组织以外的单位或者个人使用其商品或者服务，用以证明该商品或者服务的原产地、原料、制造方法、质量或者其他特定品质的标志。证明商标注册人虽然享有商标权，但自己并不使用该商标，而是由商标注册人以外的人经过认证，认为其商品或服务符合证明商标使用章程规定的条件而使用该证明商标。证明商标注册人应对商品或服务的特定品质具有检测和监督能力，其应对使用人经过监测的质量内容负责。证明商标的使用可以促进商品质量的提高，加强商品的竞争能力，保护消费者利益。例如纯羊毛标志：“WOOL”，是国际羊毛局管理的标志，凡是经过国际羊毛局认证符合纯羊毛标准的商品都可以使用，我国已经使用的证明商标还有“绿色食品”“安全认证标志”等，为保障消费者的利益，注册机关必须对使用证明商标的商品严格进行质量控制和监督。

五、联合商标、防御商标

按商标功能不同，商标还可分出联合商标和防御商标等防卫性商标。防卫性商标的注册不以使用为目的，而是扩大商标权人的禁用权，以防止他人对自己的核心商标构成威胁或者造成损害。

联合商标，是指在相同或同类商品上申请注册的两个或两个以上的近似商标。其中一个指明为正商标，其余的近似商标则是为了防止他人假冒正商标。例如某一企业将“娃哈哈”牌作为注册正商标，而可将“哈娃娃”“娃娃哈”等商标申请注册为联合商标。

防御商标，是指注册商标权人为防止他人在该注册商标核定使用的商品或者类似商品以外使用相同的商标，而在其他商品上也申请注册相同商标。此多用于驰名商标的场合。

六、注册商标与非注册商标

由于我国实行商标自愿注册原则和注册取得商标权原则，根据是否经申请并由商标局核准注册，可将在我国使用的商标分为两大类：注册商标和非注册商标。

我国《商标法》第四条规定：“自然人、法人或者其他组织在生产经营活动中，对其商品或者服务需要取得商标专用权的，应当向商标局申请商标注册。”

一般来说，注册商标与非注册商标都可以使用，但两者有很大区别。

1. 表现形式不同。使用注册商标应当标明“注册商标”字样或者标明注册标记。未注册商标则不能标注。

2. 权利与义务不同。《商标法》规定，经商标局核准注册的商标为注册商标，商标注册人享有商标专用权，受法律保护。为此商标所有人一经将其商标注册，便有权制止他人在同一种商品或类似商品上使用与其注册商标相同或近似的商标。其权利可以依法通过国家工商行政管理部门或者法院得以救济，而未注册商标所有人则不享有这种权利。相反，《商标法》除了要求未注册商标所有人承担与注册商标所有人相同的义务之外，还对未注册商标作了禁止性规定。《商标法》第五十二条规定：“将未注册商标冒充注册商标使用的，或者使用未注册商标违反本法第十条规定的，由地方工商行政管理部门予以制止，限期改正，并可以予以通报，违法经营额五万元以上的，可以处违法经营额百分之二十以下的罚款，没有违法经营额或者违法经营额不足五万元的，可以处一万元以下的罚款。”

3. 价值不同。众所周知，商标属于无形资产的范畴，既然属于资产，就应当具有价值。商标的价值可以通过许多方面体现出来。例如，商标的知名度、信誉、市场占有份额、商品的利润率等，在这些方面，可以认为注册商标与非注册商标的价值体现基本是一致的。但是在下列方面，它们的价值量就体现得完全不同了。

（1）商标局只接受注册商标的转让备案和许可备案；

（2）海关总署只接受注册商标的海关备案；

（3）工商行政管理部门只接受注册商标作为动产抵押物予以登记；

（4）银行等金融机构只接受注册商标作为抵押物予以贷款。

而非注册商标则不能享有这些权利，可以说，非注册商标在这些方面无价值可言。

七、共有商标和非共有商标

按照商标权利主体数量的不同还可以分为共有商标和非共有商标。我国《商标法》第五条规定：“两个以上的自然人、法人或者其他组织可以共同向商标局申请注册同一商标，共同享有和行使该商标专用权。”

根据《商标法》的相关规定，商标权共有的重要特征是其权利主体的多数性、权利确定的法定性和权利行使的特殊性。

1. 权利主体的多数性。共有商标权的主体是两个以上的自然人、法人或者其他组织，基于共同注册、共同受让或者其他法定事由而拥有对同一商标的专有使用权。该特征是相对于非共有而言，并不能将之区别于其他共有关系。

2. 权利确定的法定性。共有商标权是数个主体对同一商标的权利共有，需要在法定的机构登记，因为商标起到界定不同商品或者服务来源的作用，其权利的取得、许可、转让等都要经过法定的程序，所享有的期限亦有法律规定。

3. 权利行使的特殊性。共有商标权的权利客体是商标，而非有形的物体，这会导致权利行使的特殊性。

共有人自己使用商标的规则——各共有人可共同使用，也可单独直接使用，单独使用不能侵害其他共有权人的合法利益。商标权的基本权利主要是专有使用权，当然除此之外尚有许可权、转让权、禁止权。通俗地说，商标权的主体行使其权利的最为主要的方式是直接使用该商标。

许可第三方使用的规则——共有人一致同意。许可第三方使用共有商标或者对共有商标设定质权，须取得共有人的一致同意。因为任何一方的许可都会对其他共有方带来巨大的影响。

共有商标维权规则——各共有人都有权利维权。各共有人均具有单独或者共同或者部分共同排除他人使用相同或者相近的商标于相同或者相类似的商品或者服务上的权利。当共有的商标被侵权时，共有的任何一方，都可以提出停止侵权行为、排除妨碍及财产保全、赔偿损失等请求，而无须全体共有人一致同意。

共有商标的转让规则——全体共有人一致同意。目前相关法律并没有具体规定商标权的共有种类，学者对此争议较大，通说认为商标共有属于共同共有。

对有共同共有的性质，学术上存在着以下不同的见解：有不分割的所有权说、人身权说、结合的共有权说，在我国大多数学者是赞同“不分割的所有权说”的，他们认为，共同共有关系一般是基于法律直接规定的身份关系，或合同所约定的共同关系而建立的，通常是由特殊的人身关系和共同的目的而维系的，对于法定的共同关系当然无法转让，而约定的共同关系也不能随意加以解除。如果共有人之间通过合同明确约定在一定期限内不得分割共有财产时，各共有人都应当依合同约定，不得随时请求分割共有财产。共有人的这种义务是为了约束共有人保持共有财产的完整性和统一性而设立的。因而，在共同共有中是没有应有部分的所有权的，即使有应有部分，其应有部分也是潜在的。因为在共同共有关系存续期间，共有人不能够按照份额分享其所有权，所以在共同共有关系被解除以前，共有人都不能向非共有人转让自己的共有份额，这样也就不存在各共有人处分其应有份额的情况了。

共同共有中共有人对整个共有物进行处分时的内部关系虽然共有权利人对共有财产享有的所有权是不完全的，但各共有人因自己的不完全财产所获得的却是对整个共有物的完全权利。“共有人依其应有部分，并非仅对共有物按应有部分比例计算的一定部分有用益权，而是对于共有物的全部有使用收益权。”这种权利触及每个共同共有人，所以每个共同共有人都必须尊重该规则。基于此，对于共同共有财产的处分，均须经全体的同意才合法有效。最高人民法院《关于贯彻执行〈中华人民共和国民法通则〉若干问题的意见》第九十五条规定：“共同共有人对共有财产享有共同的权利，承担共同的义务。在共同共有关系存续期间，部分共有人擅自处分共有财产的，一般认定无效。其他共有人明知而未提出异议的，可以认定有效。”

综上，我们可以确立在对共有商标进行处分时，共有人内部关系为：在共同共有中不存在共有人处分其自有的共有份额的情况，共有人也并没有自由处分全部共有商标的权利。对于共有商标的处分，必须依全体共有人共同的意思表示而进行，任何共有人都不能擅自加以处分。只有根据法律规定或依据共有人之间的协议可以由某个共有人代表或代理全体共有人处分共有商标的除外。如果共有人单独对共有商标处分，其他共有人明知或者应当明知却不提出异议的，也被视为对于处分行为的默示同意。

共有商标的放弃规则——无限制。部分共有商标权人放弃其商标权的，其放弃部分由其他共有商标权人共同享有。共有商标权人都放弃共有商标权的，该商标权消灭。

第四节　商标的功能

随着经济社会不断发展，商标的重要性日益凸显。商标有哪些功能呢？通常的观点认为，商标具有识别功能、商誉承载功能、广告宣传功能及投资功能。

一、识别功能

商标标明商品来源的识别功能是商标首要的、固有的、基本的功能。主要表现在两个方面：一是标明商品来源功能；二是商品区分功能。

所谓标明商品来源功能是指商标所具有的确定产品或者服务的来源、出处的作用和能力。

随着工业生产的发展，商品生产者需要通过交易商销售自己的产品，生产者与消费者之间的直接联系为交易商所阻断，商品生产者通过商标向消费者展示是自己而不是他人生产了特定商品，商标的首要功能就产生了。为了禁止对商标的混淆使用，保护特定商品与商标之间准确来源之间的联系，商标法首先对商标的标明商品来源功能进行了确认并加以保护。

现代商品经济社会高度发达，商品种类繁多，数量不计其数，商品生产者与消费者之间的中间环节越来越多，再加上生产方式的变化，消费者通过商标来识别商品生产者的成本越来越高，对消费者来说，商标最重要的作用就是帮助他们辨别、选择自己需要的产品，这就是商标的商品的区分功能。此时，商标的基本功能就是表明使用该商标的商品具有唯一的来源，并向消费者保证这些商品符合一定的质量标准，或者在贴牌生产情况下的商品质量也由商标所有人控制。例如

"苹果"表明该手机是由苹果公司或者其许可的企业生产，其产品的品质由苹果公司控制，"苹果"手机的品质是一贯如一的。

二、商誉承载功能

商标是商品信誉的载体，而商品信誉则取决于商品质量，所以对于购买者来说，某一商品的商标就代表着某种程度的品质和功能，即商标就成为一定质量的象征，就成为贴有同样商标的相同商品的价值和质量的一种信用担保。对于生产经营者来说，如果想维护和提高商标的信誉，就必须保持和提高商品质量，对于购买者来说，如果其所选购的某一品牌的商品不具有其所表明的商品质量，也可以追踪商品的生产经营者要求其对产品质量负责。

三、广告宣传功能

任何商品之生产销售，其目的无非是出售给他人，而欲使购买者熟悉了解并购买其商品，则必须借助广告宣传的媒体作用，广告宣传则必须借助于商标。商标是一种最卓越的广告宣传方式，一方面，通过顾客使用某一商标的商品，使其对该商品的品质性能留下满意印象，进而对该商品的商标印象深刻，从而使该商标在公众中树立良好形象，反过来提高商品的知名度和市场竞争能力。另一方面，借助商标的广告宣传，使商标成为厂家和购买者之间的重要媒介，从而引导消费和刺激消费，并为生产经营者带来经济效益和社会效益。今日社会，广告宣传往往成为工商企业营运成败的关键所在，商标的广告宣传功能也随之越来越显著，商标成为创新产品开发市场的先锋。

四、投资功能

商标投资功能是指商标权人已经将时间、精力和金钱用于商标，商标局有了独立于商品和服务的价值，商标法不仅仅只关注商标本身的价值，而且应该关注商标权人的付出而在商标中凝结的商誉。商标投资功能的保护，实质上就是保护因投资而在商标中凝结的商誉。典型如驰名商标的反淡化保护，驰名商标的淡化理论仅仅关注商标名声是否受到损害，而不再关注商品或者服务，也不论消费者是否产生混淆。

第二十一章　商标权

第一节　商标权的概述

一、商标权的含义

商标权是指商标所有人在一定地域范围内，依法直接支配特定商标，并排除他人非法干涉的知识产权。商标权是一种排他性支配权，具有物权属性。商标权的内容包括：商标使用权、商标禁用权、商标转让权、商标许可使用权、商标续展权等。

二、商标权的特征

商标权作为一种知识财产权，它是绝对权。但这并不意味着在任何时候，在任何地方，对任何人都有法律效力。商标权既具有知识产权的共有特征，又与其他知识产权在内容上有所不同，其法律特征主要有以下几个方面：

1. 商标权是财产权。著作权、专利权等知识产权都具有人身权和财产权双重内容，而商标权只具有财产内容，不具有人身内容。

2. 商标权的专有性是绝对的。商标权的专利性又称独占性或垄断性，是指商标权人对其注册商标享有使用的权利。商标权人凭借这种垄断权实现自己的经济利益，可以说专有性是商标权最根本的属性。

3. 商标权是一种扩张的禁止权。商标具有“禁大于行”的特点。他人违反诚信原则，搭便车（包括干扰、割裂、淡化）等行为，对于他人侵害商标权的行为，商标权人有权加以禁止。

4. 商标权的法定时间性是相对的。法定时间性是指商标权的有效期限，注册商标只在规定的期限内有效，超过规定期限，又未办理续展手续的，商标权自行消灭。

这一特征主要体现在：其一，采用使用取得商标权制度的国家，对商标权没有规定有效期，只要其继续使用，权利就不会消灭。其二，采用注册取得商标权制度的国家，虽然规定了注册商标的期限，但都允许通过申请续展，使之长期有效。

5. 商标权具有严格的地域性。商标注册人所享有的商标权一般只能在授予该项权利的国家领域内受到保护，在其他国家则不发生法律效力。

6. 商标权是一种特殊的民事权利，是一种涉及公共利益的私权。商标权一方面保护商标权人的私权，另一方面也保护消费者的合法权益。

商标权作为法律所确认的一种权利，是由法律设定、为法律所保护并存在于一定法律关系之中。因此，要准确理解商标权必须了解构成商标权的主体、客体及内容。

三、商标权的主体

商标权的主体是指注册商标的所有人，即权利主体。我国《商标法》第四条规定："自然人、法人或者其他组织在生产经营活动中，对其商品或者服务需要取得商标专用权的，应当向商标局申请商标注册。"据此可见，我国商标权的主体是非常广泛的，自然人、法人或者其他组织均可以成为商标权的主体。

四、商标权的客体

关于何为商标权的客体，学界有争议。目前主要有两种学说：商标说和商誉说。商标说认为商标权的客体是商标，包括注册商标和非注册商标。商誉说认为商标所承载的商誉才是商标权的客体。

在介绍商标概念时，我们认为商标反映和承载了商品或者服务的信息，包括了来源信息、种类信息、品质信息、商誉信息和广告信息等。商誉信息仅仅是商品或者服务信息中的一种，是商标承载信息的一部分。商誉说将商标视为一种孤立的符号，因缺乏对商标本质的全面认识而缺乏科学性和合理性。因此我们认为商标权的客体是商标。

有学者认为，我国商标权取得采用注册原则，在我国商标权的客体是指经商标局核准注册的注册商标。未经核准注册的商标尽管已由生产经营、服务提供者使用，但不能成为商标权的客体。这种观点是片面的。事实上，在我国，除了注册商标可以取得商标权之外，我国《商标法》第十三条对未在中国注册的驰名商标给予法律保护；第三十二条对有一定影响的未注册商标受《商标法》保护。

五、商标权的内容

商标权的内容，是指权利主体依法享有的权利和义务主体应承担的义务。

商标权（我国《商标法》称“商标专用权”）是一种无形财产权。因为商标的价值来源于商标在核准的商品或服务项目上使用，并用以区别其他的相同或者类似的商品或服务，从而具有显著性特征。法律所保护的是商标在有关的商品或服务贸易中的交换价值和使用价值，而不是有形的商品商标、服务商标的本身。所以，商标权虽属于财产权之一种，但在性质、权利范围等方面，与有形财产权（如机器、房屋、土地等财产物）均有很大区别。

商标权的权利内容，既包括法律赋予商标所有人以专有使用商标的积极权利，也包括商标所有人禁止（排除）第三者侵犯商标专用的消极权利。其中，商标专有使用商标的积极权利是核心，至于商标的转让、许可使用等项权利，均由专有使用权衍生而来。

（一）专用权

商标专用权，是指商标权所有人对其注册商标依法享有的使用权。它具有独占性，是一种支配权。就是说，商标经注册后，只有该商标权人才有权在核准的商品（或服务项目）上使用该商标，他可以独占使用其注册商标，也可以依法定程序和方式许可他人使用。

注册商标专用权的范围，“以核准注册的商标和核定使用的商品为限”。商标权人行使商标专用权，必须严格限定在上述范围以内。唯其如此，商标专用权才能受到法律保护。

商标专用权又可以细分为以下四项权能：

1. 商标专有使用权

商标专有使用权是指商标权人获得专有使用其商标的有排他性的法律权利。

商标权人对其注册商标具有完全独占使用的权利，有权将注册商标使用在注册时所核准的商品上，有权使用注册商标进行广告宣传。但注册商标的独占使用亦是有限制的，一方面，注册商标只能在授予该项权利的国家领域内独占使用，在非注册国家无法律约束力。另一方面，商标的独占使用必须依法而行，如注册商标只能在注册时所核定的商品上独占使用，而不能擅自扩大使用范围。

2. 商标转让权

商标转让权是指商标注册人将其商标权依照法律规定交给他人所有的权利。

商标转让权是商标权的一项重要内容，是商标权这一集合权利不可分割的一部分，但商标转让权是一项附带的从属的权利，是从专有使用权派生出来的一项权利，商标权人可以行使，也可以不行使这一权利。在商标转让行为中，原商标权人是转让人，接受商标权人是受让人，转让人将商标权转移给受让人以后，其商标权也就随之消失，而受让人同时取得商标权，可见，商标权转让乃是商标权主体的更换。商标作为商品的标记，具有表彰商品来源和品质的功能，因而商标权在性质上与其他财产权不尽相同，如果允许商标权得以任意转让，则可能产生许多弊端，为保护消费者的合法权益，维持正常的经济秩序，商标权的转让必须经商标主管机关核准注册，方为合法。

3. 商标的许可使用权

商标许可使用权是指商标权人允许他人使用其注册商标的权利，即商标权人在一定条件下，可将其注册商标准予他人使用于同一商品或同类商品之上。商标许可使用不同于商标转让，商标转让是商标权人将其注册商标让与他人，自己对该商标不再享有任何权利，而商标许可使用是商标权人将注册商标的使用权转让给他人，但自己仍然对该商标享有商标权，可见，商标许可使用权实际上乃是商标专用权的一种扩张。

商标许可他人使用，乃是商品经济社会发展的必然现象，工商业者对外投资、技术合作等，其商品必须使用其已享有盛誉的商标，才能够开拓并保持其市场，故授权许可他人使用商标不得不因之而发生，以适应社会发展的需要。但商标的基本功能乃是表明商品的来源与商品的品质，为保障消费者利益，我国《商标法》第四十条规定："商标注册人可以通过签订商标使用许可合同，许可他人使用其注册商标。许可人应当监督被许可人使用其注册商标的商品质量。被许可人应当保证使用该注册商标的商品质量，经许可使用他人注册商标的，必须在使用该注册商标的商品上标明被许可人的名称和商品产地。"

4. 商标续展权

商标续展权是注册商标权人向商标管理机关申请延长注册商标有效期的权利。商标经核准注册后，申请人对该商标享有商标权，但是商标权是有一定期限的，我国《商标法》第三十七条规定："注册商标有效期限为10年，自核准注册之日起计算。"商标权保护期满后，商标权人可依自己的意愿决定是否行使商标续展权，即其可自行决定是否保留商标权。我国《商标法》第四十条规定：“注册商标有效期满，需要继续使用的，应当在期满前十二个月内申请续展注册；在此期间未能提出申请的，可以给予六个月的宽展期，宽展期仍未提出申请的，注销其注册商标。每次续展注册的有效期为十年。续展注册经核准后，予以公告。”由此可见，商标权人如果在法定期限内申请续展并获得批准，则商标权得以延续，商标权续展可以无限制地重复，注册商标权因而也可以无限地延续。反之，如果商标权人未能在期满前办理续展手续，商标局则于注册商标有效期满及宽展期满后注销该注册商标，商标权自商标局公告注销之日起即终止。

商标保护期间的续展乃是商标权期间的变动，但是其性质究竟为商标权之延长抑或是商标权之更新，学界却颇有争论，如若是商标权之延长，即凡属基于该商标所生之一切法律关系，均应概括地随之而延长；倘若为商标权之更新，则基于该商标专用权而发生之其他法律关系，即未必随权利期间之续展而更新。“因为申请续展注册时，不需申请指定商品，附送的商品图样也与申请注册时附送的商标图样相同，有的国家的商标法对申请续展注册甚至不要求附送商标图样。”所以一般都同意前一种看法。

（二）禁止权

禁止权，是注册商标所有人有权禁止任何人未经其许可，在同一种商品或者类似商品上使用与其注册商标相同或者近似的商标；有权禁止他人销售明知是假冒注册商标的商品；有权禁止他人伪造、擅自制造其注册商标标识，或者销售伪造、擅自制造的注册商标标识；有权禁止他人损害商标专用权的其他侵权行为。对于上述侵犯商标专用权的违法行为，商标权所有人有权请示有关工商行政管理部门或者诉请人民法院，追究侵权人的行政责任、民事责任，直至刑事责任。

专用权和禁止权正反两方面的结合，构成注册商标权完整的权利内容。

第二节　商标权的取得

一、商标权的取得

商标权的取得又可称作商标权的产生。就商标权主体立场而言，乃是指商标权与其主体之结合。商标权的取得可分为两种情形：

1. 商标权的原始取得

商标权的原始取得，分两种情况：

一种是因使用而取得商标权，一种是因申请注册而取得即商标注册申请人自己创设一商标，经向商标主管机关申请并核准登记，注册商标申请人由此而获得商标权。因使用和因注册取得商标权，都是由创设而来，而不是基于他人既存之权利而来，因而称为原始取得。

2. 商标权继受取得

商标权继受取得，即商标权人之商标权乃是基于他人既存之商标权而取得的，以此种方式取得商标权并非创设新权利，因而此种商标权之范围、内容及性质等，皆是以原有商标权为准，即倘若原有之商标权存在瑕疵，则其继受取得权利人或传来取得权利人自不能不受其限制。

商标权的继受取得又包括如下两种情况：

（1）转让取得

根据合同转让取得，即依我国《商标法》第四十二条规定，转让注册商标的，转让人和受让人应当签订转让协议，并共同向商标局提出申请。受让人应当保证使用该注册商标的商品质量。转让注册商标的，商标注册人对其在同一种商品上注册的近似的商标，或者在类似商品上注册的相同或者近似的商标，应当一并转让。对容易导致混淆或者有其他不良影响的转让，商标局不予核准，书面通知申请人并说明理由。转让注册商标经核准后，商标局予以公告。受让人自公告之日起享有商标专用权。

（2）继承取得

商标作为一种具有经济价值的无形财产，可以成为继承权的客体，在商标权人死亡之后，其继承人可以依法继承商标权。

二、商标权的期限

商标权的期限是指商标权人享有商标权，即注册商标受法律保护的有效时日。各国对商标权的有效期规定各不相同，我国《商标法》第三十九条规定："注册商标的有效期为十年，自核准注册之日起计算。"

我国《商标法》第四十条规定："注册商标有效期满，需要继续使用的，商标注册人应当在期满前十二个月内按照规定办理续展手续；在此期间未能办理的，可以给予六个月的宽展期。每次续展注册的有效期为十年，自该商标上一届有效期满次日起计算。期满未办理续展手续的，注销其注册商标。商标局应当对续展注册的商标予以公告。”商标权人只要在法定期限届满之日前或注册商标续展的宽展期前到商标主管部门办理注册商标续展手续，经核准后商标权的有效期就可以延续，每次续展注册的有效期为十年，因续展没有次数限制，商标权的保护期也可以因续展而得到无限地延续。

第三节 商标权的终止

商标权的终止是指注册商标权人由于法律规定的原因导致商标权的丧失，不受法律的保护。依我国《商标法》的规定，商标权的终止大致有如下几种情形：

第一，因注册商标法定有效期届满又未进行续展，导致商标权终止。

我国《商标法》规定，注册商标的有效期为10年，商标权人应当在期满前12个月申请续展注册，在此期间未能提出申请的可以给予6个月的宽展期。期满未办理续展手续的，注销其注册商标，商标权人自公告注销之日起丧失商标权。

第二，因商标权人申请注销注册商标，导致商标权提前终止。

这种情况通常是由商标权人自动申请注销注册商标，经商标局审核同意后，商标权即终止。但是，商标权人自动申请注销商标时，如果此商标已许可他人使用，应该在取得他人的同意之后方可自动申请注销该商标。

第三，因注册商标不当注册被商标局依职权，商标评审委员会依任何人或者在先权利人、利害关系人的申请而宣告无效导致商标权自始无效。

我国《商标法》第四十四条规定因绝对理由宣告注册商标无效的情形；第四十五条规定了因相对理由宣告注册商标无效的情形。

第四，因注册商标违法使用或者不当使用，而被商标局依职权或者以任何人之申请撤销注册商标而导致商标权自被撤销之日终止。

所谓违法使用的情形见《商标法》第四十九条第一款的规定：“商标注册人在使用注册商标的过程中，自行改变注册商标、注册人名义、地址或者其他注册事项的，由地方工商行政管理部门责令限期改正；期满不改正的，由商标局撤销其注册商标。”

所谓不当使用的情形见《商标法》第四十九条第二款的规定：“注册商标成为其核定使用的商品的通用名称或者没有正当理由连续三年不使用的，任何单位或者个人可以向商标局申请撤销该注册商标。商标局应当自收到申请之日起九个月内做出决定。有特殊情况需要延长的，经国务院工商行政管理部门批准，可以延长三个月。”

对违法使用注册商标的行为进行监管和处罚的主体是地方工商行政管理部门，商标局只负责授权和撤销。

第四节　商标权的限制

一般来说，商标只是一种识别性符号而已，因而对其权利加以限制的可能性比较小。但是任何权利都可能会与其他权利发生冲突，发生冲突时必然涉及权利的限制。对商标权的限制体现在以下几个方面：

一、非商业性利用

商标的非商业性使用主要发生在新闻报道及评论当中，例如在《大腕》中的可笑可乐、爱岛 VCD 等等。

在美国有一个不成文的传统，即认为幽默本身不能被禁止，不论商标所有人是否愿意，这主要是针对戏仿而言的，因为公众完全有能力分辨哪些是原作，哪些是滑稽模仿的结果。在这方面最有名气的一个案例是 1991 年判决的 Eveready Battery Co. Inc. 诉 Adolph Coors Co. 一案，原告的竞争对手 Duracell 电池公司最初曾推出过一则广告，广告中有许多敲小鼓的兔子，随着时间的推移，一个又一个的小兔慢慢停下来了，但使用 Duracell 的小兔还在继续敲。作为回敬，原告公司推出了另一则广告，广告中的 Energizer（劲量）电池办成一只身穿游泳裤，头戴太阳镜敲鼓的小兔，它宣称，不要被广告中一些公司的兔子超过别的公司所蒙蔽，因为真实情况是，它们根本不敢邀请劲量小兔参加它们的加时赛，“因为‘劲量’无人可比，它们将一直敲下去（They keep going and going and going）”，后来原告又进一步对劲量小兔广告进行了加工和完善，并成为美国最受欢迎的广告之一。

当然，合理与损害只有一步之遥，一些滑稽模仿，如果掌握不好火候，尤其是同黄色或毒品相联系时，就非常容易演变成对著名商标的侵害。Enjoy Cocaine 就是对 Enjoy Coca Cola 的滑稽模仿，但因为直接与毒品相联系，构成了侵权。“哪里有生活，哪里就有百威（Bud）”，被一家制造杀虫剂公司稍加改造就成为“哪里有生活，哪里就有臭虫（Bug）”，被认为是一种侵权。法院指出，被告有权传达某种信息，但不能使用原告的商标来传达这种信息。何况被告并非只有使用原告的商标才能达到这种目的。

二、商标权用尽

商标权用尽，是指商标所有人或者其本人同意将带有商标的产品投放市场后，对于任何人使用和销售该产品，商标权人无权禁止。商标用尽的意义在于保障商品正常流通，促进贸易的开展，如果没有这种限制，商标权人可能利用商标控制商品流通，分割市场，保持垄断地位或维持高价。

商标权用尽须以该商品未发生变化、未经过重新包装为前提。尤其是在商品在投放市场后商品质量有变化或损坏的，不适用前款规定。

三、合理使用

1. 叙述性使用

商标法允许叙述性词汇在获得“第二含义”的情况下注册，如何保障这些原属于共有领域中的词汇供其他人使用就成为一个重要的问题。原则上讲，如果他人只是在该词的普通的本义（第一含义）上进行叙述性使用，商标所有人就无权加以阻止。重庆啤酒，其他重庆啤酒厂商当然可以在其生产的啤酒上写明是在重庆生产的。《商标法实施条例》第四十九条规定：“注册商标中含有的本商品的通用名称、图形、型号，或者直接标示商品的质量、主要原理、功能、用途、重量、数量及其他特点或者含有地名，注册商标专用权人无权禁止他人正当使用。”另外国家工商总局在1999年《关于商标行政执法中的若干问题的意见》中还提到，善意地使用自己的名称或者地址的，不构成侵权。例如，江苏省工商局在检查过程中发现，江苏天宝药业有限公司在其“双歧天宝口服液”的产品包装上使用了“三株菌+中草药”等说明性文字，维持请示商标局是否构成对“三株”注册商标的侵权，商标局认为这种文字既不是商标，又不是商品名称，而是对该商品成分进行说明的文字，因此，不构成侵犯“三株”以及提醒注册商标专用权的行为。巴东县三峡旅行社在“旅游”等项目上注册了三峡、长江三峡、大三峡等商标，随后即与其他使用三峡、长江三峡、大三峡的旅游公司协商签订商标使用许可合同，但未获得成功，随即便以其他企业擅自在自己提供的服务工具以及标牌上使用长江三峡等字样为由，向当地工商局投诉三峡中国国际旅行社等22家旅游服务企业。工商局以企业名称中含有三峡地名不构成侵权为由，未予受理。

正因为存在这种合理使用，所以商标所有人应当特别注意，自己的商标本来是享有很强的专有性，因为自己的原因而成为人人可以进行叙述性使用的信息。以生产方便面为主的河北华龙食品集团有限公司，商标是华龙，1999 年华龙注册商标被认定为中国驰名商标，一些生产方便面的厂商想方设法地傍华龙这个“大腕”，但因为华龙本身并不是叙述性商标，其专有性非常强，其他人想傍也只是偷偷摸摸地进行。对外说是“与华龙一个村的”、是“华龙的联营厂”。但是由于决策方面的失误，他们想将华龙集团所在的生产基地称之为华龙食品城。他们认为以商标作为地名使用，如一则长效的免费广告，对提高其产品及其公司形象起到很好的作用。但是他们万万没有想到的是华龙食品城变成了其他 13 家方便面生产企业共用的经营地址，可以堂而皇之地在产品标准包装上使用华龙了。那些与华龙商标毫不相干的法人和自然人，都将名正言顺地成为“华龙镇”地名的使用人。将一条街改名为一个商标，其效果也是相同的。

2. 指示性使用

欧共体法院审理的 BMW 案中，原告 BMW 公司通过一个销售网络在荷兰经销它的汽车，这些特约经销商必须具有一定的专业水平以提供高质量的售前促销以及售后包修服务。被告 Deenik 先生有一个汽车修理厂，主要经营 BMW 的二手车并从事 BMW 汽车的修理和维护，但他不属于 BMW 的特约经销商。围绕 Deenik 先生是否有权在经营中使用“BMW 修理维护”的广告，以及是否尤其自称“BMW 专家”。该案一直上诉到荷兰最高法院，最高法院于是决定首先寻求欧共体法院的初裁意见。

欧共体法院从两个方面进行了分析，一是被告是否有权在经销二手车时使用原告的商标做广告。欧共体法院根据商标权用尽原则，认为专销商既然有权专销该商标所有人合法投放市场的商品，就应该有权使用该商标通过广告告诉公众该商品的继续流通，除非这一使用严重损害了商标的声誉。至于被告在诚实使用原告的商标过程中获得了利益和声誉这一事实本身，则并无不当之处。在二手车的经营过程中，如果不使用 BMW 商标，被告实际就不可能将他特别从事该商标汽车的销售和维修的事实传达给公众。

二是被告是否有权使用原告的商标只是服务的用途。正如一些非原厂生产的零配件需要指出它们可以匹配的产品，在本案中使用 BMW 的商标也是为了指示被告可以提供修理和维护 BMW 二手车的服务。如果禁止使用原告的商标，被告将无法向公众传达他有能力维修这一车型的信息。但无论是在哪一种情况下，他不得使人们认为他的经营与商标所有人有商业上的联系，尤其不得使人误认为他是商标所有人的特约经销商。这种错误的联系不仅与商品的自由流通无关，而且将使商标的价值下降。

国家工商总局曾于1995年专门下文通知指出，汽车零部件销售商店、汽车维修站点，为了说明本店经营汽车零部件品种及提供服务的范围，应直接使用叙述性文字，如“本店销售某某汽车零部件”“本店维修某某汽车”等字样，其字体应一致，不得突出其中的文字商标部分，也不得使用他人的图形商标或者单独使用他人的文字商标。否则客观上会使消费者误认为该店铺的经营者与商标注册人存在某种联系。未经商标注册人允许，擅自使用某某专卖、某某专营、某某专修等字样，使消费者认为该店与商标注册人存在某种商业上的紧密联系，从而使消费者对商品和服务来源发生误认，应承担相应的法律责任。

指示性使用不仅与汽车零部件有关，在一些消耗性产品上体现得尤其明显。例如打印机、复印机、传真机，它们需要将它们的产品有关的机型匹配的信息传达给消费者，而这就需要指示性地使用机械制造人的商标。

四、在先使用权

《商标法》第五十九条第三款明确规定了商标在先使用权制度。根据相关条文，商标在先使用权是指在商标注册人申请注册商标之前，未注册商标的在先使用人已经在同一种商品或者类似商品上先于商标注册人使用与注册商标相同或者近似并有一定影响的商标，在此种情况下，未注册商标的在先使用人有继续使用该商标的权利，注册商标专用权人无权禁止该未注册商标的在先使用人在原使用范围内继续使用该商标，但可以要求未注册商标使用人附加适当区别标识。

商标在先使用权的构成条件有：

（1）在他人注册商标的申请日之前，就已经有使用的事实

这是对使用人的使用时间的要求，如果不具备这一条件，就没有“在先使用”，也无法产生在先使用权，并以此作为侵害商标权的抗辩事由。需要注意的是，使用不仅限于现有使用人的使用，如果曾经发生过业务承继关系的，现有使用人作为承继人的使用当然可以作为本条件中的使用。被继承人先前的使用应当视为现有使用人的使用。换言之，在先使用商标的使用时间以该商标首次商业使用的时间为准。

（2）在先使用的商标与注册商标相同或者近似，且使用商品或服务相同或者类似

在通常情形下，如果在先使用的商标与注册商标在商标图样上不构成相同或者近似，或者使用商品不属于相同或者类似商品，则使用人当然有权继续使用甚至申请注册该商标。如果在先使用的商标与注册商标构成使用在相同或类似商品上的近似商标，依照我国《商标法》有关申请在先和注册原则的一般规定，则未注册商标不得继续使用，否则会构成对注册商标权的侵害。但法律应当维护诚信，而不应当禁止或者制裁正当使用行为，因此有必要在上述原则下创设例外之规定即商标在先使用权。

（3）在先使用人必须在其商品上连续使用该商标

所谓连续使用，就是指在先使用人在其商品上连续不中断地使用该商标。如果在先使用人在他人注册商标的申请日之前曾有使用事实，但无正当理由而中断使用的，不得继续使用该商标。理由在于：第一，商标在先使用权作为注册原则的例外，是为了保护在先使用人的利益，如果在先使用人的使用已经中断，其就该商标不再享有任何利益，自无保护的必要。第二，如果只是曾有使用事实，在先使用人在他人后仍可以重新使用，将会从根本上动摇商标注册制度，不利于保护商标注册人的利益。第三，在使用中断后允许重新使用，不利于维护正常的公平竞争关系和维护消费者的利益。所谓正当理由，是指非因使用人主观上的原因中断使用。若有正当理由中断使用的，不视为缺乏连续使用这一条件。如在先使用商标所使用的商品为季节性造成商标中止使用。

（4）在先使用必须出于善意

民法上的善意，通常是指非因自己的过失而不知情。日本旧《商标法》也规定在先使用人必须为善意，判例和一般观点将此理解为“无进行不正当竞争的恶意”，日本现行《商标法》采纳了这一观点，在立法用语的选择上以“非以不正当竞争为目的”取代了“善意”。英国有判例认为，善意是指被告的行为没有任何欺骗的意图，也没有任何借用他人已取得的良好信誉的意图。由于商标注册实行自愿原则，在提出商标注册申请之前，他人就可能已经实际使用商标。因此，在先使用人的善意，首先是指该使用人将某标记作为商标时非因自己的过失而不知道他人已经在相同或者类似商品上实际使用与该标记相同或者近似的商标。其次，由于注册以其核定使用的商品或者服务为限，当该注册商标构成时，在先使用人将与该商标相同或者近似的商标使用在非类似商品或者服务上，并产生误导公众

的后果，则该在先使用人的使用难谓“出于善意”。当注册商标的图样构成著作权法意义上的作品时，在先使用人将该图样作为商标使用于非类似商品或者服务上，除非在先使用人能够证明其对所使用的图样享有正当权利，否则也不能证明其使用是出于善意。

第二十二章　商标的申请注册

第一节　商标注册的原则

我国商标注册的相关原则有：

一、自愿注册与强制注册相结合原则

自愿注册，是指商标使用人是否申请商标注册取决于自己的意愿。

自愿注册原则是一种国际惯例，符合知识产权的私权属性。商标使用人是否要取得或者放弃商标权利，都是在行使自己的民事权利，不受他人非法干涉，也不应当受行政权力的不当约束。依自愿注册原则，商标无论注册与否均可使用，但注册商标和未注册商标的法律地位不同，法律保护程度不同。即使如此，商标使用人依自愿注册原则仍可以根据自身需要决定是否申请注册以及确定企业商标战略，如一些地产地销、试产试销的产品，短期经营的产品使用商标多不需要申请注册。而那些长期生产经销，质量稳定可靠，有市场潜力的商品使用的商标就应及时申请注册。

在实行自愿注册原则的同时，商标法对极少数商品仍保留了强制注册的办法。《商标法》第六条规定，国家规定必须使用注册商标的商品，必须申请商标注册，未经核准注册的，不得在市场销售。依此强制性规定，某些在市场上使用的商标必须注册，违反此项义务的，将产生相应的法律责任。目前，我国规定强制性注册的规定只有 1992 年 1 月 1 日 施行的《中华人民共和国烟草专卖法》第二十条，卷烟、雪茄烟和有包装的烟丝必须申请商标注册，未经核准注册的，不得生产、销售。

二、申请在先原则（又称注册在先原则）

申请在先原则又称注册在先原则，指两个或两个以上的申请人，在相同或类

似的商品上以相同或者近似的商标申请注册时，申请在先的，可以获得商标专用权，而申请在后的予以驳回。

从制度构成上讲，申请在先原则是注册原则的必然延伸。既然商标权的取得以注册为依据，而不考虑商标是否使用，那么自然就是谁先提出申请，谁就有可能取得商标权。申请在先原则意味着，任何经营者如果只是一味地使用商标，而未将该商标去申请注册，仍然不能获得法定的专用权。而另一个后来者无论其是否实际使用都可以将该商标进行注册申请，并有可能取得商标专用权进而阻止第一个使用者继续使用该注册商标。

申请在先原则用以协调两个以上的人申请相同商标时的关系，根据《商标法》第三十一条规定："两个或者两个以上的商标注册申请人，在同一种商品或者类似商品上，以相同或者近似的商标申请注册的，初步审定并公告申请在先的商标；同一天申请的，初步审定并公告使用在先的商标，驳回其他人的申请，不予公告。"这一规定表明，我国实行以申请在先为原则，使用在先为补充的注册制度。申请日不同的，申请在先的商标不论其使用与否，优先审查，优先注册，申请在后的商标则无条件地予以驳回。申请日为同一天的，采用使用在先的办法，优先考虑首先使用该商标人的申请，申请人应当提供最早使用该商标的日期的证据。同日使用或者均未使用的，申请人可以自行协商解决。协商不成的，申请人以抽签方式确定一个申请人或者由商标局裁定确定一个申请人。

与申请在先原则相对应的是使用在先原则，它是依附于使用原则而存在的。在实行使用原则的美国，一个商标须经过商业上的使用才可能获得注册。申请商标注册时，申请人应提交商标使用情况的证明。如果有两个以上的人申请注册相同商标，则根据使用时间的前后来决定谁可能获得注册。不过，对于外国商标注册申请人来说，只要外国商标注册申请人已在其本国注册，均被视为"已在商业上使用"。一般来讲，在美国，一个注册商标具有以下法律效力：

1. 一经注册，注册即成为注册商标成立的表面证据。
2. 注册后经五年连续使用时，该项注册商标即不得争议。
3. 一经注册，视为告知注册人拥有该商标。
4. 注册人得以提出申请之日视为使用优先日期。
5. 如有人以近似的商标申请注册，专利商标局将拒绝该申请。

申请在先原则亦有不足之处，抢注他人商标或恶意阻拦他人申请，就是注册制度下容易发生的不正当竞争行为。

申请在先原则应建立在诚实信用原则的基础之上。商标法在商标确权程序方面体现了诚实信用原则，《商标法》第三十二条规定："申请商标注册不得损害他人现有的在先权利，也不得以不正当手段抢先注册他人已经使用并有一定影响的商标。"

这一规定提出了申请在先原则的正当性，包含两层含义：一是对在先权利给予保护；二是对未注册商标给予有条件的适度保护，即赋予先使用人制止恶意抢注的权利。

"抢注"是指将他人尚未注册的商标申请注册，在时间上，抢在他人之前，在标志上，将他人的商标作为注册对象。抢注行为在程序上符合申请在先原则以时间先后决定商标权归属的出发点。但从抢注的目的和社会效果看，被抢注的商标往往是他人经过使用在一定范围内具有影响的，或者已在其他类别的商标或服务上注册的商标，使用人投入了一定人力、物力才使商标产生财产价值，抢注人无偿利用他人经营成果获取利益或者企图阻止实际使用人获得商标权，构成对先使用人合法权益的损害，如不加以约束将会助长某些损人利己、违反诚实信用原则的不当行为。

三、诚实信用原则

诚实信用原则作为商标法的基本原则，其作用主要表现在以下几个方面：一是宣示商标法维护公平竞争、反对一切不正当行为、追求公平正义的价值理念。在缺乏自然法传统的我国，强调这一点尤为重要。二是作为商标立法的指导原则。不仅要在总则部分明确规定诚实信用原则的基本原则地位，而且要将该原则贯彻于具体制度之中，保护诚实经营，制裁一切形式的不正当行为。在我国商标确权程序中抢注之风猖獗，恶意异议、恶意撤销等问题严重，假冒、仿冒他人注册商标的行为屡禁不止。商业道德被肆意践踏，诚实守信、公平竞争的市场秩序遭受严重破坏。这些不正当行为不仅给相关当事人造成人力、时间和财力方面的严重损失，更重要的是使其不能及时宣传自己的商标，不能正常实施其商标战略，痛失市场机会，其损失无法估量。希望以诚实信用原则作为必要补充手段，用来制止此等行为。三是行为导向作用，引导民事主体诚实守信，遵守公认的商业道德，公平竞争。四是为法官提供弥补法律漏洞、创造性司法的法律依据。与商标有关的社会关系涉及面广，利益关系复杂，而且随着科技发展和经营方式的变化，新问题层出不穷，因此，法律存在漏洞是不足为奇的，甚至是不可避免的，绝对完备的法律是没有的。但是，法官不能以没有法律规定为理由拒绝处理纠纷，这个事实决定了基本原则在商标法中的重要性。正是在立法宗旨和基本原则的指导之下，在法官能动的、创造性的司法过程中，法律的漏洞才能得到及时弥补。

四、优先权原则

优先权是《巴黎公约》赋予其成员国国民申请工业产权时在申请日期上的优先利益。根据《巴黎公约》第四条、第十一条的规定，商标注册申请的优先权，时间为六个月；对在国际展览会上首次展出的商品上的商标的临时保护，可以给予优先权，时间也是六个月。

世界上大多数国家都实行先申请原则，而且要求申请客体的新颖性，所以申请人要在几个国家申请同样内容的保护，如果没有优先权的话，就必须同时在几个国家提出同样内容的申请，否则后来提出的申请有可能得不到保护。但要同时在国内外几个国家提出同样的申请，事实上很难办到。优先权制度就是为了解决这种矛盾而设立的。

产生优先权的根据有两个：一个是首次申请，另一个是首次使用。

首次申请而产生的优先权，也称为申请优先权。申请优先权是指，商标注册申请人在外国第一次提出商标注册申请之日起六个月内，若向中国提出同样申请的，将优先于他人在该申请日后提出的申请，取得申请在先的地位。《商标法》第二十五条规定，商标注册申请人自其商标在外国第一次提出商标注册申请之日起六个月内，又在中国就相同商品以同一商标提出商标注册申请的，依照该外国同中国签订的协议或者共同参加的国际条约，或者按照相互承认优先权的原则，可以享有优先权。这就是所谓的申请优先权。

首次使用而产生的优先权，也可称为展览优先权，是指商标在展览会展出商品上首次使用的，可以享有优先权。《商标法》第二十六条规定，商标在中国政府主办的或者承认的国际展览会展出的商品上首次使用的，自该商品展出之日起六个月内，该商标的注册申请人可以享有优先权，即展览优先权。

优先权并不自动产生。申请人要求优先权的，应当在提出商标注册申请的时候提出书面声明，并且在三个月内提交第一次提出的商标注册申请文件的副本或者展出其商品的展览会名称、在展出商品上使用该商标的证据、展出日期等证明文件；未提出优先权声明或者逾期未提交证明文件的，视为未要求优先权。

第二节　商标注册的申请

商标注册申请是指商标使用人为了取得商标专用权，将其使用的商标向商标行政主管机关提出申请，商标行政主管机关经过审核登记备案的制度。对申请人来说，商标注册是一种法律行为，必须依照法定程序和条件，向行政主管机关提出申请，方能取得商标权；从商标主管机关的角度看，对申请的审查属于行政许可行为，审查工作关系到相对人的重要民事权益，应当依照法定程序行使职权。

一、注册申请主体

任何民事主体都可以申请注册商标。依《商标法》第四条规定，自然人、法人或者其他组织对其生产、制造、加工、拣选或者经销的商品或者对其提供的服务项目，需要取得商标专用权的，应当向商标局申请商标注册。

申请人也可以是两个以上的自然人、法人或者其他组织。多个主体共同向商标局申请注册同一商标的，共同享有和行使该商标专用权。

外国人在我国申请商标注册的，应当按其所属国和我国签订的协议或者共同参加的国际条约办理，或者按对等原则办理。国际公约在这里是指《巴黎公约》和 TRIPS 协定，由于《巴黎公约》对于商标的跨国保护有明确规定，公约的成员国已包括了世界上绝大多数国家。因此，凡属公约成员国或世界贸易组织成员的自然人和法人都可以在我国申请商标注册。

根据《商标法》第十八条规定，外国人或者外国企业在我国申请注册商标和办理其他商标事宜的，应当委托依法设立的商标代理组织办理。

对外国申请人这一程序上的要求是为了保护外国申请人的合法权益、保证商标法律事务的质量和提高商标注册机关的工作效率。其他国家也都对外国申请人规定了强制委托代理。

二、注册申请文件

申请注册商标，申请人应当提交申请书、商标图样、证明文件和申请费。

1．商标注册申请书

《商标注册申请书》是商标局、商标评审委员会制定的格式文件，由申请人填写，应当列明当事人的基本情况，加盖申请人的章戳，自然人必须签字。

注册申请书中最重要的内容是填报使用商标的商品或服务的类别、名称。《商标法》第二十二条规定“商标注册申请人应当按规定的商品分类表填报使用商标的商品类别和商品名称，提出注册申请。商标注册申请人可以通过一份申请就多个类别的商品申请注册同一商标。商标注册申请等有关文件，可以以书面方式或者数据电文方式提出”，这就是商标申请的“分类注册和仪表多类原则”。

我国现在采用的是《商标注册用商品和服务国际分类表》（尼斯分类）。经过最新调整的尼斯分类从原有42类增至45类，包括34类商品和11类服务。正确填报商品名称、服务项目是注册申请工作的重要一步，它有助于注册进程的顺利进行，保证申请人及时获得注册。此外，它还决定了日后商标权的保护范围。

委托商标代理组织代为办理的，还应提交《商标代理委托书》1份。

2. 商标图样

申请商标注册，应当按照公布的商品和服务分类表填报。每一件商标注册申请应当向商标局提交《商标注册申请书》1份、商标图样1份；以颜色组合或者着色图样申请商标注册的，应当提交着色图样，并提交黑白稿1份；不指定颜色的，应当提交黑白图样。

商标图样应当清晰，便于粘贴，用光洁耐用的纸张印制或者用照片代替，长和宽应当不大于10厘米，不小于5厘米。

以三维标志申请商标注册的，应当在申请书中予以声明，说明商标的使用方式，并提交能够确定三维形状的图样，提交的商标图样应当至少包含三面视图。

以颜色组合申请商标注册的，应当在申请书中予以声明，说明商标的使用方式。

以声音标志申请商标注册的，应当在申请书中予以声明，提交符合要求的声音样本，对申请注册的声音商标进行描述，说明商标的使用方式。对声音商标进行描述，应当以五线谱或者简谱对申请用作商标的声音加以描述并附加文字说明；无法以五线谱或者简谱描述的，应当以文字加以描述；商标描述与声音样本应当一致。

申请注册集体商标、证明商标的，应当在申请书中予以声明，并提交主体资格证明文件和使用管理规则。

商标为外文或者包含外文的，应当说明含义。

3. 证明文件

申请商标注册的，申请人应当提交能够证明其身份的有效证件的复印件。商标注册申请人的名义应当与所提交的证件相一致。

办理集体商标注册申请的，应附送申请人主体资格证明和商标使用管理规则；办理证明商标注册申请的，应当提交申请人主体资格证明、国家或者省级主管部门出具的证明申请人对指定的商品或服务具有检测和监督能力的文件。

申请人要求优先权的，应当提交经有关国家主管机关予以证明优先权证明文件。

以上商标申请文件应当使用中文，外文文件应当附送中文译本。

三、其他形式的注册申请

商标注册涵盖的范围很广，为取得商标专用权而进行的首次注册是一种基础注册，除此以外，需要办理注册手续的商标事务还有下列各项：

1. 另行注册。《商标法》第二十三条规定，注册商标需要在核定使用范围之外的商品上取得商标专用权的，应当另行提出注册申请。

2. 重新注册。《商标法》第二十四条规定，注册商标需要改变其标志的，应当重新提出注册申请。

3. 变更注册。《商标法》第四十一条规定，注册商标需要变更注册人的名义、地址或者其他注册事项的，应当提出变更申请。

4. 转移注册。商标权的转移，是指因商标权人死亡或消亡、执行、质押等原因而发生商标权的转移。根据《商标法实施条例》第三十二条规定，“注册商标专用权因转让以外的继承等其他事由发生移转的，接受该注册商标专用权的当事人应当凭有关证明文件或者法律文书到商标局办理注册商标专用权移转手续。注册商标专用权移转的，注册商标专用权人在同一种或者类似商品上注册的相同或者近似的商标，应当一并移转；未一并移转的，由商标局通知其限期改正；期满未改正的，视为放弃该移转注册商标的申请，商标局应当书面通知申请人。商标移转申请经核准的，予以公告。接受该注册商标专用权移转的当事人自公告之日起享有商标专用权”。这里所说的移转手续即转移注册。

第三节　商标注册申请的审查与核准

商标审查是商标主管机关对商标注册申请是否符合商标法的规定所进行的一

系列活动。对申请注册的商标是初步审定、予以公告，还是驳回申请、不予公告；是核准注册还是不予注册，都要经过商标主管机关的审查后确定。商标审查是决定授予商标专用权的关键。我国对商标注册申请的审查包括形式审查和实质审查两个方面。

一、形式审查是对商标申请的文件是否齐备、填写是否符合要求进行的审查

通过形式审查认为文件填写准确、规范，手续齐备的即予以受理，并编写申请号，发给《受理通知书》。形式审查包括以下内容：

申请人资格审查；申请书填写是否符合规定；商标及商标图样的规格、数量是否符合要求；应交送的证明文件等是否完备，规费是否缴纳；审查一份申请是否只申报了一个商标。

形式审查的法律意义主要有以下几个方面：

1. 申请日期的确定

形式审查的主要目的是为了确定商标注册的申请日期。申请日期是一个十分重要的日期，商标法采用申请在先原则，如有两个或两个以上的申请人，在同一种商品或者类似商品上，分别以相同或近似的商标申请注册的，申请日期的先后就成为确定商标权归属的重要依据。申请日期以商标局收到申请文件的日期为准。申请人享有优先权的，优先权日为申请日期。

两个或者两个以上的申请人，在同一种商品或者类似商品上，分别以相同或者近似的商标在同一天申请注册的，各申请人应当自收到商标局通知之日起 30 日内提交其申请注册前在先使用该商标的证据。同日使用或者均未使用的，各申请人可以自收到商标局通知之日起 30 日内自行协商，并将书面协议报送商标局；不愿协商或者协商不成的，商标局通知各申请人以抽签的方式确定一个申请人，驳回其他人的注册申请。商标局已经通知但申请人未参加抽签的，视为放弃申请，商标局应当书面通知未参加抽签的申请人。

2. 申请的补正

在形式审查过程中，商标局发现申请文件中存在非实质性问题的，通知当事人加以弥补，限其自收到通知之日起 30 日内，按照指定内容补正并交回商标局。在规定期限内补正并交回商标局的，保留申请日期；期满未补正的或者不按要求进行补正的，商标局不予受理并书面通知申请人。例如申请人名称与章戳或证件不一致、申请书未附商标图样等情况。申请人接到商标局的补正通知后，应及时

按规定进行补正，并按时将申请文件寄回商标局。

3. 申请的退回

商标局经过形式审查，对申请手续不齐备或者未按规定填写申请书件的或者未按期缴纳费用的，商标局不予受理，当面通知申请人并说明理由。

二、实质审查

实质审查是对申请注册的商标标志是否符合注册条件而进行的审查。《商标法》所说的审查主要是指实质审查。实质审查包括以下几个方面：

实质审查的范围包括绝对条件和相对条件。商标是否违背商标法禁用条款的审查；商标是否具备法定的构成要素，是否具有显著特征；商标是否与他人在同一种或类似商品上注册的商标相混同，是否与申请在先的商标及已撤销、宣告无效、注销并不满一年的商标相同或者近似。

绝对条件的判断主要针对商标标志而言，例如该标志是否可为视觉听觉感知、是否具有识别性、是否违反公序良俗，标准即《商标法》第十条至第十二条规定。

相对条件是指申请案的商标与在先权利的关系，如是否与已注册的商标相同或者近似，是否是抢注他人已有一定影响的商标以及其他民事权利如肖像权、姓名权等。相对条件的审查通常与在先权利人或者利害关系人的请求有关。

商标近似、商品类似是商标法中一个重要概念。商标申请的审查、异议、评审和商标侵权案件的审理无不围绕着这两大要素展开，这是因为商标法的核心是防止混淆，而商标近似与否，商品类似与否是判断混淆的一个重要参考因素。

（一）商标近似

商标近似是指商标标志（文字、图形或者组合）的外观、发音、字意相似，容易使人产生混淆或者误认。

有关近似商标的判断标准并未有商标法的规定，而是表现为从商标实务中总结的一些经验性、惯例性意见。

最高人民法院以司法解释的形式对近似商标认定标准做出了如下规定："近似商标是指被控侵权的商标与原告的注册商标相比较，其文字的字形、读音、含义或者图形的构图及颜色，或者其各要素组合后的整体结构相似，或者其立体形状、颜色组合近似，易使相关公众对商品的来源产生误认或者认为其来源与原告注册商标的商品有特定的联系。"

认定商标相同或者近似应遵循以下原则：（1）以相关公众的一般注意力为标

准。(2) 隔离观察。即以不同时间、不同地点，分别观察所得出的印象判断两个商标的相似程度。(3) 整体观察。从整体上或者主要部分看商标构成，凡商标主要部分或整体印象足以令人与另一商标混淆或者误认的，即应认定为近似商标。

(二) 商品类似

商标近似是以商品类似为前提的，因此，商品类似也是判断混淆可能性的重要因素，在商标法中具有重要的意义。

根据最高人民法院司法解释的规定，类似商品是指在功能、用途、原料、生产部门、销售渠道、消费对象等方面相同或者相关公众一般认为其存在特定联系容易造成混淆的商品。例如：冰柜和冰箱、运动服和旅游鞋、照相机与摄像机，每组中的两个商品互为类似商品。

类似服务是指在服务的目的、内容、方式、对象等方面相同，或者相关公众一般认识存在特定联系容易造成混淆的服务。

认定商品或者服务是否类似，应当遵循以下原则：

(1) 相关公众对商品或者服务的认识；商品是否类似和商标是否近似的判断最终取决于消费者的认知。

(2) 参考商品分类表。尼斯分类是为了方便商标注册而建立的供行政主管部门使用的分类标准。判断商品是否类似是以消费者认知为基准的，其目的是解决消费者是否会对两种商品的来源产生混淆，或误以为它们的生产经营者之间具有某种联系。所以，商品分类表虽具有参考作用，但不能成为判断商品类似的标准。即使在商品分类表中列为一类的商品，如果在上述几项因素方面有明显区别，也不应划为类似商品；反之，一些消费习惯中密不可分的商品，尽管在分类表中划分为不同类别的商品，也应考虑认定为类似商品。

待审商标经过相对性审查，如果检索出可能和他人在同一种商品或类似商品上已经注册的或者初步审定的商标相同或者近似的，还要进一步仔细分析、对比，最后做出初步审定、予以公告或者驳回申请、不予公告的裁定。

三、商标异议

申请注册的商标经过形式审查和实质审查，商标局予以初步审定，并予以公告。

初步审定不等于核准注册，还需要经过商标异议程序才能决定是否核准注册。将初步审定的商标在《商标公告》上公布，这一程序称为公告。自公告之日起三个月内，任何人都可以对初步审定的商标提出反对注册的意见，这一程序称为商标异议。

异议程序的目的是征询社会公众对初步审定商标的意见，实行商标审查工作的社会监督，有利于维护有关当事人的合法权益，有助于及时纠正商标审查工作中的偏差。

异议的理由可以是该商标不符合绝对条件，也可以是相对条件上的缺陷。异议申请人不受限制，既可以是拥有在先权利的利害关系人，也可以是与申请注册的商标没有任何利害关系的公民或法人。

如果异议期内无人提出异议，或者虽然提出异议但异议不成立的，商标局对该商标予以核准注册，发给申请人商标注册证，并予以公告；有提出异议的，异议申请由商标局受理。商标局在对异议进行裁定前，必须听取异议人和被异议人陈述事实和理由，经调查核实后，自公告期满之日起十二个月内做出是否准予注册的决定，并书面通知异议人和被异议人。有特殊情况需要延长的，经国务院工商行政管理部门批准，可以延长六个月。

商标局做出准予注册决定的，发给商标注册证，并予公告。异议人不服的，可以依照本法第四十四条、第四十五条的规定向商标评审委员会请求宣告该注册商标无效。

商标局做出不予注册决定，被异议人不服的，可以自收到通知之日起十五日内向商标评审委员会申请复审。商标评审委员会应当自收到申请之日起十二个月内做出复审决定，并书面通知异议人和被异议人。有特殊情况需要延长的，经国务院工商行政管理部门批准，可以延长六个月。被异议人对商标评审委员会的决定不服的，可以自收到通知之日起三十日内向人民法院起诉。人民法院应当通知异议人作为第三人参加诉讼。

商标评审委员会在依照前款规定进行复审的过程中，所涉及的在先权利的确定必须以人民法院正在审理或者行政机关正在处理的另一案件的结果为依据的，可以中止审查。中止原因消除后，应当恢复审查程序。

经审查异议不能成立而准予注册的，申请人取得商标权的时间从何时起算，如果以核准注册之日起算，权利取得时间会因异议审查程序而延误，其中也不排除有人利用异议程序故意延迟他人注册日期。对此，《商标法》第三十六条规定："经审查异议不成立而准予注册的商标，商标注册申请人取得商标专用权的时间自初步审定公告三个月期满之日起计算。自该商标公告期满之日起至准予注册决定做出前，对他人在同一种或者类似商品上使用与该商标相同或者近似的标志的行为不具有追溯力；但是，因该使用人的恶意给商标注册人造成的损失，应当给予赔偿。”这样就避免了因他人不能成立的理由而影响申请人的合法权益。

四、核准注册

初步审定的商标公告期满无人提出异议或异议不成立的，商标局予以核准注册。

所谓注册即指将核准的商标和核定使用的商品在“商标注册簿”上登记、编号，在《商标公告》上刊登注册公告，并向申请人颁发“商标注册证”。申请人自其商标核准注册之日起成为注册商标专用权人。

“商标注册证”是国家商标管理机关发给商标注册人的具有法律效力的权利证书，是商标注册人合法使用注册商标的依据。“商标注册证”如果遗失或者破损的，应当向商标局申请补发。“商标注册证”遗失的，应在《商标公告》上刊登遗失声明。伪造或者变造“商标注册证”的依照刑法关于伪造、变造国家机关证件罪的规定，依法追究法律责任。

五、商标评审

在商标申请的审查核准过程中，由于种种原因，不可能保证所有审定公告的商标或核准注册的商标完全符合法律规定。为了保护当事人的合法利益，同时也为加强对商标局确权工作的内部监督，商标法设置了商标评审程序。《商标法》第二条规定：“国务院工商行政管理部门商标局主管全国商标注册和管理的工作。国务院工商行政管理部门设立商标评审委员会，负责处理商标争议事宜。”

所谓“商标争议”是我国商标法上特有的概念，其含义较宽泛，既包括商标权确认过程中商标主管机关与申请人、注册人之间的争议，又包括申请人、注册人与其他平等主体之间因商标权属产生的争议。

在商标确权过程中，凡当事人对于商标局作出的驳回申请、异议决定不服的，都可以请求商标评审委员会复审。如果是对已经注册的商标认为注册不当应予宣告无效的，可以直接请求商标评审委员会作出决定。

商标评审委员会属于行政司法机构，其处理的争议主要是与商标行政管理事务有关的民事权利争议。由行政机关作为处理民事争议的机构，是因为这些争议涉及专门知识。商标评审委员会和商标局都是国家工商局下设的行政机关，级别相同，互不隶属，但在职能上既相互关联又相互制约，商标局承担着普通程序的商标注册审核（确权）工作，商标评审委员会承担着特殊程序的商标复审（确权）工作。从程序上看，商标评审是商标局注册审查、异议、撤销等程序的后续程序。商标评审委员会作出的评审裁定或者决定又是人民法院司法审查的对象。

归纳起来，商标评审委员会负责处理的商标争议案件包括：（1）不服商标局驳回商标注册申请决定的复审案件；（2）不服商标局不予注册决定的复审案件；（3）依照商标法第四十四条、第四十五条规定请求宣告注册商标无效的案件；（4）不服商标局依照商标法第四十四条第一款规定作出宣告注册商标无效决定的复审案件；（5）不服商标局依照商标法第四十九条规定作出撤销或者维持注册商标决定的复审案件。商标评审属于商标审查制度的重要组成部分，是指商标评审委员会依照商标法第三十四条、第三十五条、第四十四条、第四十五条、第五十四条的规定审理有关商标争议事宜。当事人向商标评审委员会提出商标评审申请，应当有明确的请求、事实、理由和法律依据，并提供相应证据。

申请商标评审，应当向商标评审委员会提交申请书，并按照对方当事人的数量提交相应份数的副本；基于商标局的决定书申请复审的，还应当同时附送商标局的决定书副本。

商标评审委员会收到申请书后，经审查，符合受理条件的，予以受理；不符合受理条件的，不予受理，书面通知申请人并说明理由；需要补正的，通知申请人自收到通知之日起三十日内补正。经补正仍不符合规定的，商标评审委员会不予受理，书面通知申请人并说明理由；期满未补正的，视为撤回申请，商标评审委员会应当书面通知申请人。

商标评审委员会受理商标评审申请后，发现不符合受理条件的，予以驳回，书面通知申请人并说明理由。

商标评审委员会受理商标评审申请后应当及时将申请书副本送交对方当事人，限其自收到申请书副本之日起三十日内答辩；期满未答辩的，不影响商标评审委员会的评审。

申请人撤回商标评审申请的，不得以相同的事实和理由再次提出评审申请。商标评审委员会对商标评审申请已经作出裁定或者决定的，任何人不得以相同的事实和理由再次提出评审申请。但是，经不予注册复审程序予以核准注册后向商标评审委员会提起宣告注册商标无效的除外。

商标评审委员会审理商标争议案件实行合议制度，进行书面审理。商标评审委员会设立专家咨询小组，就商标评审中的有关问题听取咨询意见。商标评审委员会做出的评审决定为行政终局决定，当事人不服的，可以自收到通知之日起三十日内向人民法院起诉。

第二十三章　商标的使用

第一节　商标的使用

商标法中的很多制度都以商标使用行为的存在为先决条件，如确定商标专用权的效力以及判定商标侵权等，如果他人对某符号的使用不属于商标法意义上的使用，则侵害他人商标权就无从谈起。正确理解商标使用的含义及其构成要件，以及商标使用的方式，是争取理解和把握商标法具体制度的重要问题。

一、商标使用的含义

商标是区分商品或者服务来源的符号，所谓商标的使用，是指将符号用于商业活动中并起到识别商品来源的作用。

我国《商标法》第四十八条规定："本法所称商标的使用，是指将商标用于商品、商品包装或者容器以及商品交易文书上，或者将商标用于广告宣传、展览以及其他商业活动中，用于识别商品来源的行为。"可见并非所有在商品或者服务上使用商标的行为都构成商标法中的使用。只有这种使用起到识别商品或者服务的来源，才构成商标法中的使用。

二、商标使用的构成要件

第一，在商业活动中公开使用。日常生活中，商标使用的场合多种多样，但只有在以交易为目的的商业活动中的使用才属于商标意义上的使用。

第二，连续使用。商标只有持续不断地使用和宣传，才能产生识别相同商品或服务来源的功能，让消费者对该商标和某种商品或服务形成唯一对应的联系。为此，各国商标法均规定了商标连续使用的年限，从三年到五年不等，如没有正当理由，连续几年不使用，则会导致商标被撤销。

第三，真实善意的使用。对商标使用的要求，各国商标法除了规定在商业活动中连续使用外，还要求当事人的商标使用行为应当是在真实和善意的主观状态下进行，而不能仅仅为了保留或维持商标权利而进行“象征性”的使用，比如，在少量商品上使用、适用范围很窄、只做有限的广告宣传等。因为这样的使用不能成为商标意义上的使用，商标的识别功能可能并未实现。

第四，以区分商品或服务来源为目的的使用。上述商标使用的不同特点均服务于一个共同的目标，即该商标与特定商品或服务所形成的唯一对应关系，从而使相关消费者看到或听到该商标就能联想到某种商品或服务，并通过该商标识别出同类产品或服务，以实现区分相同商品或服务来源的目的。实践中，“仅实施转让注册商标的行为，没有发挥商标的区分不同商品来源的功能，不属于商标使用行为。”

三、商标使用的形式

我国《商标法》第四十八条以列举的方式规定了商标使用的形式，主要包括：

（一）在商品、商品包装或容器上使用商标

在商品、商品包装或者容器上使用商标，是指采用直接贴附、刻印、烙印或者编织等方式将商标附着在商品、商品包装或者容器上。所谓包装，是指为识别商品以及方便携带、储运而在商品上使用的辅助物，容器也属于包装的一种。例如，制假者将饮料装入瓶中，并贴上“可口可乐”标签，这种以载有商标的卡片、标签等与商品连接起来，也属于此类使用。

在服务或者与服务有关的物品上使用。服务商标常见于服务场所，包括使用于服务的介绍手册、服务场所招牌、店堂装饰、工作人员服饰、招贴、菜单、价目表、奖券、办公文具、信笺，以及其他与指定服务相关的用品等。

（二）在交易文书或者广告宣传中使用

在交易文书等商业文件和广告宣传中使用商标构成商标使用。所谓交易文书包括合同书、商业信笺、信封、发票、价目表等。所谓广告，是指通过一定的媒介和形式直接或者间接地介绍自己所生产或者销售的商品或者所提供的服务的一种形式，广告媒介包括报刊、招贴等书面材料，也包括广播、电视、网络等视听资料。

如果只将商标用在广告中，而没有实际将商标用于指定的商品或服务上，这种行为是否构成对商标的实际使用？对于这一问题，关键要看广告宣传和展览等

系列活动是否将注册商标这一特定符号与经营者提供的商品或服务联系起来，如果通过大量的广告宣传和展览，使得消费者能够将该商标和某种商品或服务相联系，并产生了唯一对应的关系，商标的识别来源功能得以发挥，在这种情况下的使用就构成了对商标的使用；如果仅仅将该注册商标少量地用于投放广告，并没有使得特定的符号与特定的商品或服务联系起来，那么这种在广告中使用商标的行为，就不能视为对商标的实际使用。

（三）展览时使用商标

虽然商标在物理上不能贴附于商品之上，但如果以一定的方式使之与商品相联系，足以使一般公众认为该商标起到区分商品来源的作用，就已构成商标使用。例如，在陈列、展览商品时使用商标；以特定商标表示出售商品的场所或柜台，但所售商品并非使用该商标的正品或者所售商品的商标与该商标不符。此种商标使用的目的在于借用他人商标推销自己的产品，但并不将商标直接贴附于商品之上。英国有学者称此类使用为借用标记（use under the sign），并认为只有当被告在标记和商品之间形成联系的过程中发挥了直接和积极的作用时，才构成借用标记。如果联系是偶然的或者附带的，则不足以构成借用标记。例如，上述 Trebor v. Football Association 一案的结论也受到了“卡片中包含标记不是被告行为的结果”这一事实的影响。标记的出现是因为足球运动员在拍照时穿了英格兰队的队服，并非被告行为的直接结果。在此种情形下，更为准确地说，应当是出售商品附带了标记，而非借用标记出售商品。

（四）网络环境下对商标的使用

互联网的出现扩大了商标的使用范围，常见的使用方式主要表现为：将商标贴在经营者的网站上、将商标作超链接等。世界知识产权组织成员国大会第三十六届系列会议通过了《关于在因特网上保护商标权以及各种标志的其他工业产权的规定的联合建议》，其第二条规定：只有在某一成员国中产生商业影响的情况下，标志在因特网上的使用方构成在该成员国中的使用。对于如何界定“产生商业影响”，该建议第三条规定，在确定某一标志在因特网上的使用是否在某一成员国中产生商业影响时，主管机关应考虑所有相关情况，这些情况包括：该标志的使用者正在该成员国中经营或已制订重大计划在该成员国中经营与因特网上使用该标志的商品或服务相同或类似的商品或服务；该使用者从事的商业活动的程度和性质；在因特网上提供商品或服务与该成员国的关系；该标志在因特网上的使用方式与该成员国的关系；该标志在因特网上的使用与该成员国中该标志的权利的关系。当然以上因素是用来帮助主管机关确定标志的使用是否在某成员国中产生商业影响的指导方针，而非做出这一确定的前提条件。针对个案而言，将取决于该个案的具体情况。其实，网络环境下商标的使用与实体环境下的商标使用相同，两者都必须通过商标的实际使用来实现商标的区分功能和产生商业性影响。

（五）其他商业活动中的使用

因商业活动的范围十分宽泛，不可能逐一规定和细化，比如，商标附着商品的进出口、OEM（贴牌委托加工制造）等，如果使用商标的方式符合国内业者从事国际贸易的商业交易习惯，都应是商标的具体使用方式。随着经济和技术发展，还会出现一些新的商标使用方式。

第二节　商标的许可使用

商标许可使用是商标权人实现商标财产权的重要途径之一，商标权人除了自己可以使用商标外，还可以许可他人使用自己的商标。

一、注册商标使用许可的概念

注册商标的使用许可又称商标权的使用许可，是指商标注册人将其注册商标通过签订使用许可合同，允许被许可人在一定的条件下使用其注册商标，是被许可人获得商标使用权的一种法律行为。在商标使用许可法律制度中，商标权人称为许可人或许可方（Licenser），获得商标使用权的人称为被许可人或被许可方（Licensee）。

《商标法》第四十三条规定：“商标注册人可以通过签订商标使用许可合同，许可他人使用其注册商标。许可人应当监督被许可人使用其注册商标的商品质量。被许可人应当保证使用该注册商标的商品质量。

经许可使用他人注册商标的，必须在使用该注册商标的商品上标明被许可人的名称和商品产地。

许可他人使用其注册商标的，许可人应当将其商标使用许可报商标局备案，由商标局公告。商标使用许可未经备案不得对抗善意第三人。”

《商标法实施条例》第六十九条规定：“许可他人使用其注册商标的，许可人应当在许可合同有效期内向商标局备案并报送备案材料。备案材料应当说明注册商标使用许可人、被许可人、许可期限、许可使用的商品或者服务范围等事项。”

二、许可双方的主要义务

注册商标使用许可一般是通过签订合同的方式实现的，以此规定合同双方的权利和义务。一般来说，双方的主要义务是：

（一）许可人

1. 应保证商标权的效力，不得擅自转让或注销注册商标；
2. 应当监督被许可人使用其注册商标的商品质量；
3. 应当在许可合同有效期内向商标局备案并报送备案材料。

（二）被许可人

1. 按合同约定支付许可使用费用；
2. 不得擅自转让商标使用权；
3. 必须在使用该注册商标的商品上标明被许可人的名称和商品产地。

三、注册商标使用许可的种类

最高人民法院《关于审理商标民事纠纷案件适用法律若干问题的解释》第三条把商标使用许可分为以下三类：

1. 独占使用许可，是指商标注册人在约定的期间、地域和以约定的方式，将该注册商标仅许可一个被许可人使用，商标注册人依约定不得使用该注册商标。

2. 排他使用许可，是指商标注册人在约定的期间、地域和以约定的方式，将该注册商标仅许可一个被许可人使用，商标注册人依约定可以使用该注册商标但不得另行许可他人使用该注册商标。

3. 普通使用许可，是指商标注册人在约定的期间、地域和以约定的方式，许可他人使用其注册商标，并可自行使用该注册商标和许可他人使用其注册商标。

上述三类商标使用许可中的被许可人，在发生注册商标专用权被侵害时，其诉讼地位和享有的诉讼权利也有差别。独占使用许可合同的被许可人可以向人民法院提起诉讼；排他使用许可合同的被许可人可以和商标注册人共同起诉，也可以在商标注册人不起诉的情况下，自行提起诉讼；普通使用许可合同的被许可人经商标注册人明确授权，可以提起诉讼。

四、商标使用许可备案制度

根据《商标法》及《商标法实施条例》的规定，许可他人使用其注册商标的，许可人应当在许可合同有效期内，将其商标使用许可报商标局备案，由商标局公告。此即商标使用许可备案制度。

一般来说，商标许可使用是民事主体之间自愿发生的民事行为，双方许可使用合同一经签订即产生法律效力，除非当事人特别约定，不需要经过他人的批准或确认。备案不是商标许可使用的必经程序，也不是许可合同成立的要件，那么为什么还要规定“应当”备案呢？这一问题可以从另一个角度即商标行政管理角度来理解。现实生活中，社会和法律对执法的效率和准确性提出了越来越高的标准和要求，而合同签订形式的多样化，以及当事人之间合同关系的不确定性，都给日常商标行政管理工作带来了挑战和压力，而经过国家商标主管机关备案的商标许可合同则有利于执法机关掌握商标使用人使用注册商标的情况，及时查处商标侵权行为。所以，从这一角度理解，国家法律做出强制性规定，立法宗旨不在于干涉民事行为，而在于提高执法的准确性，切实保护商标注册人的合法权益，维护正常的公平竞争的社会秩序。

商标使用许可备案制度的主要内容有：

1. 备案的对象是许可要素，而非许可合同。因多数许可使用合同涉及商业秘密，许可人只要将注册商标的持有人、使用许可人、被许可人、许可期限、许可使用的商品或者服务范围等许可要素备案即可，不需要提供整个许可合同。

2. 商标局对商标使用许可要进行公告，便于公众了解商标使用情况，有利于维护消费者合法权益。

3. 备案的效力，未经备案不得对抗善意第三人。对于商标独占使用许可而言，经过备案，被许可人可以据此主张其独占使用的权利，否则，就不能对抗其他已经给付对价的被许可人。

4. 备案的时间，因备案不影响许可使用合同的效力，是否备案应该由当事人自由选择，因此许可人只要在许可合同有效期内都可以向商标局备案并报送备案材料。

五、商标使用许可与商标转让冲突问题

商标权人将同一注册商标既许可他人使用又转让给第三人，就会在注册商标的转让与使用许可之间发生冲突，如何处理，商标法及其实施条例没有规定，为了解决法律适用上的困难，2002 年 10 月 16 日公布实行的《最高人民法院关于商标权民事纠纷案件适用法律问题的若干问题的解释》第二十条规定：“注册商标的

转让不影响转让前已经生效的商标使用许可合同的效力，但商标使用许可合同另有约定的除外。”对注册商标转让前有关商标使用许可合同的效力做出了明确的规定。

在转让在先、许可在后的情况下，如果转让已经公告，受让人从公告之日起获得注册人的地位，公告之后原商标注册人与他人订立的许可合同对受让人没有约束力。这种情况比较好处理。但实践中大量存在是许可在先、转让在后的情况，那么商标注册人将同一商标在商标许可使用期限内，没有征得商标的许可使用人的同意的情况下，又将商标进行转让，是否构成转让合同的无效？新的商标注册人不承认原商标注册人与他人签订的商标使用许可合同，是否构成商标使用许可合同无效？为此，解释第二十条规定，注册商标的转让不影响转让前已经生效的商标使用许可合同的效力，但商标使用许可合同另有约定的除外。

该条司法解释的规定，一是肯定了注册商标转让前合法订立的使用许可合同的效力，不能因为注册商标权人的变更而否定其效力，应当依照合同的约定继续履行。该条司法解释也规定了除外的情况，即商标使用许可合同对此另有约定的，依照该约定执行，也就是说，原来的商标使用许可合同约定商标转让终结商标使用合同等条款的，应当按照约定处理。这充分体现了当事人约定优先的原则。二是肯定了商标转让合同不因商标使用许可合同在先而无效。这是因为注册商标许可使用权是从商标专有使用权中派生出来的，注册商标的许可使用与转让具有本质的不同，它不是商标所有权的转移，只是商标使用权的转移。商标的被许可使用人享有禁止权，只发生在独占使用许可的情况下，而且被许可人根据这种许可使用的方式行使的禁止权，也仅是可以独立对抗第三人的侵权行为的权利，这种禁止权并不能阻止商标注册人对商标进行转让。

第三节　商标权的其他利用

一、设立商标权质押

1. 商标权质押的概念与特征

设立商标权质押，是指债务人或者第三人将其可转让的商标专用权作为债权的担保。当债务人不履行债务时，债权人有权依法以该商标专用权折价或者以拍卖、变卖该商标专用权的价款优先受偿。其中，为债权人提供商标专用权担保的债务人或第三人为出质人，债权人为质权人。

商标权质押具有以下法律特征：

（1）商标权质押是一种权利质押，其标的是无形财产——注册商标专用权，而且《中华人民共和国担保法》第七十五条规定，只有可以转让的商标专用权才可以用来设定权利质押。因此如果商标权人在许可他人使用商标时约定不得再将此商标（权）转让他人时，则此商标专用权即为不可转让的，因而就不能设定权利质押。

（2）商标权质押不以标的物的转移占有为成立要件，依照我国担保法的有关规定，只要双方订立书面合同并办理登记，商标权质押即告生效。

2. 商标权质押的设立

我国《商标法实施条例》第七十条规定："以注册商标专用权出质的，出质人与质权人应当签订书面质权合同，并共同向商标局提出质权登记申请，由商标局公告。"

3. 商标权质押的内容

质权人的质权主要有：

（1）质权实行权，即被担保债权清偿期届满而债务人未清偿时，债权人可以就质押的商标专用权优先受偿。

（2）限制转让、许可权。《中华人民共和国担保法》第八十条规定，商标专用权出质后，出质人不得转让或者许可他人使用。出质权人同意其转让或许可他人使用，出质人所得的转让费、许可费应当向质权人提前清偿所担保的债权或向与质权人约定的第三人提存。

出质人的权利主要有：

（1）商标使用权。虽然出质人以其注册商标使用权设定了质押，但并非丧失此项权利，出质人仍可以自己使用其注册商标。

（2）求偿权和代位权。如果出质人是债务人以外的第三人，在其代替债务人清偿债务，或因质权的实行而使债务终了时，即取得债权人的地位，有权要求债务人向其偿还其代债务人清偿的债务。

二、以商标权出资

商标权人可以将商标专用权作为资本，投资于有限公司、股份有限公司以及合伙企业。商标权人以商标权出资于公司的，必须依照《中华人民共和国公司法》及相关法律、法规的规定进行评估作价，核实财产，不得高估或低估作价。而且以商标专用权出资的，其作价金额连同其他工业产权、非专利技术的合计金额不得超过公司注册资本的20%。商标权人还应当依法办理其商标权的转移手续，违反此项义务的，应当向已足额出资的其他股东承担违约责任。商标权人以其商标专用权出资于合伙企业的，应当由全体合伙人协商确定如何评估作价，或者共同委托法定评估机构进行评估。

第二十四章　商标权侵权与法律责任

第一节　商标权侵权行为

一、商标权侵权行为及行为种类

商标权侵权行为，是指侵害他人注册商标专用权的行为。

根据我国《商标法》第五十七条、《商标法实施条例》第七十五、七十六条和《最高人民法院关于审理商标民事纠纷案件适用法律若干问题的解释》第一条的规定，以下行为属于侵犯注册商标专用权的行为：

1. 未经商标注册人的许可，在同一种商品上使用与其注册商标相同的商标的。《商标法》第五十七条第一项规定，未经商标注册人的许可，在同一种商品上使用与其注册商标相同的商标的，属于侵犯注册商标专用权的行为。

这种行为是比较典型的侵犯注册商标专用权的行为，也就是通常所说的"商标假冒"行为。这种情形下的商标侵权行为不以"混淆可能性"作为构成要件，实质是对商标权人提供了一种绝对保护。商标权在本质上属于一种绝对支配权，在核定商品或服务上使用相同商标，属于商标专用权的控制范围。显然，相同使用行为直接构成了对商标财产权的侵犯，至于是否存在混淆可能性已经不再重要，因为这是商标权的核心区域，而在商标权的核心区域排除他人的侵权，是完全合理和符合正义的。

2. 未经商标注册人的许可，在同一种商品上使用与其注册商标近似的商标，或者在类似商品上使用与其注册商标相同或近似的商标，容易导致混淆的。《商标法》第五十七条第二项的规定被称为"商标仿冒"的行为。

《商标法实施条例》第七十六条规定："在同一种商品或者类似商品上将与他人注册商标相同或者近似的标志作为商品名称或者商品装潢使用，误导公众的，属于商标法第五十七条第二项规定的侵犯注册商标专用权的行为。”

对该种行为的认定引入了混淆标准，即“商标假冒”行为肯定引起混淆，而对“未经商标注册人的许可，在同一种商品上使用与其注册商标近似的商标，或者在类似商品上使用与其注册商标相同或近似的商标，又或在同一种商品或者类似商品上将与他人注册商标相同或者近似的标志作为商品名称或者商品装潢使用”的行为则可能导致混淆，也可能没有导致混淆。如果该行为的后果是可能一起混淆商品出处，误导消费者的，应认定为“商标仿冒”行为。

3. 销售侵犯注册商标专用权的商品的。《商标法》第五十七条第三项规定在商品的流通环节上设置一道法律屏障，使侵权人的目的难以得逞，对于打击商标侵权行为，整顿商品流通秩序具有重要的意义。为了正确理解这一规定，应当注意把握以下几点：

第一，行为方式。此种侵权行为的方式是销售。商标侵权人的全部目的在于牟取暴利，因此假冒注册商标的商品只有通过销售渠道卖出去，侵权人的目的才能实现。所以不仅使用假冒注册商标属于侵权行为，销售假冒注册商标的商品同样属于侵权行为，而且从某种意义上讲，这种行为给注册商标所有人带来的损失更为严重。另外，销售这种行为方式往往制约着侵权行为主体的范围，从事这种行为的多是以营利为目的的经营活动者。

第二，主观方面。《商标法》在此种侵权行为的界定上取消了主观过错的构成要件，即只要有侵权事实和证据，均属侵权。但如果销售人不知道销售的是侵犯注册商标专用权的商品，能证明该商品是自己合法取得的并说明提供者的，不承担赔偿责任。我国《商标法》第六十四条对此有明确规定。《商标法实施条例》第七十九条规定：“下列情形属于商标法第六十四条规定的能证明该商品是自己合法取得的情形：

（一）有供货单位合法签章的供货清单和货款收据且经查证属实或者供货单位认可的；

（二）有供销双方签订的进货合同且经查证已真实履行的；

（三）有合法进货发票且发票记载事项与涉案商品对应的；

（四）其他能够证明合法取得涉案商品的情形。”

第三，侵权人所经营的是侵犯注册商标专用权的商品，而非其他商品。

4. 伪造、擅自制造他人注册商标标识或者销售伪造、擅自制造注册商标标识的。《商标法》第五十七条第四项规定中，所谓“伪造”，是指没有经过他人同意或者许可，模仿他人注册商标的图样或者实物，制作出与他人注册商标标识相同的商标标识。所谓“擅自制造”，是指没有经过他人同意或者许可，制作他人注册商标标识。擅自制造，通常发生在加工承揽活动中，即承揽人在承揽制作他人注册商标标识时，未经他人同意，在商标印制合同约定的印数之外，又私自加印商标标识。销售伪造、擅自制造的注册商标标识的行为，是指采用零售、批发、内部销售等方式，出售伪造或者擅自制造的他人注册商标标识。这类行为直接侵犯了商标注册人的商标专用权。

商标标识是商标的物质表现形式。因此只有注册商标权人才有权制造（包括授权委托他人制造）其注册商标标识，其他人擅自制造出售的，都将构成侵权行为。

从《商标法》第五十七条第四项的规定来看，这种侵害行为又具体包括了以下几种情形：

（1）伪造他人注册商标标识，即故意模仿制造假商标标识；

（2）擅自制造他人注册商标标识，既包括未经商标权人授权或者委托而制造其商标标识的行为，也包括虽有商标权人的授权委托，但超出其授权委托的范围制造其注册商标标识的行为；

（3）销售他人伪造的注册商标标识；

（4）销售他人擅自制造的注册商标标识。

上述这些行为可以是单独行为，也可以是连续行为，即行为人既伪造又销售，或者既擅自制造又销售。

5. 未经商标注册人同意，更换其注册商标并将该更换商标的商品又投入市场的。

这类行为，在国外被称为“反向假冒”，即在商品销售活动中，消除商品上的他人商标，然后换上自己的商标，冒充自己的商品进行销售。这种行为既侵犯了商标注册人的合法权益，也侵犯了消费者的知情权，导致消费者对商品的来源产生误认。这类行为属于《商标法》第五十七条第五项规定的侵犯注册商标专用权的行为。

6. 故意为侵犯他人商标专用权行为提供便利条件，帮助他人实施侵犯商标专用权行为的。这类行为属于《商标法》第五十七条第六项规定的行为。

《商标法实施条例》第七十五条规定：“为侵犯他人商标专用权提供仓储、运输、邮寄、印制、隐匿、经营场所、网络商品交易平台等，属于商标法第五十七条第六项规定的提供便利条件。”

商标法中的“帮助侵权”主要是指故意为侵犯他人注册商标专用权的行为，提供诸如仓储、运输、邮寄、隐匿等方面的条件，从而帮助他人完成实施侵犯商标专用权的行为。

7. 给他人的注册商标专用权造成其他损害的。

这是一项兜底性规定，是指上述六类行为以外的其他侵犯注册商标专用权的行为。按照2002年10月12日《最高人民法院关于审理商标民事纠纷案件适用法律若干问题的解释》的规定，下列行为属于“给他人注册商标专用权造成其他损害的行为”：

一是将与他人注册商标相同或者相近似的文字作为企业的字号在相同或者类似商品上突出使用，容易使相关公众产生误认的；

二是复制、模仿、翻译他人注册的驰名商标或其主要部分在不相同或者不相类似商品上作为商标使用，误导公众，致使该驰名商标注册人的利益可能受到损害的；

三是将与他人注册商标相同或者相近的文字注册为域名，并且通过该域名进行相关商品交易的电子商务，容易使相关公众产生误认的。

二、商标权侵权行为的构成要件

商标权是一种民事权利，商标权侵权行为也应当符合民事侵权的一般理论。但我国在立法上将商标法作为民事特别法单独立法，同时商标权与普通的民事权利相比有其特性，并不完全运用民事侵权一般理论，为了比较两者不同，我们从一般民事侵权构成的要件与商标侵权行为构成要件加以对比分析：

1. 违法性。所谓违法性，是指行为人不法侵害了他人商标权保护范围和保护期限内的注册商标专有使用权。这里所说的商标权保护范围与商标权行使范围不同，其涵盖面要广泛得多。我国《商标法》第五十六条规定了商标权的行使范围，即“以核准注册的商标和核定使用的商品为限”。而该法第五十七条第二项所确认的保护范围则扩展到了类似商品和近似商标，即他人未经注册商标所有人的许可，不得在同一种商品或者类似商品上使用与其注册商标相同或者近似的商标。我国商标法对商标侵权行为做了上述规定，只有违反了上述规定的行为才构成商标侵权。可见违法性是商标侵权行为的构成要件之一。

2. 损害事实。《商标法》第六十五条规定：“商标注册人或者利害关系人有证据证明他人正在实施或者即将实施侵犯其注册商标专用权的行为，如不及时制止，将会使其合法权益受到难以弥补的损害的，可以依法在起诉前向人民法院申请采取责令停止有关行为和财产保全的措施。”上述规定说明，商标权人有权禁止即发侵权行为，而无须等到损害事实的发生，故损害事实不再是所有商标侵权行为必备的构成要件。

3. 因果关系。由于损害事实不再是商标侵权行为的必备构成要件，因此对即发侵害商标权的行为，因果关系也不再是商标侵权行为构成的必备要件，只有发生损害事实的商标侵权行为，才应考虑加害行为与损害事实之间的因果关系。只有需要确定侵权人所应承担的责任大小时，因果关系的认定才有意义。

4. 过错。《商标法》第五十七条第二款对原商标法第三十八条第二款“销售明知是假冒注册商标的商品的”进行了变更，改为“销售侵犯注册商标专用权的”，商品的删除了“明知”二字，说明新的商标法对侵权行为人的主观状态不再限制，此外新《商标法》第六十四条规定：“销售不知道是侵犯注册商标专用权的商品，能证明该商品是自己合法取得的并说明提供者的，不承担赔偿责任。”该条进一步说明，即使行为人无过错，仍然构成商标侵权，只是不承担赔偿责任而已，但还是要承担其他相应的民事责任。

三、侵犯商标权行为的认定

对侵犯注册商标权行为认定的过程有以下三个基本步骤：

1. 确定注册商标专用权的权利范围。

注册商标专用权的权利范围是认定商标侵权的基本依据。判断商标侵权行为能否认定或称是否构成所考虑的一切因素都是围绕注册商标专用权的权利范围来进行的。根据我国《商标法》第五十六条的规定：“注册商标的专用权，以核准注册的商标和核定使用的商品为限。”显然，从这条规定看，注册商标专用权的权利范围只限于核准注册的商标和该注册商标所核定使用的商品。该范围由两个方面因素来确定，一是核准注册的商标；二是该注册商标所核定使用的商品。两者的结合，构成注册商标专用权的权利范围，也就为认定商标权侵权行为确定了与被控侵权对象进行比较的标准，以便得出是否构成侵权的结论。

2. 确定被控侵权的具体对象。

被控侵权对象的确定由两个方面的因素所决定：一是被控侵权的商标，二是被控侵权的商标所使用的商品。确定被控侵权具体对象的意义，在于确定和固化被控侵权行为的载体，为下一步与商标权的保护范围的比对打下坚实基础。它与确定注册商标专用权的权利范围同样重要，它是认定商标侵权行为的另一比较对象。

3. 将被控侵权对象与引证商标和该引证商标所核定使用的商品进行比较，认定被控的商标与引证商标、被控商标使用的商品与引证商标使用的商品是否相同，以及是否在同一种商品上使用与其注册商标近似的商标，或者在类似商品上使用与其注册商标相同或近似的商标，容易导致混淆。

通过认定商标侵权行为的三个基本步骤，特别是经过将被控侵权对象与引证商标和该引证商标所核定使用的商品进行比较后，就能认定是否构成商标侵权。

第二节　商标侵权的法律责任

商标侵权行为应该承担一定的法律责任。依据《商标法》及《商标法实施条例》的相关规定，侵权人应该承担多重法律责任，主要包括行政责任、民事责任和刑事责任。

一、行政责任

根据《商标法》《商标法实施条例》的规定，对于商标侵权行为，任何人都可以向侵权人所在地或者侵权行为地的县级以上工商行政管理机关控告或者检举，依据《商标法》第六十二条规定，县级以上工商行政管理部门根据已经取得的违法嫌疑证据或者举报，对涉嫌侵犯他人注册商标专用权的行为进行查处时，可以行使下列职权：

（一）询问有关当事人，调查与侵犯他人注册商标专用权有关的情况；

（二）查阅、复制当事人与侵权活动有关的合同、发票、账簿以及其他有关资料；

（三）对当事人涉嫌从事侵犯他人注册商标专用权活动的场所实施现场检查；

（四）检查与侵权活动有关的物品；对有证据证明是侵犯他人注册商标专用权的物品，可以查封或者扣押。

工商行政管理机关对其管理的商标侵权案件，在查清事实后，对已构成侵权行为的有权采取如下行政处罚措施：

（1）责令侵权人立即停止侵权行为。无论商标侵权人是在制造、销售侵权商品，还是伪造、销售假冒商标标识，只要使其停止该行为，就可以防止其进一步侵害商标权人的利益，可以说责令停止侵权行为是制止侵权行为最有效的手段。

（2）封存或者收缴侵权商标标识。侵权商标标识是非法之物，不应听任其存留和流散，工商行政管理机关应当予以封存，予以收缴，彻底销毁，以免流散出去，给商标权人造成新的侵害。

（3）消除现存商品及其包装上的商标。未经许可而在商品及包装上使用他人注册商标即构成侵权，对于未销售出的带有侵权商标的商品，不能再让其以侵权商标的面目在市场上出现，应责令消除其侵权商标。

（4）收缴直接、专门用于商标侵权的模具、印版和其他作案工具。通过该项处罚措施，可以从根本上消除再发生侵权的可能，从而比较彻底地制止侵权行为。

（5）责令并监督销毁侵权物品。采取前几项措施不足以制止商标侵权行为的，或者侵权商标与商品难以分离的，工商行政管理机关可以责令侵权人销毁侵权物品，并予以监督。

（6）罚款。对侵犯注册商标专用权，尚未构成犯罪的，工商行政管理机关可以根据情节处以非法经营额50%以下或者所获利润5倍以下的罚款。对侵犯注册商标专用权的单位的直接责任人员，工商行政管理机关可以根据情节处以一万元以下的罚款。

（7）责令赔偿损失。被侵权人要求赔偿损失的，工商行政管理机关可以责令侵权人予以赔偿。

工商行政管理机关依商标法做出的处理决定，当事人应当遵守和履行其义务。当事人对决定不服的，可以在收到决定通知之日起15天内向上一级工商行政管理机关申请复议。对复议决定不服的，当事人可以在收到复议决定通知之日起15天内，向人民法院起诉。逾期不申请复议、不起诉又不履行的，由工商行政管理机关申请人民法院强制执行。

二、民事责任

商标专用权是一种民事权利，因而让商标侵权行为人承担相应的民事责任理所当然。

结合我国现行《商标法》，当商标权人的权利遭受侵害时，其救济方法主要有以下四种：

（1）协商

我国《商标法》第六十条规定，“有本法第五十七条所列侵犯注册商标专用权行为之一，引起纠纷的，由当事人协商解决”。

（2）向人民法院起诉

我国《商标法》第六十条规定，“不愿协商或者协商不成的，商标注册人或者利害关系人可以向人民法院起诉”。

（3）请求工商行政管理部门处理

我国《商标法》第六十条规定：“被侵权人也可以请求工商行政管理部门处理。工商行政管理部门处理时，认定侵权行为成立的，责令立即停止侵权行为，没收、销毁侵权商品和专门用于制造侵权商品、伪造注册商标标识的工具，并可处以罚款。”

（4）申请保全措施，包括诉前禁令、证据保全和财产保全

《商标法》第六十五条规定：“商标注册人或者利害关系人有证据证明他人正在实施或者即将实施侵犯其注册商标专用权的行为，如不及时制止，将会使其合法权益受到难以弥补的损害的，可以依法在起诉前向人民法院申请采取责令停止有关行为和财产保全的措施。”第六十六条规定：“为制止侵权行为，在证据可能灭失或者以后难以取得的情况下，商标注册人或者利害关系人可以依法在起诉前向人民法院申请保全证据。”这两项规定使法律对被侵权人的救济达到了更加完满的境地，使受害人的合法利益得到了更加全面的保护，从而体现了我国《商标法》保护注册商标专用权，严厉打击侵权行为的宗旨。

根据《商标法》第六十条、第六十三条和《中华人民共和国侵权责任法》的有关规定，商标侵权行为的民事责任承担方式为：

（1）停止侵害

既然商标专用权是受国家法律保护的，商标侵权行为是受国家法律打击的，那么只要商标权在保护范围和保护期限内，只要有侵权行为客观存在，不论该行为是否已经实际造成商标权人物质损失，也不论侵权行为持续时间长短，程度如何，商标权人均可以要求侵权人立即停止其侵权行为。

（2）消除影响

商标往往标志着商品的质量，昭示着商标权人的信誉，与企业形象紧密相连。因此商标侵权行为不仅仅造成商标权人物质利益的损害，而且更多时候是造成对商标权人形象、声誉的伤害。对此，除了用物质赔偿的方式予以弥补外，还应当

要求侵权人在侵权行为造成影响的范围内以登报等方式消除影响、挽回声誉。

（3）赔偿损失

赔偿损失是商标侵权案件中常见的民事责任形式。商标权人因侵权而遭受财产损失和商誉损害的，有权要求物质赔偿。而赔偿额的确定由于关系到当事人的切身利益，因而是处理商标权侵害赔偿案件的一个十分重要的问题。

《商标法》第六十三条明确规定侵犯商标专用权的赔偿数额。“侵犯商标专用权的赔偿数额，按照权利人因被侵权所受到的实际损失确定；实际损失难以确定的，可以按照侵权人因侵权所获得的利益确定；权利人的损失或者侵权人获得的利益难以确定的，参照该商标许可使用费的倍数合理确定。对恶意侵犯商标专用权，情节严重的，可以在按照上述方法确定数额的一倍以上三倍以下确定赔偿数额。赔偿数额应当包括权利人为制止侵权行为所支付的合理开支。权利人因被侵权所受到的实际损失、侵权人因侵权所获得的利益、注册商标许可使用费难以确定的，由人民法院根据侵权行为的情节判决给予三百万元以下的赔偿。”在对被侵权人的民事赔偿上，商标侵权人不仅要赔偿被侵权人所蒙受的经济损失，而且要赔偿被侵权人为制止侵权行为所付出的合理费用，如合理的调查费、律师费等。

同时，《商标法》也规定了侵权人的举证责任，第六十三条第二款规定：“人民法院为确定赔偿数额，在权利人已经尽力举证，而与侵权行为相关的账簿、资料主要由侵权人掌握的情况下，可以责令侵权人提供与侵权行为相关的账簿、资料；侵权人不提供或者提供虚假的账簿、资料的，人民法院可以参考权利人的主张和提供的证据判定赔偿数额。”

以上承担民事责任的方式，可以单独使用，也可以合并使用。

三、刑事责任

根据《商标法》第六十七条以及《刑法》第二一三、二一四、二一五条的规定，因商标犯罪依法承担刑事责任的有3类情形。

（1）假冒注册商标罪

《商标法》第六十七条第一款规定：“未经商标注册人许可，在同一种商品上使用与其注册商标相同的商标，构成犯罪的，除赔偿被侵权人的损失外，依法追究刑事责任。”

《刑法》第二一三条规定：“未经注册商标所有人许可，在同一种商品上使用与其注册商标相同的商标，情节严重的，处三年以下有期徒刑或者拘役，并处或者单处罚金；情节特别严重的，处三年以上七年以下有期徒刑，并处罚金。”

（2）销售假冒注册商标的商品罪

《商标法》第六十七条第二款规定：“伪造、擅自制造他人注册商标标识或者销售伪造、擅自制造的注册商标标识，构成犯罪的，除赔偿被侵权人的损失外，依法追究刑事责任。”

《刑法》第二一四条规定：“销售明知是假冒注册商标的商品，销售金额数额较大的，处三年以下有期徒刑或者拘役，并处或者单处罚金；销售金额数额巨大的，处三年以上七年以下有期徒刑，并处罚金。”

（3）非法制造、销售非法制造的注册商标标识罪

《商标法》第六十七条第三款规定：“销售明知是假冒注册商标的商品，构成犯罪的，除赔偿被侵权人的损失外，依法追究刑事责任。”

《刑法》第二一五条规定：“伪造、擅自制造他人注册商标标识或者销售伪造、擅自制造的注册商标标识，情节严重的，处三年以下有期徒刑、拘役或者管制，并处或者单处罚金；情节特别严重的，处三年以上七年以下有期徒刑，并处罚金。”

实践拓展篇

第五编

商业秘密法

第二十五章　商业秘密基本内涵

第一节　国内外商业秘密立法

现今，公众对于商业秘密已不陌生，但是对于商业秘密的正确认识，我国却经历了一个曲折过程，甚至曾经和国家秘密混淆不清。

2014年1月17日，国务院总理发布国务院第646号文件，宣布自2014年3月1日，《中华人民共和国保守国家秘密法实施条例》正式实施，预示着我国对国家秘密的保护加大了可操作力度，这是对《中华人民共和国保守国家秘密法》的贯彻落实，也是我国规范政府行为的一个有力举措。

相比国家秘密保护，我国对商业秘密的保护可以说是起步晚、法律规范较少，有很大完善的空间。

商业秘密甚至曾经一度被湮没在国家秘密的大框架之下。如2009年澳大利亚力拓公司上海办事处胡士泰等人的工作电脑之中暗藏数十家与力拓公司有长期合作的中国钢企资料，包括原材料采购、生产以及销售等的详细数据，胡士泰等人因此被警方带走调查。从上海国家安全局最早宣布的胡士泰等人“刺探、窃取国家机密”，到上海市检察机关最终以“涉嫌侵犯商业秘密罪”等批捕相关犯罪嫌疑人，反映了国家秘密与商业秘密问题在我国当下法律体系中的时有错位的现实。中国很多社会公众关注商业秘密可以说就是从上述“力拓案”开始的。[①]

其实早在20世纪90年代初，商业秘密就已经进入了我国的立法，最早是由1991年版《中华人民共和国民事诉讼法》[②] 第六十六条和第一二〇条对商业秘密

---

① 唐青林、黄民欣：《商业秘密保护实务精解与百案评析》，北京·中国法制出版社，2011年版，第3页。

② 我国第一部为商业秘密提供法律保护的法律要比民事诉讼法更早，是1987年11月1日实施的技术合同法，本法被后来的合同法吸收而失效，它保护的是商业秘密中的“技术秘密”，但本法没有出现商业秘密的称谓，因此，民事诉讼法是我国最早使用“商业秘密”这一法律用语的法律文件。

案件证据及不公开审理问题进行了规定，该法并没有对商业秘密的内涵解读给出标准。对商业秘密做出定义的法律文件最早有1991年4月12日中美两国签订的《关于延长和修改两国政府科学技术合作协定的协议》的附件、1992年7月14日最高人民法院《关于适用〈中华人民共和国民事诉讼法〉若干问题的意见》第一五四条（2015年我国民事诉讼法司法解释已改为第二二〇条）、1993年《反不正当竞争法》第十条、2018年《反不正当竞争法》（修正案）。其中1993年《反不正当竞争法》第十条第三款的规定被认为是较为完善并被法学界普遍引用："本条所称的商业秘密，是指不为公众所知悉、能为权利人带来经济利益、具有实用性并经权利人采取保密措施的技术信息和经营信息。"①

2018年1月1日生效的新修订的《中华人民共和国反不正当竞争法》，将商业秘密内涵和侵犯商业秘密行为的认定种类由原先的第十条改为第九条，并在内容上有了细微的变化。在内涵和构成要件方面，由原先的"经济性和实用性"改为"价值性"。在侵犯的种类方面，将"利诱"改为"贿赂、欺诈"；将"第三人明知或者应知前款所列违法行为，获取、使用或者披露他人的商业秘密"变更为"第三人明知或者应知商业秘密权利人的员工、前员工或者其他单位、个人实施前款所列违法行为，仍获取、披露、使用或者允许他人使用该商业秘密"。

相比西方英美等国，我国对商业秘密的法律规制晚了大约一个世纪。英国1851年发生的Morison v. Moat案件、美国1868年发生的Peabody v. Norfolk案件分别标志着商业秘密保护在两国正式确立。世界贸易组织在1993年《与贸易有关的知识产权协议》（以下简称TRIPS协议）第三十九条第一款使用了"未泄露之信息"。虽然世界贸易组织在此规定中没有使用商业秘密的用语，但是从其第二款对此信息进行的内涵界定，我们可以发现，与国内外对商业秘密内涵界定的标准是一致的。基于此，目前通说认为，TRIPS协议中的"未泄露之信息"就是商业秘密②。

其实，"未泄露之信息"与我国目前法律规定及通说中的商业"秘密"还是有区别的，这种区别是本质性的，应该加以法律规制的完善，才能强化目前我国市场经济大环境下的商业秘密保护力度。

---

① 《反不正当竞争法》也是我国全面确立商业秘密制度的第一部法律。2006年12月30日，最高人民法院出台了《最高人民法院关于审理不正当竞争民事案件应用法律若干问题的解释》，共有19条，其中直接关于商业秘密的内容就有9条，成为我国目前司法机关审理商业秘密案件的最重要依据。2018年1月1日后，随着修正案的正式实施，最高人民法院也会相应出台司法解释。

② 张耕等：《商业秘密法》（第二版），厦门·厦门大学出版社，2012年版，第2页。

TRIPS 协议第三十九条第二款规定的，自然人和法人应有可能阻止由其合法掌握的信息在未得到其同意的情况下，被以违反诚信商业做法的方式泄露、获得或使用，只要此信息：

1. 在作为一个实体或其组成部分的精确形状及组合不为正规地处理此种信息的那部分人所共知或不易被其得到的意义上说是秘密的；

2. 由于是秘密的而具有商业价值；

3. 被其合法的掌握者根据情况采取了合理的保密措施。

从上述规定可知，"未泄露之信息"受到法律保护需要具备四个要件：一是具有秘密性；二是具有商业价值性；三是主体对信息掌控的合法性；四是具有合理的保密性。同时具备上述四个条件的信息才被称之为本协议规定的"未泄露之信息"。

我国 2018 年修订的《反不正当竞争法》第九条规定的商业秘密，需要同时具备四个条件：一是秘密性；二是价值性；三是具有保密性；四是属于"技术信息和经营信息"。

从中我们可以发现，我国《反不正当竞争法》和 TRIPS 协议对商业秘密和"未泄露之信息"的构成都对其构成要件进行了界定，但是其实质内容却差异较大，前者没有界定主体对信息掌控的合法性①，后者没有规定实用性和将信息局限于"技术信息和经营信息"。

中国是 2001 年年底成为世界贸易组织成员国的，从本质而言，作为世界贸易组织的成员国，我国对商业秘密的规定应该与世界贸易组织的协议规定保持一致。从目前各学者讨论的方向和内容上看，这种一致在学术界和实务界也是认可并执行的，关于商业秘密一般构成要件的讨论和研究在学术界已经很广泛且本质差异不大，但是在实质要件上，我国对商业秘密的规定与世界贸易组织的协议规定确实存在上述的本质差异，我们不能忽视，尤其是对于以保护对象为中心的"秘密"合法性问题等的界定，决定了商业秘密的本质内涵不同。

---

① 主体对信息掌控的合法性包括依据有权拥有此类商业秘密的主体对其商业秘密的来源、取得方式、处分、收益等具有合法性来认定其掌控合法，不包括无权拥有此类商业秘密的主体实际拥有的商业秘密等情形。但从我国法律规定的精神看，要求主体的合法性、来源的合法性、处分及收益的合法性要件。如上海市第一中级人民法院（2006 年）沪一中民五（知）初字第 95 号、上海市高级人民法院（2006 年）沪高民三（知）终字第 92 号判决书载明的案例，原告主张其对虚拟数据的商业秘密权被二审法院否定，主要原因就是原告对包含虚拟数据在内的 15000 条数据因为来源不合法而不构成商业秘密，案件结果是原告诉讼请求被驳回。

第二节　商业秘密保护对象

TRIPS协议中秘密信息的保护对象被称之为“未泄露之信息”。我国《反不正当竞争法》关于商业秘密的保护对象被称为“技术信息和经营信息”。前者涵盖了权利主体所拥有的、未对外透露的一切信息，而后者从字义来看，只包含一定条件下的技术信息和经营信息。

我国学者在对应保护的秘密“信息”方面，有过激烈的争论，如中国社会科学院知识产权中心张玉瑞研究员认为技术信息与经营信息是商业秘密的主要部分，但不是全部，商业秘密还包括体育、文化、旅游、医疗等方面。[①] 西南政法大学张耕教授和最高人民法院知识产权庭孔祥俊等均认为商业秘密的范围就是我国1993年《中华人民共和国反不正当竞争法》（以下简称《反不正当竞争法》）第十条规定的“技术信息与经营信息”，并认为张玉瑞研究员认为的保护范围过窄问题，可以以“经营信息界定为商业活动中除技术信息以外的其他信息”来概括就足够了。[②]

其实对商业秘密保护的对象问题有很大的探讨空间。从1993年《反不正当竞争法》发展到我国2018年《反不正当竞争法》，没有变化。两者的第一条对本法制定的宗旨界定为“保护经营者和消费者的合法权益”，第二条将经营者界定为“本法所称的经营者，是指从事商品生产、经营或者提供服务（以下所称商品包括服务）的自然人、法人和非法人组织。”从上述规定可以看出，我国《反不正当竞争法》第二条规定的主体就是本法第九条规定的拥有商业秘密权利的“权利”人。前提是“从事商品生产、经营或者提供服务（以下所称商品包括服务）”，即已经成立的公司、其他组织等经济主体。第九条规定的“经营信息”，应该是此类主体在此期间拥有的秘密。但司法实践中有这样特殊的主体，即设立过程中以及被吊销营业执照之后注销之前的经济主体，依法不能开展商品经营或者营利性服务，只能为经济主体成立或清算做准备工作。在此期间，设立主体和为清算而成立的主体同样可能拥有商业秘密，这些秘密有商业价值但因为不具有经营能力而并不是经营信息或技术信息，这类信息应该还是很大一部分。它与张玉瑞研究员所说的艺术、医疗、体育等方面信息不同，确实可能为后续或前存的经济主体的顺利

---

① 张玉瑞：《商业秘密法学》，北京·中国法制出版社，1999年版，第28—29页。

② 张耕等：《商业秘密法》（第二版），2012年版，第5页。

发展提供一定的商业价值，但是这种价值可是潜在价值，并非一定是现实价值。

我们可以以山东省内一家食品企业为例，这家企业在设立过程中，其设立期间的过程行为可以很好说明商业秘密的非经营性属性可能性的存在：

A公司出资100万元与B共同设立D公司，约定由A公司代B出资100万元注册，即A公司实际出资200万元，并由A公司出具书面授权给B、C作为设立代表负责D公司设立的具体行为，并委任C担任未来D公司总经理。在D公司的设立期间，B、C成功获得了D公司的名称预先核准通知书，但是之后B将A公司的出资100万元和借款100万元据为已有并潜逃。A公司本来计划将这200万元用于D公司注册成立后再将资金抽回，用于公司的流动资金（作者对此处A公司可能的违法犯罪行为不进行讨论），现在由于B的违法行为，公司流动资金链断裂。此时面临年底，A公司的众多债权人向A公司索债，A公司向众多债主出示其与B共同设立D公司的相关法律文件，但隐瞒了B公司携款潜逃的事实，以此证明A公司因为年后将上马D公司，以此资金用作了注册资金，并保证一旦公司注册完毕，立即取回资金还债。C在此期间以尚未成立的D公司作为载体，已经印发了大量名片，向其客户进行业务推销并进行预约合同签订及收取定金，C同样在事后隐瞒了B携款出逃的违法事实以防客户索赔。

在此案例中，B携款200万元出逃无论对于A还是C而言，都是秘密。其秘密性在于：一方面，A公司出资200万元，一直到D公司成立之前，或到D公司最终未成立，D公司主体资格不存在，更没有经营行为，此时B的携款出逃行为不是D公司的商业秘密；另一方面，在整个过程中，A公司一直在正常的经营过程之中，所以B的携款出逃行为属于A公司的商业秘密，为了不在年底遭到债主的追索，只好自己守住“B已携款潜逃”这个秘密，暗中寻找解决对策，如果B及时回来，A可能有缓冲余地，不过这种可能性极小，如果B不再回来或即使被公安机关逮捕但是资金已被其挥霍，则A将面临破产的可能；第三方面，对于C而言，是受委托进行设立D公司，作为未来D公司的总经理，在此期间没有以D公司名义经营的权利，但此期间进行的此类行为若为以后成立的D公司追认，则有效，若最终D公司没有追认或D公司最终没有成立，则此类行为无效，应由C本身承担相应法律责任。

我们不可否认的是，B携款潜逃的行为也是C的商业秘密。因为此时C已经以D公司名义对外签署了很多预售合同并收取了定金，不管B携款潜逃发生在C签订合同之前、期间还是之后，客户因为相信A、C，进而对将要成立的D公司有期望值，所以以自认为较低的合约价格与C签署合同，如同我们购买商品房，在开发商实际开盘之前，我们总认为内部认筹的价格总会低于开盘价格一样，如果一旦最终开不了盘或开发商跑路，认筹的客户就要遭殃。如果C将B携款潜逃的事实与行为告知客户，可能面临客户的违约索赔，所以此时C需要一方面守住这个秘密不让客户知晓，同时报案或暗中查找B，并与A协商解决对策，与上述A的处境一样，最终B主动回来并带回资金的可能性基本不可能，如果如此，则C面临被对方当事人追索欠款和追究违约责任的可能。所以，从上述第二种情况和第三种情况分析，B潜逃的事实与行为对A、C而言，具有很强的商业价值，具有秘密性，也对此秘密采取了保密措施，作者认为应该属于商业秘密的范畴，尽管可能不符合《与贸易有关的知识产权协定》称之为“未泄露之信息”的其中一个要件“掌控者对秘密信息具有合法掌控权”，因为C对B“携款潜逃”的秘密控制合法性在其以未来D公司名义对外签署合同并收取定金时已然不存在了；也不符合《反不正当竞争法》第九条规定的商业秘密中属于“技术信息和经营信息”的要件，因为此时的B“携款潜逃”的秘密肯定不是技术信息，其掌控者C不具有经营资格，当然也不是经营信息。

再进一步，如果此时A公司因为没有参加年检，被吊销营业执照。A公司的主体资格依然存在，但是此时的A公司已然没有了经营资格，不能从事经营行为，只能从事与公司清算相适应的活动，因此，在此期间，A公司掌控的商业秘密即使依然存在，但这些秘密信息就不再是“经营信息”了。

综上，商业秘密不一定局限于“技术信息和经营信息”，也不一定局限于TRIPS协议中规定的“未泄露之信息”范围，即使TRIPS协议规定的“未泄露之信息”范围在一定程度上要大于我国《反不正当竞争法》第九条规定的“技术信息和经营信息”。TRIPS协议规定的“未泄露之信息”包含了“技术信息和经营信息”以外的、合法掌控者控制的其他秘密信息，更广意义上的商业秘密则进一步包含了非合法掌控者控制的秘密信息。所以我国目前通说认为的商业秘密对象如果认定为是“技术信息和经营信息”，则一定不是TRIPS协议规定的“未泄露之信息”的完整内涵，上述案例很好地说明了这一点。

第三节　商业秘密“合法性”问题

上述案例从商业秘密保护对象的范围问题做了阐述。就其性质而言，商业秘密应该和个人隐私一样，分为以下两种状态。

第一种状态是其自然的事实状态，可能在持有主体、秘密内容等方面有不合法的一面，但对商业主体的商事行为至为关键，如企业财务部门，其中有应付税务检查的表面账本，也有自己企业掌握的真实账本，这两类账本在其他主体看来，都是企业的商业秘密，而这些秘密在未经企业同意的前提下，任何人不得擅自侵犯，即企业均享有相应的商业秘密权不被非法侵犯；但是如果被税务局依法审查时，税务人员发现了企业真实的账本，并且发现其与表面账本不一致，且存在偷逃税款的非法行为，则企业这时对上述两类账本可能面临失去自然的事实秘密状态的可能，但未被侵犯商业秘密权，因为税务人员的审查是合法行为。

由此看来，商业秘密的自然事实状态是商业秘密的应有之义，商业秘密权对应的商业秘密也不一定是合法的商业秘密，也包括合法状态待定的商业秘密，需要法定的鉴定或执法部门认定后再确定其商业秘密权是否存在。同样以上述企业账本为例，如果认为企业因为其真实账本有偷逃税款的非法行为和事实存在，所以企业对这部分内容不享有商业秘密权，那么如何认定这些偷逃税款的事实存在呢？在认定之前，企业对真实账本的全部内容都是享有商业秘密权的，税务人员搜查时，也只能对其违法犯罪部分的秘密内容予以曝光或处理，但应对其他账本的内容予以保密。

同样，上述案例中D公司成立之前C掌握的“B携款潜逃”的秘密信息，或A公司被吊销营业执照之后A公司掌握的此类信息，因其持有主体不具经营性而不属于经营信息，但是它属于商业秘密的自然事实状态。

第二种状态指商业秘密是一种法律认可状态下的事实存在，是指合法的秘密，包括持有主体合法、秘密内容合法、针对的客体合法等。

上述两种状态与另外一种观点不同：商业秘密根据其内容状态不同，可以分为广义的商业秘密（包括合法商业秘密以及其他商业秘密）和狭义的商业秘密（仅指合法的商业秘密），这种分类的广义商业秘密依然是对商业秘密法律权利状态的界定，而自然事实状态的商业秘密与法律权利无关，仅表明了商业秘密的自然存续事实。

我们应该尊重自然事实状态的商业秘密，这是尊重商业主体基础合法权益的重要保障，否则任何人都可以某企业明明一直发展很好却年年亏损，所以一定存在两本账为由要求税务部门对其查账，从而侵犯企业的商业秘密导致企业无法正常运营。

因此，商业秘密保护对象不但包括法定状态下的技术、经营信息，同时包括一定自然状态下的当事人所需保密的其他信息，即隐含了除技术信息、经营信息之外，甚至是合法掌控者主体身份之外掌握的其他信息，这一点在认定商业秘密基本内涵方面必须予以理性认知。

第二十六章　商业秘密权

商业秘密的价值渊源，即商业秘密的价值表现形式。商业秘密的价值渊源主要是商业秘密权。目前商业秘密权作为价值渊源的典型问题主要是其权属界定与权益实现。

第一节　商业秘密权属界定

国内很多法学领域的专家和学者对商业秘密权的存在有不同的观点。在 2014 年山东企业法律风险研究会年会发言中，梁慧星先生在总结中认为，商业秘密不是知识产权，因为它本身不是一种权利，没有商业秘密权。梁先生还讲述了 20 世纪 90 年代初由当时的经贸委起草《商业秘密法》的基本过程，当时就是因为与会人员无法认定商业秘密权，导致草案夭折，并认为对于商业秘密被侵犯问题，其实合同法和侵权法都有了相应规定。梁先生针对美国知识产权专家 Eric B. Easton 教授发言中提出的“美国将在两年内出台联邦商业秘密法，以更好地规范企业商业秘密保护”。认为如果美国真的在两年内出台商业秘密法，中国可以借鉴并制定自己的商业秘密法。因为中美两国的商业秘密保护除了在赔偿数额方面差别巨大之外，其他差别不大，中国的商业秘密保护法律规定是参考美国等发达国家的法律规定，有一定的先进性。梁慧星先生的观点，很好地说明了我国商业秘密保护的发展历史和社会现实，并通过对《中华人民共和国合同法》和《中华人民共和国侵权责任法》具体条文的具体规定，详细解读了部门法对商业秘密保护的大背景，认为研究商业秘密的学者与司法实践的司法人员应很好地研究这些现行规定。梁先生的观点，给我们研究商业秘密提供了一个全新的、更广泛的视角和思路，很有现实意义。

但梁慧星先生同时认为，早在经贸委起草《商业秘密法》时，与会专家认为相对于专利权、注册商标权等传统知识产权的国家审查、批准、认可属性，商业秘密权缺乏外在的第三方认可标准，不容易认定[①]，所以，商业秘密纠纷案件胜诉率低，因此他不认可商业秘密权的存在，即“商业秘密不是一种权利，可以是一种利益”。因为法律规定的“权益”包含权利和利益。[②]

目前国内学者对商业秘密权的理解，除了上述梁先生为代表的理解之外，还有以下几个主要观点：

西南政法大学张耕教授认为，商业秘密权是指商业秘密持有人依法享有的控制、使用、收益、处分能为其带来利益的商业秘密并排除他人非法侵犯的权利。[③]

华东政法大学戴永盛教授认为商业秘密权是权利人对其商业秘密的归属、许可使用、转让等的相关权利。[④]

其他有的学者将商业秘密权作为商业秘密权利。[⑤] 或认为商业秘密权是权利人对商业秘密享有占有、使用、收益、处分的权利。[⑥]

上述观点都是从商业秘密权的法定属性层面进行定义的。

商业秘密权应该是现实存在的，而且商业秘密权是商业秘密权利人实现其合法利益的主要价值渊源。

商业秘密权利人对其商业秘密所享有的权利定性，一般将其界定为商业秘密权，优点是直观、通俗易懂，缺点是无法直观地从中明晰其所能完整涵盖商业秘密的整体权利。秘密本身作为权利客体是抽象的，应具体到秘密的每一项内容。

商业秘密权实际的内涵可以表述为商隐权，是指商业秘密权利人对商业秘密所享有的隐密信息占用权、适当的商业秘密隐藏权、对其他主体使用商业秘密的隐忍处分权，即商业秘密权的三隐性权利。

隐秘信息占用权，主要指对商业秘密权利人自身而言。权利人享有对所持有

---

① 知识产权的权利属性并不一定以权利的第三方审查、批准前置程序为其存续的前提，比如著作权，《中华人民共和国著作权法》第二条规定：中国公民、法人或者其他组织的作品，不论是否发表，依照本法享有著作权。即著作权的存续也不以第三方的审查、批准为其存在的前置程序。不同知识产权有不同的认定方法。

② 作者关于梁慧星先生在2014年山东企业法律风险研究会年会论坛的发言内容的思考，来自作者听讲、理解的基础上整理而成，与会人员一致认为，梁先生以高屋建瓴的视角、能结合《合同法》《侵权责任法》的具体条文规范，详细分析我国商业秘密保护的法律体系规范，是一般学者所不能及的，而且梁先生以立法参与者的身份，解读了当时《商业秘密法》夭折的背景和原因，给我们阐明了法学界对商业秘密的认识演变历史，对于商业秘密研究具有重大意义。作者在书中借用个人对梁先生的观点理解，目的是希望借此提出个人对商业秘密权、商业秘密与知识产权关系的理解。

③ 张耕等：《商业秘密法》（第二版），厦门·厦门大学出版社，2012年版，第23—24页。

④ 戴永盛：《商业秘密法比较研究》，上海·华东师范大学出版社，2005年版，第88页。

⑤ 沈强：《Trips协议与商业秘密民事救济制度比较研究》，华东政法大学博士论文，2010年5月，第123页。

⑥ 赵天红：《商业秘密的刑事保护研究》，中国政法大学博士论文，2006年4月，第7页。

商业秘密信息的占有、使用、收益等权利。

适当的商业秘密隐藏权，是指权利主体对其占用、知悉的商业秘密在合法的范围内享有依法隐藏不外示的权利。这里的所谓“不外示”可能包括在行业内是“公开秘密”但行业外的人或组织不知道，那么这个行业成员及其组织没有义务对外公示此秘密；也包括在行业内行业主体之间的秘密隔离。如山东圣罗捷畜禽产业有限公司和吉林正方农牧股份有限公司（第29届奥运会食品供应商）作为国内著名的鹅肥肝生产和供应商，其采用的“强饲法”喂养鹅并18天出鹅肝的秘密。[①]

对其他主体使用商业秘密的隐忍处分权，是指权利主体有主动将商业秘密授予一定范围内的其他主体占有、使用、收益的权利或对其他主体事实上对商业秘密占有、使用、收益现状的隐忍程度及相关法律权利。如美国最大香辛料生产厂家“味好美”，同时是肯德基和麦当劳的生产商，三家以及供应商签订严格保密协议，一旦泄密，处罚足以使其倾家荡产。

商业秘密权的三隐形特质，并不等同于商业秘密权是一项绝对权，因为商业秘密权和所有权不同，它不是权利主体一家独占的绝对权利，可能现实中存在两个以上商主体同时对相同内容的商业秘密拥有商隐权。

商业秘密权的三隐形特质只是说明不同商业主体拥有的不同商业秘密之间的区别，我们应该认识到，商业秘密并不是部分商业主体的特权。所有商业主体都拥有不同的商业秘密，但并不是所有的商主体对其所有的商业秘密都拥有商业秘密权，商业主体只有针对狭义上的商业秘密才享有商业秘密权。商业主体对于狭义商业秘密之外的其他商业秘密，即使不合法合理，也不享有商业秘密权。如上所述三鹿企业添加的三聚氰胺，是对消费者知情权的损害和对社会经济秩序的破坏，属于非法的商业秘密，依法应该受到法律的制裁。至于台湾著名品牌牛奶中蕴含的避孕药、塑化剂等，如果真如报道所言，是这些有害成分残留不在食品规范允许之内，那和三鹿企业一样，这样的秘密是属于非法的商业秘密，商业主体不享有商业秘密权。

商业秘密权所针对的商业秘密范畴，应该包括上述自然状态和法律状态下的商业秘密。很多人将商业秘密简单地分为合法商业秘密与非法商业秘密，犯了非此即彼的逻辑错误，实际上商业秘密包括合法商业秘密、非法商业秘密、法定身份待定及自然事实状态下的商业秘密。有的商业秘密从表面易于辨识，如三鹿集团纵容其奶源供应商为增加牛奶蛋白质含量而添加三聚氰胺并保守此商业秘密的行为，而有的商业秘密从表面无法快速辨识，需要严密的法律程序认定，如上述

---

① 章柯：《“鹅肥肝”的秘密》，载《第一财经日报》载2013年3月16日，第3版。

案例中企业存在的两类账本的内容合法性的商业秘密。

因此，商业秘密权不单是一项权利，它在法律实践中反映的是一种法律关系：特定的权利主体对特定的秘密信息依法享有的、排除他人非法侵犯的占有、使用、收益、处分的权利，因为这种权利的存在，可能实现特定主体所追求的利益诉求，商业秘密权应运而生。“权”本身就含有权利和利益的内涵，如果把“权益”等同于“权利与利益”，那么就将“权”与“权益”等同。商业秘密权不仅指“权利”而且也包含“利益”，两者本身就是相互关联、密不可分的。作者以为，“权利”是一种“手段”，而“利益”是一种“可追求的目的和有预期的结果”，主张“权利”的目的无非是为了特定的“利益”，对这种利益的追求，我们称其为目的，对这种利益的实现，我们称其为完成预期，对这种利益的不可实现，我们称其为超出预期。不存在以无利益为追求目标的权利，也不存在无权利为前置手段的利益。从这个角度讲，“权益”等同于“权”，包含了手段、目的以及结果，而结果只不过是目的的实现而已。

不管哪一种商业秘密，持有人对其都具有权利作为其利益实现的前提，这种权利与商业秘密的存续状态相对应，也分为自然权利和法定权利。法定权利很好理解，指的是法律规定每个人依法享有的权利。

对于自然权利，西方自然法学派的学者有着典型观点。霍布斯曾经这样认为，一般所称的自然权利，是每一个人用他自己的判断和理性认为最合适的手段去做任何事情的自由。[①] 洛克认为，自然权利是人的劳动使自然之物脱离原来所处的共同状态，确定了人们对他们的财产权。[②] 卢梭认为，自然状态的人和社会状态的人完全不同，社会状态本质上违背人的自然本性，在这种状态下，自以为是其他一切的主人的人，反而比其他一切更是奴隶。[③] 上述哲学家与法学家的观点，很好地说明了自然权利的完美性和实现的高难度性，同时说明了自然权利现实是存在的，只是其实现的可能性有所差异。

西方上述典型哲学家和法学家的观点看到了自然权利的重要性和与社会状态权利的不同，但是对自然权利现实存在的自然认可没有过多涉及。自然权利不管是人类理性规定也好，或是人类的心灵内在需求的外在表现也好，其既然现实存在，就需要社会的自然认可，这种自然认可是自然权利的本质要求，和法律认可

---

① 霍布斯:《利维坦》(黎思复、黎廷弼译)，北京·商务印书馆，1985年版，第97页。

② 洛克:《政府论（下篇）》(叶启芳、瞿菊农译)，北京·商务印书馆，1996年版，第19—20页。

③ 卢梭:《社会契约论》(何兆武译)，北京·商务印书馆，1982年版，第8页。

不同，指的是在社会大众领域中，某一类自然权利得到本领域大多数人的承认、尊重及执行。

当自然权利与法定权利相冲突，自然权利在司法层面要遵从法律权利，但在社会层面，这种遵从可能需要一个过程，如上述案例中非合法的商业秘密，持有人对其享有自然状态的商业秘密权，包括持有、使用、收益、公开等，这种自然权利存续很正常，也很必需，权利人在这种权利存续过程中更多地关注自身的权利部分，而忽视了其应尽的义务层面，如三鹿集团的三聚氰胺案件，集团高层明知其供应商的奶源含有三聚氰胺，仍然冒险使用，这个秘密之所以当作其商业秘密被保守，一个是经营的压力所致，另一层面是利益的驱动使然，恐怕还有一个更重要的方面，那就是三鹿集团高层当时并没有认识到所添加的三聚氰胺会造成如此恶劣的严重后果。也就是说，三鹿集团与其奶源供应商之间的这个商业秘密一直到消费者案件爆发、国家司法部门介入而得以公开，否则会一直存续下去，而公开此秘密的后果是三鹿集团高层及其他主要负责人承担刑事责任、三鹿集团破产。假设三鹿集团添加三聚氰胺不是短时间的事情，而是一个长期持续的非法行为，起初因为添加量小而没有立即产生严重后果，而后因为奶源不足增量三聚氰胺导致案发。此时，当初三鹿集团因为添加三聚氰胺而产生的经营收益，早已经被用作其他用途，包括职工工资、企业发展、偿还银行贷款、支付供应商欠款等，而被三鹿奶粉伤害的众多患儿，很多至今因为三鹿的破产没有得到赔偿，如果三鹿集团及其奶源供应商对此商业秘密没有商业秘密权，那么因为添加三聚氰胺而产生的所有相关企业收益都应收缴，事实是随着三鹿的破产，不但无法收缴，而且无法向广大患儿合理赔偿。由此不能不说明商业秘密权即使其所对应的是非法商业秘密，在一定时间和区域范围内，也在事实上享受了自然状态的现实法律保护，尽管这种自然状态的保护与法益严重冲突，而最终只能因为法律无法完全追究而默认其自然存在，这就是商业秘密权所针对的商业秘密的自然权属性。

所以，商业秘密是保证商业主体基础合法权益的关键，如同个人隐私是自然人的人格尊严。商业秘密权是商业秘密的主要价值渊源，是对商业秘密的权属归属的认定依据。

第二节　商业秘密权性质

关于商业秘密权的性质，目前学术界有人格权、财产权、知识产权的争论。

一般的传统观点认为，人格权和财产权是两种截然不同的权利，但目前这种观点已经逐渐发生了变化，一种趋向是包含性融合：人格权与财产权相融合成新的财产权，或人格权与财产权交汇成新的人格权；一种趋向是派生性融合：人格权与财产权融合成新型知识产权，或人格权与财产权融合成商事人格权等新型民事权利。

知识产权的观点之所以流行的原因在于其范围和内容截至目前尚未有完全权威的最终定论。知识产权内涵的西文来源为 Intellectual Property，其中的 Property 以及德文中 Eigentum，本意就是“财产权”，并不是人身权与财产权的组合统一。①

对商业秘密的研究，世界各国，包括上述英美，还有我国，大多侧重于从财产权角度进行研究。我国学术界对商业秘密的性质认识较为一致，将其作为一种无形财产权看待，并将其纳入知识产权的范畴，这和世界范围对商业秘密性质认识差异性较大的现状不同。其实商业秘密本身的特殊性，决定了不能将其简单归为财产权或知识产权。学理上有财产说、契约义务说、信任关系说三种学说。有的学者认为商业秘密是商事人格权的客体，兼具财产权和人格利益双重属性，主张并不是所有的商业秘密都缺失人格属性，在经营信息的层面上还是有很多秘密信息具有人格属性的，应该将其作为商事人格权的客体而不是作为知识产权的客体对待。②

商业秘密权和商标一样，作为我国学术界通说认可的一种权利，应该是将其作为商事人格权看待，而不应该将其作为知识产权简单归类。知识产权中，无论专利权、著作权、商标权等，都是公开的、具有明确的保护期限，权利人丧失权利的标志是超过法定保护期，在此期间内，受法律强制性保护，而商业秘密权则是在一定范围内隐秘的、只要不泄密即可无限期拥有的一种权利。

在此基础上，又有两个不同的观点：

一个观点是认为界定权利属性的对象应该是商业秘密权而不是商业秘密，如同我们可以说专利权是一种知识产权而不能说专利是一种知识产权一样，专利只是知识产权之一专利权的客体而已。

另一个观点是商业秘密权不论针对技术信息还是经营信息的权利，均同时兼具人格利益与财产权双重属性。作为一个具体的权利，必须有特定的权利主体相

---

① 郑成思：《知识产权论》，北京·法律出版社，1998 年版，第 73—74 页。

② 程合红：《商事人格权论——人格权的经济利益内涵及其实现与保护》，北京·中国人民大学出版社，2002 年版，第 64—65 页。

对应，无主体无权利。即使有的商业秘密权享有人可能不止一个，也是有特定的权利主体对应特定的人格利益。当然，基于传统民法理论认为的人格利益与主体紧密相连、不可分割，在市场经济条件下，人格利益财产化是必然的，例如名人的姓名权与肖像权中的使用权、收益权等，但这并不意味着财产化的人格权就不是人格权，只是随着社会的发展，原先仅仅依附于特定主体的人格权内涵得到了一定程度的外延，更好地完善了人格权的基本内涵，使法律更适应社会的发展与人性的完善。

2017 年 10 月 1 日生效实施的《中华人民共和国民法总则》第一百二十三条则明确将商业秘密作为知识产权予以了明确规定，至此，我国关于商业秘密权的性质有了法定的基本定论。

第三节　商业秘密权实现途径

商业秘密权作为商业秘密的权属归属，其权利主体的利益保护实现一般有两种途径：第一种途径是权益主体通过构建完善的保密制度、采取积极的保密措施，实现商业秘密的经济性与实用性；第二种途径是作为与权益主体相对的商业秘密的义务主体依法依约履行保密、竞业限制等义务，保障商业秘密经济性与实用性的实现。

一、自力预防保护

保护与救济，是一个问题的两个方面，完整的保护具有救济的内涵，但从事物的发展阶段而言，保护与救济的区别在于，前者侧重于“查缺”，后者侧重于“补漏”。自力保护与救济需要权益主体自身重视并对商业秘密法律风险有正确的认知、积极的风险预防措施和完善的执行措施。通过对企业的调研和交流，发现企业商业秘密纠纷发生的原始因素还是企业自身对商业秘密的保护对象、范围、方式以及泄密途径等认识不够，导致缺乏完善的商业秘密法律风险预防制度和执行措施。

只有认识到问题的关键点，才有可能正确地解决问题。因此，对于商业秘密泄密途径的正确认知（通过“查缺”保护）是预防商业秘密法律风险（通过“补漏”救济）的基本前提。关于商业秘密的泄密途径和预防措施，学术界和企业界讨论较多，认识也比较一致。

1. 一般情况下，商业秘密法律的泄密途径有以下三个。

一是权益主体自身预防工作不到位导致泄密。权益主体的预防工作是一项综合性的系统工程，包括商业秘密相关基本制度的完善、劳动合同与保密协议及竞业禁止协议的合理制定、秘密信息的整理汇总定级工作、秘密信息的知悉人员范围界定问题、秘密部门的设置安排问题、秘密区域的隔离保护问题等，这些环节都是环环相扣，任何一个环节出现问题，都可能导致权益主体的商业秘密泄露甚至被非法利用。

二是在职或因各种原因导致的离职员工泄密。对商业秘密主要拥有者企业而言，员工的重要性毋庸讳言，但并不是所有员工都是需要保密的对象，合理培养在职员工的保密意识和法律责任意识、合理培养企业与离职员工的情感沟通意识，对于企业商业秘密保护至关重要，如果企业无法维持这种意识的系统培养，会导致商业秘密的无端泄露而危及企业的正常发展。

三是其他第三方非法获取、泄露、使用商业秘密导致泄密。这里的第三方范围很广，包括与权益人有业务往来的合作伙伴，也包括和权益人洽谈合同的潜在客户，还包括利用权益人内部员工非法获取商业秘密的其他第三方等，这对权益人商业秘密保护是一个非常大的威胁。

2. 同时，风险预防措施还应有针对性地通过制定完整的保密手册、采取适当的区域、设施与文件隔离措施等方式构建完善的商业秘密保护制度；通过签订合理有效的保密协议、竞业禁止协议、员工入职或离职面谈、离职员工的跟踪慰问、员工保密教育等方式做好员工的管理工作；做好展会、学术研究会、对外开放厂区参观、合作交流等过程中涉及本权益主体商业秘密的、针对第三人的防泄密工作等。

二、法律强制保护与救济

相比自力保护与救济，法律保护侧重于要求商业秘密权的相对义务人忠实、廉洁义务的合理履行；法律救济侧重于商业秘密的相对义务人违反义务时承担的法律责任。

1. 相对义务人的忠实、廉洁义务履行

在商业秘密保护法律关系中，相对义务人是一个不特定的概念，可以是与权益主体有劳动合同关系的员工、也可以是与权益主体有合作关系的供应商、产品或服务需求商、还可以是与权益主体没有任何合同关系的其他第三人。由于商业秘密权与一般的所有权内涵不同，所有权是一个绝对概念，具有绝对的排他性，而商业秘密权并不是一个绝对排他的权属概念，权益主体并不能排除其他拥有相同商业秘密的权益主体的存在，只要该商业秘密尚未公开并且这些权益主体之间并不存在侵权或违约等妨碍合法权益的情形存在，基于这个原因，我们将商业秘密权的义务人定为相对义务人而不是绝对义务人。如前述章节案例中 A 与 C 共同掌握“B 携款潜逃”的商业秘密就属于这类情况。

相对义务人，无论是上述哪一类，不管其义务的内涵如何细化界定：或是在职员工的守约保密，或是离职员工的保密与竞业禁止，或是其他第三方的保密等义务，都可以概括为忠实与廉洁义务。

忠实侧重的是履行行为。忠实义务强调义务主体无论是与权益主体有无合约，都应尊重权益主体的商业秘密权，或因有约定履行忠实的约定义务，或虽没有约定而履行忠实的法定义务。

因为有双方前置的约定关系，对履行忠实的约定义务一般很好理解，但履行忠实的法定义务对于权益主体的合法权益实现更为容易被权益双方所忽视，在司法实践中也成为困扰司法审判人员的一道难题。

廉洁强调的是履行结果。廉洁义务强调义务主体在忠实履行的基础上，通过保证自身的廉洁，不侵犯权益主体的合法权益、亦不破坏国家市场经济的管理秩序。廉洁义务本质上是一种法定义务，廉洁义务是对忠实义务正常履行的保障，直接关系到忠实义务履行的结果。

例如对于客户名单构成商业秘密问题，我国法律已经在立法层面予以规范，《最高人民法院关于审理不正当竞争民事案件应用法律若干问题的解释》（以下简称《不正当竞争案件司法解释》）第十三条规定：“商业秘密中的客户名单，一般是指客户的名称、地址、联系方式以及交易的习惯、意向、内容等构成的区别于相关公知信息的特殊客户信息，包括汇集众多客户的客户名册，以及保持长期稳定交易关系的特定客户。”同时还要符合《反不正当竞争法》第九条第三款规定的商业秘密的基本构成要件，实践中还一般要求权益主体为客户名单成为商业秘密付出了一定代价，对应《不正当竞争案件司法解释》第九条规定的“该信息无须付出一定的代价而容易获得。”不构成商业秘密要求的“不为公众所知悉”。说明客户名单要构成商业秘密，除了要符合商业秘密的四项基本要求之外，还必须符合一定的代价性等特定要求，我们可以将“一定的代价性”理解为经济性的内涵之一。有人将“稳定性”理解为客户名单商业秘密的要素之一，其实都似有不妥，因为按照《不正当竞争案件司法解释》第十三条的规定，客户名单是包含了区别于公知信息的深度特殊客户信息，其中包括客户名册与有长期稳定关系的特定客户。说明稳定性是其中“特定客户”的必备要素，而并不是所有客户名单商业秘密要求的必备要素。“一定的代价性”作为经济性的内涵，已经被《不正当竞争案件司法解释》所认可。但现实中存在不具有一定代价性与长期交易稳定性但确实是企业商业秘密的客户名单，如偶发性的客户来源构成的客户名单，是客户自身主动找到企业，并与其进行了实际交易，企业由此掌握了客户的真实的特定需求和营销策略，那么这同样构成商业秘密。对于这样的商业秘密，企业主管或参与合作与交易过程的关键人员，无论在职或离职，都应在法定范围内通过承担适当的保密义务及竞业禁止义务来履行其应负的对企业的忠实义务，可能在职期间是法定义务，离职期间是约定义务，也可能是在职、离职期间都是约定义务，还可能是在职期间是约定义务，离职期间是法定义务。

2. “信赖交易”与忠实、廉洁义务之间的利益冲突

廉洁义务作为忠实义务履行的保障，也是检验义务人最终履行义务以及权益人最终权益保护的结果的重要依据。这里要注意信赖交易对忠实义务与廉洁义务的正当限制。《不正当竞争案件司法解释》第十三条第二款规定了信赖交易的基本内涵：“客户基于对职工个人的信赖而与职工所在单位进行市场交易，该职工离职后，能够证明客户自愿选择与自己或者与其新单位进行市场交易的，应当认定没有采用不正当手段，但职工与原单位另有约定的除外。”这里面隐含三层含义：第一层含义是信赖交易对客户名单的商业秘密属性的否定；第二层含义是信赖交易中的自愿性、正当性的举证责任在离职员工；第三层含义是特殊约定对信赖交易的否定。即在法律规定的信赖交易发生的时候，离职员工可以对抗对于原企业的忠实义务和廉洁义务。

法律确认了一定条件下的“信赖交易”，但同时要求当事人依法按约履行其忠实义务与廉洁义务，禁止违反忠实义务做出泄露、非法利用商业秘密的行为，以及违反廉洁义务通过泄露、非法利用商业秘密获取不正当利益的行为。“信赖交易”与“忠实义务”“廉洁义务”三者之间反映出来的利益冲突实际是商业秘密权属当事人之间的界限标准认定问题。如果我们将商业秘密权界定为商业秘密的价值渊源，那么上述三者界限关系也就成为商业秘密价值渊源认定的权属依据，也是对商业秘密权益实现的法律救济依据。

综上所述，商业秘密可以分为两类：第一类是广义的商业秘密：即只要是与商业主体有关的一切秘密都可以称之为商业秘密，包含一切合法的、非法的信息秘密，其构成要件包括上述的秘密性、经济性（价值性）、管理性；第二类是狭义的商业秘密：只有商业主体依法持有的合法技术信息和经营信息等秘密才属于商业秘密，其构成要件除了上述三要件外，还必须具备合法性要件。当然有的学者认为上述三要件已经隐含了合法性要件。[①] 其实，合法性作为商业秘密构成要件之一，不是普通要件，而是首要要件，应该明示，即商业秘密构成要件顺序为：合法性、秘密性、经济性（价值性）、管理性。区分商业秘密内涵的广义性与狭义性，也是确认商业主体到底是否享有商业秘密权的基础依据，现实中应该采取广义的商业秘密概念。

① 唐青林、黄民欣：《商业秘密保护实务精解与百案评析》，北京·中国法制出版社，2017年版，第107—110页。

第二十七章　企业商业秘密保护措施

第一节　自我管理保护

一、正确认识商业秘密

企业的商业秘密一般主要包括技术秘密和经营秘密两类。技术秘密包括产品配方、烹调方法、产品工艺流程、样品、产品技术指标、产品检测报告等。经营秘密包括营销策略、销售渠道、采购资料、供货情报、客户名单、定价政策、产品报价单、管理诀窍、经营管理模式、财务会计报表、投资计划等。应注重对不同商业秘密的分级管理，管理的目的不是筛选孰重孰轻，而是提高管理效率。[①]

虽然我国 1993 年《反不正当竞争法》第十条规定和最高人民法院相关司法解释明确规定了商业秘密的法定构成要件：客观秘密性、以实用性为基础的价值性以及主观保密措施，但是企业应该对自己的商业秘密有明确的界定和具体的保护措施。

因此，我们应正确认识商业秘密的要求。除了对上述技术秘密和经营秘密的正确认识外，还需要在风险管理意识之中注意商业秘密对于企业不存在轻重大小问题，每一项商业秘密都对应着不同的秘密点和企业的盈利点，任何一项商业秘密的泄露都可能导致企业的灭顶之灾，所以，企业都要重视商业秘密。从管理层面而言，对商业秘密应该分级管理，管理的目的是提高管理的效率。当然，我们对于商业秘密分级管理提高管理效率，只是对于管理的目标要求而言的一种手段，管理的终极目的是发展和强化企业的个性化，避免因竞争同质化而阻碍企业的正常发展。

同时，企业应该对自己的商业秘密有一个全面的应对概念，即在目前法律法

---

① 刘遵霞：《餐饮企业如何做好保密管理》，北京莫劳西餐厅调研。

规并不是很健全的情况下，尽可能地扩大自己的商业秘密保护范围，并一定将其具体化才可能得到法律的现实保护，包括企业设立过程中、经营过程中、清算过程中等的秘密信息都要制定专门保密制度、安排专门人员、专门场地、专门设备去专门管理。对于秘密不管是否合法，都要有自己的秘密范围、秘密知悉人员范围、具体保密措施、现实效益或竞争优势证据等证据资料支撑。商业秘密是无形的，但是商业秘密权的载体是需要现实存在的，否则无法有效证明商业秘密的存在，更无法去追求商业秘密的保护与救济了。

企业对商业秘密的正确态度是：知道自己有哪些商业秘密对自己有价值，而且正在积极采取各种措施加以保护。

二、合理对抗合法阻却事由

我国认可独立开发、反向工程、基于维护公共利益为目的的强制信息披露、信赖交易等是限制商业秘密权的主要方式。这实际是法律对两种不同利益主体的平衡和协调。企业在商业秘密保护过程中要针对这些现实的法律规定采取相应的对策。

1. “反向工程”

根据《最高人民法院关于审理不正当竞争民事案件应用法律若干问题的解释》第十二条规定，反向工程，是指通过技术手段对从公开渠道取得的产品进行拆卸、测绘、分析等从而获得该产品的有关技术信息。当事人以不正当手段知悉了他人的商业秘密之后，又以反向工程为由主张获取行为合法的，不予支持。

从上述规定可以发现，正常途径的反向工程是对商业秘密权的正当限制。

企业无法阻止正常的反向工程，但是可以针对可能出现的反向工程采取提前预防工作，从而更好地保障自己的商业秘密：

一是可以采取更为严密的保密措施，如大家熟知的风光集团，如果一如既往保持其调料包的精细加工，不因为产业的扩大而放松对调料包商业秘密的保护，就不会出现上述后果。

二是对于可能发生反向工程的商业秘密，可以考虑采取其他保护方式，例如申请专利，尽管会导致秘密公开，但是有权威机构的强制认证和保护，更加有利于企业对商业秘密的有效保护。

三是注意对假冒反向工程的有效识别和维权。很多所谓的反向工程是侵权人先通过不正当途径获取企业商业秘密，再以反向工程的表面合法形式对抗企业商业秘密。这需要企业保持职业的敏感性和自身商业秘密的高度关注，注意搜集相关证据。

2. 强制披露制度

强制披露制度实质是法律允许权利人之外的不特定第三人知悉其保密内容，从而造成权利客体脱离秘密状态、权利绝对消灭的法律后果，客观上与侵权法律后果一致。[①] 本制度不是反不正当竞争法中规定的法定限制商业秘密权的形式之一，但是却是社会发展的现实需要，是社会公共利益对抗商业秘密权益的需要。

针对强制披露制度可能导致商业秘密泄密问题，是否可以设立公共利益抗辩制度？我国已有依据：《政府信息公开条例》第十四条第四款规定了行政机关不得公开涉及国家秘密、商业秘密、个人隐私的政府信息。[②]

作者认为，强制披露制度依法需要尊重权利人的合法商业秘密权，不得以此制度为由侵犯权利人的正当商业秘密。因此对权利人正当商业秘密的界定成为强制披露制度执行的基本依据，只有对不属于权利人的正当商业秘密方能实行强制披露制度。

实行强制披露制度，更多的是关注社会公共利益对权利人私主体利益的合法限制。在此我们要注意很多企业主张的所谓商业秘密可能属于被强制披露的内容，也要注意被强制披露的内容也可能属于企业的应有商业秘密，在界定范围方面需要有关确定的法律依据。

3. 其他形式的商业秘密正当限制形式

除了上述正当限制外，还有来自自行研发、信赖交易和合法情报获取等形式，也能够对商业秘密形成正当限制。

自行研发和信赖交易是《最高人民法院关于审理不正当竞争民事案件应用法律若干问题的解释》第十二、十三条的法定限制形式。自行研制在实践诉讼中要求商业秘密权利人承担举证被告产品或服务所依赖的信息与其商业秘密存在“相同（实质性相似）+接触”的事实，以证明被告侵权的事实，自行研制人在此基础上就需要就其自行研制的“合法来源”进行举证，两者是先后的顺序，其中被告作为主张自行研制的主张方，其“合法来源”的主要着力点一般是自行研制的时间要早于原告主张的商业秘密形成时间，否则会因为原告主张被告存在“相同

---

① 林晨悦：《浅析商业秘密的公共利益抗辩制度：兼评调和油配方的商业秘密之争》，载《知识产权法研究》2013 年第 2 期，第 64 页。

② 林晨悦：《浅析商业秘密的公共利益抗辩制度：兼评调和油配方的商业秘密之争》，载《知识产权法研究》2013 年第 2 期，第 67 页。

（实质性相似）+接触”的事实而抵消掉被告自行研制的主张。[①] 如果被告自行研制的时间确实在原告主张的商业秘密形成之后，那么作者认为，被告需要就其自行研制如何对抗原告主张被告存在“相同（实质性相似）+接触”的事实而进行进一步举证，这对被告而言，难度极大，需要充分的证据支持。

信赖交易的举证关键是被告要证明第三方的自愿性和主动性，以及被告要证明自身对第三人的非引诱性、非胁迫性等。

还有一种正当限制，虽然《反不正当竞争法》没有明示但是属于实际情况下的合法情报的自我泄密，依法不属于侵犯商业秘密权。因为商业秘密是权利人以外的外人很难获得的，但是权利人的公开资料可能会无形中成为外人合法获取的情报，从而泄露商业秘密。当然，针对上述各类商业秘密权的正当限制，商业秘密权利人要仔细分析、依法维权，确保自己正当的商业秘密能够得到合法保护。应该说，无论哪一种限制可能发生，企业作为商业秘密权利人都要做好自己认为的本企业商业秘密的认定与保护工作，尤其是要保证以下几方面重点工作：

一是对内部员工时刻做好系统教育工作，以知识管理的视角做好法治诚信意识培训工作，附之以完善的保密协议、竞业禁止协议，适当的保密费、补偿费，甚至对于核心员工给以适当的股权激励，同时做好具体信息的保密工作，慎重接待外来参观人员、合作洽谈人员，避免泄密。

二是对于可能涉及侵犯商业秘密的企业以及个人，在最终决定诉讼之前，可以采取工商举报的形式，通过主管机关的行政手段法定职权依法维权。

三是对于通过上述两种途径无法解决的商业秘密侵犯问题，可以通过民事诉讼、行政诉讼甚至刑事诉讼方式依法维权。

上述几种方式需要企业量力而行，以合适的方式有效率地维护自己的合法权益，不要轻率地以国家规定的上述几种可能的正当限制而放弃自己的商业秘密，很多问题需要程序和时间才能最终解决。当然抛开商业秘密正当限制情形，对于其他正常的侵犯商业秘密的行为也可以有选择性地采取上述方式。

三、准确配置不同保护方式

使用一元式的单纯商业秘密保护还是二元式的商业秘密加专利权保护方式，是很多企业的困惑。准确配置本企业的商业秘密保护方式，能够在提高商业秘密

---

① 孔祥俊主编：《商业秘密司法保护实务》，北京·中国法制出版社，2012 年版，第 167 页。

保护效率的同时，增加商业秘密保护的力度。

以老字号企业为例。企业，尤其是众多的老字号企业，拥有自己独特的工艺流程、食品配方等自己的“秘密武器”。随着我国与世界市场经济的一体化进程的飞速发展，老字号企业要突破传统规模的限制和发展的空间，才能有长足的发展，与之相匹配的是，越来越多的老字号企业的工艺流程和食品配方也在很大程度上借鉴了现代先进的生产线等先进技术，所以，如果继续采取传统的单一商业秘密保护措施，可能会使老字号企业发展受到很大的限制，这种情况下，以专利保护和商业秘密保护相结合的方式可以有效解决这个难题。

根据中华老字号工作委员会定义：老字号是具有展示民族文化创造力的价值，具有鲜明的民族传统文化背景，拥有世代相承的独特工艺或经营特色，且技术出众，取得了社会广泛认同和良好商业信誉的企业。

“拥有世代相承的独特工艺”是大部分老字号赖以成名及生存的根本基础。独特工艺可以区分为工艺（流程或方法）和配方两种类型，以制作烤鸭为例，加工过程为其工艺，但腌制烤鸭也需独特配方。2006 年商务部授牌的首批“中华老字号”430 家中约 10%为中药企业、38%为食品加工企业、约 25%为餐饮类企业，企业就占据了 63%还多，这些企业大都具有独特工艺或配方（秘方）。从老字号的发展历程和传统看，工艺和配方都是作为商业秘密来保护的。中华人民共和国成立前，通过家族严格的技术继承路线来传承和保护；中华人民共和国成立后由于实现了公私合营，秘密的传承则主要依靠合营后企业的保密措施来保障。

我国由于对中草药商业秘密的保护意识太弱，导致了 900 多项中草药项目在海外被申请专利并将产品返销中国，造成了损失。因此应该很好地将专利和商业秘密结合保护。①

当然，企业在保护商业秘密方面一定要多条腿走路，采取最适合保护的方式开展相关保护工作，尤其是对于众多的老字号企业，哪些适合采取商业秘密的方式、哪些适合申请专利，都应该准确、尽早决定并采取实际行动，这是对以老字号企业为代表的、拥有独特配方或工艺的企业进行商业秘密保护的最基础工作。

四、完善分层次保护制度

企业在合理选择商业秘密保护方式基础上，需要分层次、遵循不同类别商业

---

① 傅利英、于杨曜、张晓东：《“老字号”企业技术创新及专利、商业秘密立体保护措施研究》，载《科技与法律》2010 年第 1 期，第 52、54、55 页。

秘密的特质制定执行适当的保护制度。

以企业中的餐饮企业为例。企业中餐饮企业占据了很重要的比重，餐饮企业距离社会公众更近，食品安全问题和商业秘密问题更具有典型性。餐饮企业为代表的企业在保护商业秘密方面的具体层次性措施应该包含以下方面：

第一，首要措施是采取“一体化”模式，增强特定员工的责任感。

所谓“一体化”模式，是打破企业股东、老板与员工、打工仔的传统区别，统一、加深优秀员工对企业文化的认知、认同，以及融合优秀员工与企业的距离，变优秀员工为企业股东。具体而言，就是对于企业中特别优秀的、接触或掌握商业秘密的特定员工，可以采取给予高薪并签订长期劳动合同或赠予干股的形式，增强员工的参与感、主人翁感及责任感。

第二，常规措施是做好商业秘密保密的程序性工作。

一是做好制度性的建章立制工作和特定保密人员培训工作，尤其注意与特定人员或合作单位及时签订保密协议，如可能接触或掌握商业秘密的员工及企业对外可能涉及商业秘密的合作伙伴等。

二是做好保密区域的隔离工作，有条件的企业可以采取独立办公区域加以保密，同时附之以严格保密措施，如在保密区域外显著位置以醒目标语写明：非保密人员禁止入内，特定工作工具上锁设密、重点位置张贴警示标语、特定区域无死角监控等。

第三，基础性的根本措施是不断强化商业秘密，增强其不可复制性。商业秘密只有不断地更新、完善，增强其动态的高品质内涵，尽量延长他人复制的可能性期限，强化自身商业秘密的特质，才有持续保密的需要以及可能。

五、规范用好保密协议与竞业禁止协议

在西方的商界流传着这样一句格言：公司最大的敌人不是竞争者而是公司内部的职员。因为从竞争者那里失去的只是利润，而从不忠诚的雇员那里你失去的将是真正的财富。强调雇员的忠诚不能仅靠雇员的自觉，因为雇员和雇主之间关系的纽带就是工作，而工作的核心是利益，因此规范利益最好的方式就是法律和有效约定。体现在商业秘密方面，能够较好持续性维持雇员忠诚义务的莫过于企业和雇员之间有效合理的保密协议和竞业禁止协议（当然法定的保密义务和法定的竞业禁止义务由法律直接规定，其当然性的存在，不作为本书讨论的重点）。

这里需要强调的是协议的规范性和有效性，需要企业在协议格式条款方面和

内容规范方面予以重视，否则可能适得其反，对企业造成更大的损害。

竞业禁止协议从规范有效角度而言，必须规定合理的竞业限制补偿金，否则缺失此必备要件的协议将作无效处理，即使签订此协议，对企业商业秘密保护也没有任何帮助，反而会因为企业缺失有效的提前预防导致企业更大的损失。

至于合理补偿金的标准，依据2013年《最高人民法院关于审理劳动争议案件适用法律若干问题的解释（四）》第六条规定：当事人在劳动合同或者保密协议中约定了竞业限制，但未约定解除或者终止劳动合同后给予劳动者经济补偿，劳动者履行了竞业限制义务，要求用人单位按照劳动者在劳动合同解除或者终止前十二个月平均工资的30%按月支付经济补偿的，人民法院应予支持。前款规定的月平均工资的30%低于劳动合同履行地最低工资标准的，按照劳动合同履行地最低工资标准支付。

说明劳动者有权要求用人单位支付其在劳动合同解除或者终止前十二个月平均工资的30%并不得低于当地最低工资水平标准的补偿金。当然也有地方法院参考当地行政法规，如《深圳经济特区企业技术秘密保护条例》第二十四条规定："竞业限制协议约定的补偿费，按月计算不得少于该员工离开企业前最后十二个月月平均工资的二分之一。约定补偿费少于上述标准或者没有约定补偿费的，补偿费按照该员工离开企业前最后十二个月月平均工资的二分之一计算。"《宁波市企业技术秘密保护条例》也将补偿标准定为二分之一。

作者以为，竞业限制补偿金对于离职员工而言，是离职后因为职业技能所限无法在竞业限制期限内利用其已有优势技能为其本人提供更好的生活来源，因此合理补偿金界定为30%不是很恰当，50%以上更为合理，据此，司法实务中如果离职员工能证明其优势技能受限对其竞业限制期限内的生活水平的影响，受案法院应该适当考虑调整补偿金水平。

另外，作为员工对企业的保密义务，在职期间主要是法定义务，这种义务是单务无偿性质的。对于离职员工而言，如果没有和原企业签订保密协议，那么离职员工是否负有法定保密义务？目前我国法律没有直接的规定，按照目前地方规定，一般将离职员工对原企业商业秘密的法定保密义务予以了肯定，例如《深圳经济特区企业技术秘密保护条例》在2009年修订时将原第9条保密期限至劳动合同结束时的内容去掉了。很多学者将其界定为法定的诚信义务。[①] 因此，在没有签

① 具体观点参见阎天：《劳动者保守商业秘密的法定义务辨析》，载《北京社会科学》2016年第1期，第31页。

署保密协议的前提下，离职员工是否负有法定保密义务取决于以下几个因素：一是确定保密对象首先必须是企业商业秘密，符合法定构成要件；二是离职员工在职期间属于保密的人员范围，具有知晓+接触+保密的基本条件；三是离职员工没有和企业签署竞业禁止协议，因为签署竞业禁止协议本身的约定中已经包含了保密的约定义务。同时符合这三个条件，可以认定离职员工负有法定保密义务。因为商业秘密本身是没有期限限制的，只要权利人没有声明期限，可以认为无限期到权利人主动公开或其他因素导致事实公开为止，同时商业秘密权是一项与商号权同样性质的商事人格权，这种权利对于离职员工而言负有不可侵犯的消极义务，只要商业秘密没有被公开，这项消极义务就始终存在。因此，离职员工应承担法定保密义务，但是这种法定的来源不仅仅局限于劳动合同终止后的后合同义务中的诚信要求，也不是有的学者主张的正当竞争义务或者忠实义务，而是一种独立的法定义务，它与离职员工在职期间的约定保密义务或法定保密义务是前后承继的关系，是两个独立的阶段：在职期间基于约定或特定身份的法定去保密，而离职后则基于对商业秘密权利人商业秘密权消极的不作为的法定保密义务人的身份，不能将其界定为一种附随义务，而是一种独立的法定义务。

第二节　司法诉讼保护

一、正确认识并把握司法诉讼规则

司法实务中审判知识产权案件的法院，普遍反映商业秘密的案件数量相比其他知识产权案件要少得多，但是问题却多得多。司法诉讼程序是对商业秘密权利人自我预防保护无法周全的基础上产生的一种继发性救济程序。目前我国各级法院的商业秘密案件审理面临的主要问题是作为商业秘密权利人的原告因为对自身商业秘密点认识不到位导致诉讼效率偏低，因此，企业作为商业秘密权利人要在对商业秘密有一个全面的正确认识的基础上掌握商业秘密诉讼的主要技能，保证诉讼的胜诉率。具体而言，对商业秘密司法诉讼程序，企业需要从以下几方面予以全面认识：

1. 重视前车之鉴——目前商业秘密司法诉讼低胜诉率的原因

因为企业在商业秘密保护过程中，一方面要依据自身实际情况做好主动预防工作，同时也要对目前已经发生在其他企业的商业秘密诉讼案件纠纷进行分析，对其诉讼的经验和教训予以合理的借鉴，这样才能从不同的角度更好地保护自己的商业秘密。作者调研了山东、上海、北京不同的法院，总结了共同性的商业秘密诉讼案件胜诉率低的原因主要有以下几方面：

第一，当事人缺乏最基本的保密意识。有的企业直到诉讼都不能提供本企业商业秘密的具体内容和有效的保护制度载体，也有很多企业有保密协议，但是都是格式化的、针对全体员工的普通协议，没有针对具体岗位、特定人员界定具体严格的保密措施，导致当事人在商业秘密诉讼过程中难以有有效的证据支持自己的诉讼主张。

第二，当事人对商业秘密缺乏正确的认识。例如对于商业秘密的秘密性、价值性和保密性，对于商业秘密权的约束对象，对于离职员工是否应该签订保密协议，是否负有保密义务，竞业禁止协议怎么才算有效等问题，绝大部分企业没有专门的部门、专业人员负责，也没有系统的保护措施和有效证明载体，严重影响了企业的商业秘密保护效率。

第三，诉讼技能严重缺失。不要说企业，很多企业的代理人也不能准确掌握商业秘密案件的主要诉讼关键点。例如原告的商业秘密点有哪些，被告是否存在反向工程、自行研制、信赖交易、强制披露等对商业秘密权的合法抗辩，如何正确使用“实质性相似+接触-合法来源”举证规则，侵犯商业秘密的性质如何界定，侵犯商业秘密的损失赔偿如何确定等，都是原被告双方在商业秘密诉讼案件中需要掌握并熟练运用的，但可惜的是，目前绝大部分商业秘密诉讼案件中，当事人不能胜诉的主要原因不外乎以上因素。

2. 主动全面完善——系统掌握诉讼关键点，防控败诉风险

针对上述问题，企业要从以下几个方面系统工作并全面完善：

第一，诉讼前主要风险防控工作：所有的商业秘密案件都需要经历确权的基本过程，即首先确定原告是否享有商业秘密权。因此，一旦发生商业秘密被侵犯或虽然没有现实发生但是有发生的潜在风险，企业应该通过向当地或案发地人民法院咨询或专业律师咨询的方式，提前明确本企业商业秘密的秘密点的具体范围以及其物质载体。至于很多人苦恼法院可能因为是司法机关不会提供咨询，当事人可以派人到所在地或案发地法院立案庭看看是否有相关宣传册，因为对于这样诉讼风险突出的案件，很多知识产权庭为了提高当事人诉讼技能，保证诉讼的更好进行，也做了很多专业普法工作，例如编写印制相关资料放在立案大厅供当事

人取用参考。

同时所有商业秘密诉讼也都有确认侵犯商业秘密的过程，结果可能是侵犯，也可能是不侵犯，因此商业秘密权利人应准确理解和学会应用诉讼中举证时需要掌握的“实质性相似+接触-合法来源”基本原则，并据此在起诉前搜集好相关证据，尤其是商业秘密确权、侵犯商业秘密、赔偿数额的法律责任等核心问题，一定要在诉讼前做好细致的证据收集和数据统计工作，因为一旦发生诉讼再去收集证据，由于时间的局限和环境的变化可能更加困难。

在此当事人尤其要注意侵犯商业秘密导致的赔偿数额的确定标准问题。依据我国目前的法律及司法解释规定，一共有四种赔偿标准：权利人的损失；侵权人的获利；商业秘密许可费的倍数；法定赔偿。原则上允许当事人直接选择。[①] 企业在诉讼之前一定利用好本原则。

第二，诉讼中主要风险防控工作：当事人在诉前准备证据充分的基础上，要注意在诉讼过程中对自身商业秘密的谨慎保护，防止可能发生的因举证不慎或递交材料不慎或言语不慎导致二次泄密情况的发生。为此，当事人在诉讼过程中一方面要自己做到慎言（发言谨慎）、慎行（举证谨慎、递交材料谨慎），同时要和主办法官保持良好沟通，必要时可以请求法院在开庭时、调查时、撰写裁判文书时注意一定的保密工作，尤为关键的是，作为被告一方要注意原告是否存在通过本案获取其商业秘密的可能性。因此诉讼过程中的商业秘密风险防控不仅指原告一方，对被告一方而言也具有极为重大的意义。

第三，诉讼后主要风险防控工作：商业秘密诉讼案件一旦结束，当事人无论胜诉抑或是败诉，都要及时总结案件带来的问题，逐项具体落实。如果原告败诉，要总结败诉的主要原因在哪里，如果是因为自己对商业秘密点认识不到位，举证不到位，就需要根据案件的现实参考，全面系统地整理本企业所有商业秘密点，并落实具体保护措施。如果被告败诉，就需要思考是因为主动侵权或违约导致败诉还是因为其他非自己主观故意原因败诉，及时整理以作警示。如果企业感觉没有能力做到全面客观地保护好自己的商业秘密，可以聘请专业律师、法律专家甚至是法院法官进行专业指导。一次的胜败如果能为商业秘密权利人和义务人带来商业秘密风险防控的警示和提醒，对哪一方而言都是一件很有意义的事情。

① 孔祥俊主编：《商业秘密司法保护实务》，第197页。

二、合理使用司法“禁令”

司法“禁令”是指司法机关依法定程序禁止当事人在特定期限内从事特定的行为，是权利人在权利受到侵害时获得的一项临时救济措施。一般的“禁令”是诉前使用的，目的是防止权利人损失进一步扩大。广义上的“禁令”则也包含经过司法机关裁判下达的禁令。

我国知识产权法律中没有“禁令”的规定，只是在《专利法》第六十六条规定了：“专利权人或者利害关系人有证据证明他人正在实施或者即将实施侵犯专利权的行为，如不及时制止将会使其合法权益受到难以弥补的损害的，可以在起诉前向人民法院申请采取责令停止有关行为的措施。”这被称为中国版的诉前“临时禁令”，不过其中没有使用“禁令”用语，而是使用了“责令停止有关行为”的词语。

关于商业秘密案件，我国目前没有诉前禁令的任何规定，说明我国商业秘密案件当事人不能通过诉前禁令的形式获得保护，但依据《最高人民法院关于审理不正当竞争民事案件应用法律若干问题的解释》第十六条规定：“人民法院对于侵犯商业秘密行为判决停止侵害的民事责任时，停止侵害的时间一般持续到该项商业秘密已为公众知悉时为止。”说明司法机关可以通过裁判将停止侵犯商业秘密行为作为民事责任的一类加以确定，是一项广义上的裁判禁令。当然有的学者主张“禁令”非我国法定用语，只是西方国家的舶来品，没必要在我国使用。

作者认为，虽然我国没有“禁令”规定，但是实质性的同样内容一样能够体现法的精神。只是无论哪一种称谓，我们都应理性看待其利弊。

西方禁令也不是畅通无阻。在西方，与禁令密切联系的是不可避免披露原则。这两者都是基于离职员工如果到竞争对手那里工作，将不可避免地披露或使用原企业的商业秘密。从而原企业可以请求法院发布禁令，禁止该员工在一定期限内为竞争对手工作和泄露其商业秘密。

最早使用这一原则是美国柯达胶卷与保尔胶卷的竞争，柯达公司的员工跳槽到保尔公司，法院下令禁止，目的是为了保护企业商业秘密不被潜在地披露。这种原则主要适用于企业与员工没有签署竞业禁止协议的情况下。

但是这两个原则在美国适用时也有很大争议：Whyte 案就是对这个原则的否定。S 公司与 K 公司都是做锁的，都在竞争与一个家居超市的货架销售权。Whyte 是 S 公司员工，代表 S 公司谈成了与家居超市的合作。K 公司很欣赏，就聘用他，

Whyte在与家居超市谈判结束前就接受了K公司的邀请，但是直到谈判结束才就新职。由此引发了双方的一个连环诉讼。S公司要求禁止Whyte新职业，后者要求有这个权利，科罗拉多州法院颁发了对Whyte的临时禁令，要求禁止使用或披露20多项商业秘密并归还任何此类其所保有的信息。Whyte向预审法院提出解除禁令的要求，后者按其要求解除并未说明理由。S公司上诉，之后，上诉法院维持了预审法院的裁决。认为不可避免的披露规则允许一个雇主在并无前雇员实际或有威胁性地盗用商业秘密的证据，而仅靠一个该雇员将会不可避免地在其新岗位上使用他或她有关商业秘密的知识的推论来禁止前雇员从事相关职业。其结果不仅仅是禁止使用商业秘密，同时产生了一个限制雇员就业的禁令。一份保密协议是适当的，而不可避免的披露规则实际上将保密协议转变为竞业禁止协议，这是不合理，也是不公正的。[①] 本案很好地说明了禁令和不可避免泄露原则引起侵犯商业秘密的极端不确定性而并没有获得司法机关的普遍认可。

我国没有这个原则。

当然，企业在诉讼过程中其实可以通过我国目前的诉前或诉讼保全的方式查封扣押侵权方的设备、厂房等，间接禁止自己商业秘密被进一步侵犯。作者同时认为，由于我国诉前保全和专利法规定的诉前申请停止侵害行为的方式都需要申请人提供担保，由此可以认为，商业秘密案件中，如果权利人能够提供相应担保，法律应该考虑给予司法禁令保护。相对而言，这时的商业秘密权利人一定要考虑清楚是否申请，因为就我国目前商业秘密案件不高的胜诉率而言，一旦申请错误，那么将付出巨大的赔偿代价。因此，法益对任何一方当事人都是相对公平的，法律应该据此加以完善。当年《专利法》就是基于TRIPS协议的要求而增加的本部分内容，商业秘密按照目前司法实践同属于知识产权审判领域之中，理应一并加以立法完善。

第三节　对外经营保护

企业的商业秘密保护，自我管理运营保护是很好的预防措施，一旦发生侵犯商业秘密的可能，导致司法救济的程序启动是进一步的法律强制力保障措施。但

---

① 孙晓霞：《从Whyte案看不可避免的披露规则与商业秘密保护的关系》，载《法制与社会》2013年第5期（下），第109页。

是在企业日常经营过程中还有很多企业同外界的正常交往活动，例如行政机关、合作伙伴、消费者等，而且随着世界经济一体化进程的加快融合，互联网业已成为各行业无法规避的社会现实。企业如何正确处理好这些外在关系，也是保护其商业秘密的必不可少的一环。

一、依法应对行政监管

行政机关对于企业而言是监督管理机关，企业一般都要小心翼翼地应对。习近平在2016年3月4日看望全国政协民建、工商联界委员时在讲话中指出："非公有制经济要健康发展，前提是非公有制经济人士要健康成长。广大非公有制经济人士也要认识到这一点，加强自我学习、自我教育、自我提升。"习近平说，"许多民营企业家都是创业成功人士，是社会公众人物。用一句土话讲，大家都是有头有脸的人物。你们的举手投足、一言一行，对社会有很强的示范效应，要十分珍视和维护好自身社会形象。"

我们的理解就是，民营企业的发展正是我国目前的大好时期，企业家要有企业家的样子，企业要有企业本应有的状态，行政机关是监督管理机关，同时也是服务机关，对于行政机关的监管可能涉及侵犯企业合法利益的情况，尤其是涉及侵犯企业商业秘密的情况，企业要懂得依法维护自己权益。

二、严格执行特许经营保密

《商业特许经营管理条例》是特许经营的主要依据。

特许经营其实是加盟者利用特许方的商标等知识产权，还包括专利、商业秘密等。中国的特许经营从1987年肯德基进入中国以来，由萌芽开始飞速发展，现在遍地开花。实践中存在很多经营者侵犯特许者知识产权的情况，如将特许者提供的汤料包高价转卖。

特许者依法开展特许经营之前和经营过程中，都要认真系统考虑好如何通过健全的知识产权保护措施进行自我保护。

例如餐饮企业的配料、配方、烹饪方法等采取何种方法保护以防止他人假冒是值得每个餐饮企业认真思考的问题。我国餐饮企业显然在这方面的知识和经验不足。如武汉掉渣儿食品管理有限公司的创始人晏琳将掉渣儿烧饼的配方向专利局申请了专利，就被很多人认为不是很恰当。他们认为，晏琳将土家烧饼的制作工艺和配方加以改进，但其主要还是来源于恩施土家传统的烧饼制作方法，其配方极有可能因不具有新颖性和创造性而不被授予专利，由于专利申请一开始只进行形式审查，等到实质审查时通不过或已授予专利后再因缺乏新颖性和创造性被撤销，其申请文件已经被公开，配方和制作方法就进入了公有领域，甚至丧失了用商业秘密保护的可能性。正是考虑到专利保护菜品、调料、烹饪方法的上述困难和缺陷，可口可乐的配方、肯德基的炸鸡、麦当劳的“特殊调味汁”都从商业秘密保护中获益[①]。

因此，特许者要考虑好自己的技术秘密、经营秘密以及其他需要保密的信息等应该采取何种保护方式以获取最大法定收益，必要时应提前咨询专业人士做好准备工作，宁愿特许经营延后进行，也不能因为基于拓展领域而忽视了自身合法权益的依法维护，必须时刻提防本行业领域的“无间道”“李鬼”等各类可能损害其合法权益的情况，严格界定属于商业秘密的各类信息，并在知悉人员范围、具体保密措施方面构建完善的制度并坚决执行，这样才能有序开展特许经营业务并稳定发展。

三、适时发展食品大数据

随着全球经济一体化的融合发展，互联互通成为当下时代主题，企业也不能置身在这股大潮之外。大数据也许可能成为企业改善经营的法宝。

总部位于新奥尔良的 Bordainick 会员餐厅开业两年，就推广到美国全国 19 个城市，会员每年支付 100—200 美元费用，每次就餐只需要 50—95 美元，就可参加 19 个城市活动，餐后给出反馈。这种模式联系了顾客—厨师—企业的关系，可以促使企业改善顾客的用餐体验。可以使企业对顾客偏好了如指掌，立于不败之地（餐饮业每年三家中一般会倒闭一家），减小了企业的运营风险，如同起飞的飞机添加了指引的雷达，而没有雷达的飞机，在起飞的那一刻，就注定了永远无法安全飞回的命运。[②]

目前这种类似的体验企业越来越多，而且企业的范畴也越来越广，不但包括食品生产、经营企业，还包括为食品生产经营提供服务的中介企业，如我国目前正火的美团、大众点评等，都是食品行业大数据的代表，每一个企业所掌握的大数据都是其企业商业秘密，一旦数据泄露将给企业带来巨大损失，而如何对这些

---

① 李昱晓、黄玉烨：《我国餐饮特许经营企业的知识产权战略研究》，载《科技与法律》2010 年第 1 期，第 56—58 页。

② “一家新兴食品科技企业告诉你——大数据是企业成功的秘密武器”，http：//bbs. pinggu. org/thread-3728539-1-1. html，访问时间：2016 年 2 月 9 日。

不断变化的大数据进行有效管理和保护成为这类企业最重要的问题，有一句名言：大部分企业不是死在技术上，而是灭在管理上，充分说明了管理的重要性。大数据背景下的商业秘密作为巨量信息的汇总，为企业提供了巨大机遇，也产生了高度风险，充分认知这种风险并及时采取有效措施应对，是解决问题的关键。

四、高度重视非商业秘密

商业秘密的本质特质之一是客观秘密性，即不为本领域公共知悉。但是企业如果能将不是商业秘密的“秘密”运用好，一样会成为企业事实上的逆向思维性质的“商业秘密”。

例如宜家是瑞典家具巨头，不是餐饮企业。但是在宜家卖场有着比周围30千米范围内最廉价的食物。宜家也不担心你不买家具而到宜家只逛和就餐，宜家为此要亏本经营。但是宜家重点是以此培养餐客对宜家“物美价廉”的习惯印象，即使你暂时不买家具，宜家不怕，因为他知道你早晚会买。[①]

物美价廉的食物不能算是宜家的商业秘密，但是能够这么实行的企业好像也不多。大多数企业只核算了本质产品的商业运营，但往往忽视了附属行为的巨大影响力。如何平衡好这两者的关系并保证其应有的预期收益，也许是真正的商业秘密。宜家很好地利用了消费者的个人心理的潜在影响力——在宜家提供的物美价廉的食物和宜家的家具之间。因此，非商业秘密的“秘密”公开但不是常人所正常思维就能即时感知的，这正是其魅力之所在。[②]

---

① “宜家食物便宜咖啡还能免费的五个小秘密”，http：//www.fjycw.com/News/201506/20150618491999.shtml，访问时间：2016年2月10日。

② 2018年1月1日后，新修订的《反不正当竞争法》对商业秘密的保护内容，由原先的第10条、第25条，扩充为第9条、第15条、第21条、第30条，明显的变化，除了商业秘密的构成要件之外，对侵犯商业秘密的情形、侵犯商业秘密的行政处罚力度、监督检查部门及工作人员的保密义务和保密责任等都进行了相应细化规定。读者在研读时可以根据最新法律比较进行。

第六编

企业知识产权战略

第二十八章　企业知识产权战略导论

第一节　企业知识产权战略内涵

一、企业知识产权

知识产权，是民事主体对自己生产经营服务所使用的标记、对自己的创造性成果等依法享有的专属权利。知识产权是一种无形财产权，受国家法律保护。

德鲁克指出，“知识经济时代企业最基本的经济资源不再是资本、土地或劳动力，而是知识，它现在是并且将来也是”。[①] 知识产权是企业重要的竞争资源，构成企业核心竞争力，知识产权的竞争是企业竞争的最高形式。

二、战略

战略是指带有全局性的、能决定全局的系统性谋划。战略，最初是一个军事上的用语。意指在军事对抗中，一方为实现战争目标对总体战术的运筹谋划。随着社会的发展，“战略”被广泛地用于政治、经济、文化、管理、科技等方面。

1.《孙子兵法》关于战略的描述的启示：

（1）诡道：正确运用策略，巧胜、智胜；调动对方，分化对方，迷惑对方，使对方产生不能正确判断从而做出错误决策、暴露弱点、以疲惫孤立之。“能”装成“不能”，“用”装成“不用”，把“远”视为“近”，把“近”视为“远”，用“利”诱惑之，用“乱”取代之，出其不意，攻其不备。

（2）全胜：竞争有层次。战略高手不是将重心放在力量的直接对抗上，而是“伐谋”“伐交”等非直接对抗上。打造有利于自己的战略格局，限制并引导对方的行动选择；让对方不再成为对手，让对方无法与自己进行竞争，从而达到无断

---

① ［美］德鲁克：《后资本主义社会》，张星岩译，上海·上海译文出版社，1998年版。

杀即可胜敌；战争法则是使对方举国完全投降；上兵伐谋，其次伐交，其次伐兵，其下攻城。

（3）借势：借行业之势，借对手之势，借媒体之势，借事件之势。

（4）击虚：不是从正面进攻对方设防的坚固阵地，而是从对方力量薄弱的地方入手。

（5）出奇制胜：打破常规，采取颠覆性策略。

（6）权变：目标坚决，手段灵活，保持组织弹性，保持战略柔性；兵无常势，水无常形，能够视敌方的变化而不断动态地变化；曾经实践成功的模式必须经常被重新审视评价。

（7）集中：集中优势力量做成一件事。

（8）先知：事先精准掌握对方信息；正确地分析竞争对手；知彼知己，百战不殆；重视机密情报的作用。

（9）主动：占据主动权，破坏对方的节奏，破坏性进攻；致人而不致于人也；进攻对方要害，使对方听我方摆布。

总之，要想把握战争、控制局面，就必须事前周密谋划。

2.《孙子兵法》中的“取胜之道”，其实就是战略思维的实际运用：

（1）行军篇：安营扎寨；不同的区域，不同的策略；如何判断对方真实的意图；市场的信号，对方的信号，环境的信号，透过信号看真相。

（2）九变篇：多变，灵活应变，切忌一根筋。

（3）作战篇：开始准备战争资源，以战养战，整合资源。

（4）火攻篇：充分借助外在资源来战胜对方。

（5）地形篇：利用有利于自己的地形打败对方。

（6）势篇：有限资源做到效能最大化，资源放在最佳位置上；找势、借势、因势利导。

（7）虚实篇：避实击虚，找到主攻方向。

（8）信息篇：信息的不对称；信息优势转化成资源优势；收集情报信息，用于分析对方情况。

（9）谋攻篇：全胜，完美的胜利，止戈为武。

（10）形篇：建立一支部队，保证先自己立于不败之地，稳中求进。

（11）军争篇：争取关键的战略资源，争取主动权。

三、企业战略

企业战略，是指设立企业长远发展目标，针对产品与市场有效组合，结合自身条件基础、制订资源分配方案，并构建与之相匹配的管理组织，而进行的整体性谋划。

企业经营是一个长期的行为，所面对的竞争环境也是动态的，企业战略更多的是表现为一个相对较长时期的经营思路与经营抉择。

1. 企业战略的特点

企业战略具有全局性、长远性、系统性、竞争性、风险性、指导性。

（1）全局性

企业战略站在系统的高度，立足于未来，对国际国内政治、经济、科技、文化等深入综合分析，并结合自身实际情况，对企业的未来发展进行全面规划。

（2）长远性

着眼于长远生存发展，围绕着远景目标，是一个持续不断的奋斗目标，具有相对长效的稳定性。

（3）系统性

构建系统严密的、不同层面的战略目标体系。包括企业经营方向、经营方针、远景目标、投资方向等总体的指导性战略，独立核算的事业部的产品或市场战略，还包括与之相匹配的管理组织职能划分协调战略。

（4）竞争性

为了形成自己的竞争优势，面对竞争，对内外环境进行分析，正确认识自我，设计适合自己的特色经营模式，保持健康稳定持续发展。

（5）风险性

企业决策存在风险。如果对企业面临的情势判断预测不准确，如果对市场研究浮于表面、不够深入，如果各战略阶段资源分配不适当等，制定的战略就有偏差，会产生误导，甚至导致企业破产。

（6）指导性

企业战略指明了企业的经营方针、经营方向、远景目标等，因此对企业的经营管理具有指导导向的作用。

2. 管理者的战略思考

作为企业的管理者，必须要从战略上思考：我们现在是一个什么样的境况，我们将要变成一个什么样子，我们如何才能完成如此发展蜕变。

（1）我们现在是一个什么样的境况

指的是我们对自己的正确认识与定位，即当前我的优势与市场地位、我的缺陷与不足之处。

（2）我们将要变成一个什么样子

指的是企业的战略发展方向与目标，当然这个战略发展方向与目标，要以自身所具备能力或资源为前提，不可脱离实际。

（3）我们如何才能完成如此发展蜕变

那就要制定一个适合自己的战略并认真实施该战略。

3. 竞争战略的选择

企业战略的核心价值是提升自身竞争能力，获取竞争优势，占据有利的产业或行业相对位置，高于产业或行业平均水平的获利能力。根据迈克尔·波特的竞争战略理论，企业要想获得高于同行业平均水平的竞争力，主要有三种竞争战略可供选择：聚焦战略，差异化战略，成本战略。

（1）聚焦战略

选取特定区域市场或服务特定消费群体。能够以极佳的体验、更高的效率，满足特定群体的需求。

（2）差异化战略

即服务的差异化、产品的差异化，为顾客创造与众不同的价值。

（3）成本战略

保证服务与产品品质的前提下，全力降低控制成本，使总成本低于竞争伙伴，从而以低价获取较大的市场份额，赚取合理的可观利润，使得竞争者利润下降或无利。

四、企业知识产权战略

企业知识产权战略，指企业运用知识产权制度的功能和特点谋求获得最优市场竞争地位的总体性谋划。[①] 企业实施知识产权战略就是为了获得市场竞争优势地位，国家实施知识产权战略就是为了提高国家整体核心竞争力。

企业知识产权战略管理：包括战略分析，战略制定，战略实施，战略评估，战略修正。

---

① 吴汉东：《中国企业知识产权的战略框架》，载《法人》，2008（Z1）：40-41。

1. 战略分析

管理学上有一个 SWOT 分析。主要从四个方面进行分析：内部优势，内部劣势，外部机会，外部威胁。内部，企业可以管控；外部，企业是很难管控的。分析企业内部优势与劣势，包括企业可以利用的各种资源、能力；评价企业外部环境带来的机会与面临的威胁。通过对比企业和竞争伙伴的优势和劣势，形成 SWOT 矩阵，最后根据 SWOT 矩阵进行决策。

2. 战略制订

根据战略分析制订战略执行方案。战略制订要把握时机，合理确定战略目标与战略规划，既要重视外部适应性，又要寻求重点突破，制订出最佳的企业知识产权战略方案。

3. 战略实施

实施战略执行方案。在实施过程中，要注重企业内部资源配置，完善战略实施组织架构，充分发挥企业领导在知识产权战略实施中的关键作用；形成政策引导、制度保障、企业文化氛围。

4. 战略评估

客观评估战略执行方案实施情况。确定评价内容，如技术创新、竞争态势、业绩评价指标；将实际取得的与预期标准进行对照，进行评估与分析，找出问题及其原因，通过必要的信息反馈，综合诊断，从企业知识产权本身或战略实施环境、战略规划执行等方面进行改进。

5. 战略修正

根据战略评估情况，修正战略执行方案，目的是纠正知识产权战略实施中的偏差，保障知识产权战略沿着正确的方向推进。

第二节　企业知识产权战略内容

企业知识产权战略按照不同角度可分为：

第一，从战略自身内容视角看，分为知识产权战略思想、战略定位、战略实施等内容。[①] 知识产权战略是一个系统的体系。

---

① 冯晓青：《企业知识产权战略（第三版）》，北京·知识产权出版社，2008 年版，第 11—12、22—24 页。

第二，从运作过程看，包括知识产权的创造、获得、应用、管理、保护等。

第三，从类型上看，可分为专利战略、商标战略、商业秘密战略、著作权战略。

三种模式相互补充，企业制定知识产权战略时一般会综合考虑并加以实施。

第三节　企业知识产权战略类型

企业知识产权战略类型指企业根据自身综合实力，在常态运营中所采取的知识产权运作类型。主要类型有：

一、进攻型战略

进攻型战略指企业主动把创新技术成果通过知识产权加以固定，通过知识产权垄断其产品市场。这种战略一般适用于实力雄厚的跨国公司，拥有完善的知识产权情报网络，知识产权资源富足，经济实力强大，因此选择时必须慎重。

二、防御性战略

防御性战略即企业受到其他企业知识产权战略威胁时，运用知识产权手段打破市场垄断，改变竞争被动态势。[①] 知识产权实力偏弱的企业一般多会采用防御性战略，在不与竞争对手发生正面冲突的情况下，充分利用规则，绕开竞争对手设置的知识产权攻势或阻碍。

三、混合型战略

混合型战略指以进攻为主导、以防守为辅助的知识产权战略，即企业发挥自主知识产权攻势时，根据实际情势辅助选择防御策略，抵御竞争对手进攻。知识产权竞争处于均势地位的企业一般可能会采取混合型战略。

总之，企业在运营实践中一般是从实际出发，根据自身经济实力、知识产权实力、外部环境等不同情况，采取不同的知识产权战略。

---

① 冯晓青：《企业知识产权战略（第三版）》，北京·知识产权出版社，2008 年版，第 11—12、22—24 页。

第四节　我国企业实施知识产权战略的必要性与意义

一、企业生存的根基

企业竞争力越来越依靠于技术创新。我国企业要增强国际竞争力，必须重视知识产权的获取、运用、管理、保护等知识产权战略的制定与实施。

二、构成企业发展战略的重要部分

知识产权战略服务于企业整体发展战略，共同组成企业战略整体。知识产权战略是企业竞争战略的重要组成部分，能够帮助企业更好地实现企业整体发展战略。企业实施知识产权战略的目的，就是利用知识产权制度最大限度地增强市场竞争力，取得竞争优势。竞争优势的取得很大程度上取决于包括知识产权在内的企业资源的合理配置。

三、有利于实施国家知识产权战略

国家之间的竞争，更多地体现为不同国家的企业之间的竞争，企业是市场经济的主体。知识产权的实力，在很大程度上决定了一个企业的竞争力。知识产权越来越成为国家重要的战略资源。正如英国政府白皮书指出："竞争的胜负取决于我们能否充分利用自己独特的、有价值的、竞争对手难以模仿的资产，而这些资产就是我们所拥有的知识产权。"[①] 企业知识产权战略实施情况如何，在很大程度上也决定了国家的核心竞争力。甚至可以认为"企业知识产权战略是国家知识产权战略在微观层面的最为重要的组成部分"。[②] 离开企业知识产权战略，国家知识产权战略将失去根基。

四、知识产权战略是企业获取较高经济效益的重要保证

增强企业自主创新能力，是转变经济增长方式、调整产业结构、加快新旧动能转换的重要推手。加强知识产权保护研究，建立完善的知识产权制度，加强对

---

① 吴汉东：《国家软实力建设中的知识产权问题研究》，载《知识产权》，2011（1）：3-6。

② 吴汉东：《中国企业知识产权的战略框架》，载《法人》，2008（Z1）：40-1。

知识产权的创造、运用、保护和管理，重视企业知识产权战略的实施，以促进企业获取更多的竞争优势。

五、有利于提高企业自主创新能力

企业自主创新的关键是技术创新，专利战略是推动企业技术创新的重要力量。专利制度有利于激发人们发明创造积极性。企业通过申请专利，可以达到独占市场的目的。专利制度有利于有效配置技术创新资源、避免重复浪费，可以有效地解决科技与经济脱节。

第五节 我国企业知识产权战略的地位和定位

一、企业知识产权战略是核心

知识产权战略包括国家知识产权战略、企业知识产权战略等。国家知识产权战略最具有宏观指导性，企业知识产权战略最具有微观可操作性，企业知识产权战略离不开国家知识产权战略的指导。

二、我国企业知识产权战略定位

知识产权运营现在已变得非常重要。知识产权是竞争能力的载体，不再只是一种法律权利。知识产权的获得、处理、经营、管理等成为企业经营管理的重要内容。我国企业正处于累积专利数量、提高知识产权质量、获得知识产权竞争利润、向无形资产管理转型的重要时期。防止他人侵夺自己的知识产权，同时防止自己侵犯他人的知识产权，另外知识产权必须和企业生产经营等社会经济生活相结合，发挥其使用价值，转化为无形资产，不断提高企业竞争能力，以加快经济发展方式转变。

第二十九章　国外的企业知识产权战略

跨国公司等世界各国大企业在知识产权的获得、利用、管理和实施等知识产权战略方面，对我国的知识产权战略具有非常大的启示。

第一节　美国企业知识产权战略

美国是世界科技领先者之一，拥有非常多的知识产权。美国高度重视知识产权战略，美国视知识产权战略为其国家长期发展战略。美国通过企业实施其知识产权战略，使其在国际竞争中取得了较大的竞争优势。

一、知识产权保护

美国拥有较多的高新技术企业，这些企业一般具有强大的技术创新实力。美国企业知识产权战略管理目标，就是对技术创新成果实施最强的保护，将技术创新实力转化为市场竞争优势。美国对于专利保护采取的是“先发明制”，企业对技术发明进行文字记录，即对技术发明进行证据保存，从而把技术创新成果通过知识产权加以固定，促进企业知识产权的不断积累，不断强化企业核心竞争力。

二、知识产权立法

美国高度重视知识产权立法，特别是对发明创造。美国先后出台了一系列法案，如《拜杜法案》《技术创新法》《联邦技术转移法》《美国发明家保护法令》《技术转移商业化法案》等。一系列法案的颁布实施，推动了美国创新技术的经营与转化。

三、知识产权管理

美国重视并加强对知识产权的保护和管理，已形成完整的知识产权管理制度，包括技术研究开发、知识产权申请、知识产权许可合同、侵权诉讼等。企业法务部门与研发部门深度合作，对技术创新过程实施有效监控。法律规定，一般情形下知识产权归公司所有，即公司享有所有权。可见美国非常重视发挥知识产权管理的作用。

四、知识产权动态利用

美国企业通过对知识产权技术的动态利用，实现资产价值最大化，形成核心竞争优势。美国企业知识产权的战略重点，已经从排他性垄断转变为知识产权许可贸易等，从权利保护转变为经营利润获得。

五、国内市场保护

美国重视保护国内市场，在国家层面推进知识产权战略与经济发展战略充分结合，甚至通过贸易政策，促进知识产权战略实施。

六、技术创新成果专利保护

美国通过修改专利法等将一些创新技术形式纳入专利保护范畴，不断扩大传统的专利保护客体。美国非常重视专利在企业竞争中的巨大作用，专利申请数量与质量一直保持较快增长。美国专利战略是企业发展战略的重要组成部分。

第二节　日本企业知识产权战略

日本企业普遍比较重视知识产权。日本企业已形成了以专利文化为基础的融“信息管理、组织管理、技术研发、知识产权经营、风险与诉讼管理”为一体的综合性知识产权战略体系。日本是世界专利大国之一，日本的发明与实用新型专利申请数量较大。日本的专利申请主要来源于企业的研究开发。知识产权、人力、物力、财力被视为日本企业四大经营资源。日本企业将专利工作视为企业的生命线，将知识产权视为赢得竞争优势的手段，具有很强的知识产权保护与战略意识。聘请知识产权学者担任企业知识产权顾问，在日本也非常普遍。

一、日本特许厅公布了《知识产权管理评估指标》

1999 年 3 月底，日本特许厅公布了《知识产权管理评估指标》。该指标是日本特许厅总务课根据“知识产权管理评估指标制定委员会”的研讨结果制定的。知识产权管理评估指标制定委员会于 1998 年 12 月设立，成员由企业界人士、代理人、学者、新闻界人士等各界人士组成。制定本评估指标的目的是：统一企业知识产权管理评估标准，使企业能更加客观地评价自己的知识产权管理状况，不断提升管理水平。对我国企业如何评估知识产权管理、如何建立知识产权制度、如何开展知识产权活动，具有重要的示范借鉴价值。

该评估指标由“战略性指标”和“定量性指标”组成。

1. 战略性指标：

（1）经营战略：经营者的知识产权意识；知识产权业务的经济效率。

（2）技术战略：推行独创性技术开发；在研究开发中运用知识产权。

（3）知识产权信息战略：健全知识产权信息管理体系；利用知识产权信息开展研究开发活动；实施解决纠纷对策。

（4）国际战略：在外国获取战略性专利权；培养国际化知识产权工作人员。

（5）法务战略：确保解决纠纷的人才；知识产权风险管理。

2. 定量性指标：能更为客观地把握知识产权管理的水平。定量指标有：（1）知识产权工作人员数量；（2）专利收支额；（3）专利实施率；（4）侵权纠纷案件数；（5）知识产权相关奖金最高额。

3. 知识产权评估指标的具体核查事项：总计 100 项，其中 1—35 是企业经营战略的内容；36—56 为企业技术战略内容；57—71 是企业知识产权信息战略内容；72—86 为国际战略指标；87—100 为法务战略内容。

（1）公司是否在业务计划和经营方针中明确了知识产权方针？

（2）公司将上述基本方针广为宣传并具体化了吗？

（3）公司在制定知识产权战略时，是否考虑了竞争要素的变化？

（4）针对集团经营、持有股份公司化等企业经营形式的变化，公司是否对知识产权管理方式的现状有所研究、探讨？

（5）公司是否定期在董事会、高级管理人员会议等会议上讨论知识产权战略？

（6）上述讨论的结果是否会在公司的经营中得到反映？

（7）在公司的每个业务部门（业务本部、工厂、部、课）都制订知识产权年度计划吗？

（8）公司是否形成了由部门长承担完成上述年度计划的责任，并对实施进行跟踪的体制和制度？

（9）公司在培养经营人员过程中要进行知识产权教育吗？

（10）公司的经营人员能依靠自己的力量向外公布有关知识产权的信息吗？

（11）公司对持股人说明知识产权战略吗？

（12）公司在国内外主张权利、解决司法纠纷时，是否必要而充分地主张了权利？

（13）公司是否具有独立的知识产权管理部门？

（14）针对公司业务的发展速度，公司知识产权部门战略性服务工作的速度是否能完全跟上？

（15）公司开展多种业务时，是否基于知识产权在各种业务中的重要性和今后业务开展的方针而投入知识产权资源？

（16）公司是否有与机构相对应的形式，明文规定了知识产权的相关责任和权限？

（17）公司是否有计划地配备机构运营所必需的知识产权要员？

（18）公司是否在业务部门配备了实施知识产权战略的人员？或者是在业务部门设置实施联络会？

（19）关于申请专利、维持专利等所需要的知识产权活动成本与希望通过这些活动得到的收益和通过这些活动而躲过的风险之间的收支平衡，公司的业务部门是否进行了评价？

（20）公司是否就专利收入的增加、支出的减少制订了中长期（3—5 年）计划？

（21）为提高本公司的知识产权效率和水平，公司是否将知识产权业务外托给专门的服务业？

（22）上述的业务外托是否有助于提高公司的知识产权效率和水平？

（23）公司是否开展了关于知识产权的社长亲笔信、加强专利月或周、表彰先进等活动？

（24）公司是否对新职员进行知识产权培训？

（25）公司是否对技术人员进行知识产权培训？

（26）公司是否对知识产权工作人员进行知识产权培训？

（27）公司对管理人员进行知识产权培训吗？

（28）公司是否在业务部门开展启蒙活动，以使防止侵害其他公司权利的意识在业务活动中扎根？

（29）关于职务发明，公司是否进行客观判断？

（30）公司是否有申请阶段奖励制度？

（31）公司是否具有根据发明质量高低而给以不同奖励的奖励制度？

（32）公司是否有获得专利权后给以奖励的奖励制度？

（33）公司是否有在获得实施费用时给以奖励的奖励制度？

（34）公司是否有对知识产权工作人员的活动给以奖励的制度？

（35）公司对发明的奖励制度是否从公司之外来看也极具吸引力？

（36）公司技术开发部门的干部中是否有曾经从事过知识产权工作的管理人员？

（37）公司技术开发部门的干部是否理解知识产权制度？

（38）公司的技术人员是否充分理解知识产权在业务活动中的重要性？

（39）知识产权工作人员是否参加公司的研究开发会议？

（40）公司是否就每个开发项目制订专利申请计划？

（41）上述专利申请计划的进展管理是否彻底？

（42）公司是否制订了有可能获得基本专利的独创性技术开发计划？

（43）公司是否制订有关行业标准技术专利的开发计划？

（44）公司写出的说明书是否能抓住发明之本质，使该发明获得内容广泛而状况稳定的权利？

（45）公司对候补申请案提出申请与否的判断标准是否明确？

（46）公司对申请与否是否作客观的判断？

（47）公司是否能根据业务开展的时机而适时地做出请求实审的判断？

（48）公司就可否请求实审的判断标准是否明确？

（49）公司是否客观地判断可否请求实审？

（50）公司是否能根据本公司业务活动情况和其他公司的业务动向而适时地对权利的维持和放弃做出判断？

（51）公司对权利的维持和放弃是否有明确的判断标准？

（52）公司是否客观地对权利的维持和放弃做出判断？

（53）公司是否举办支援发明一线获得专利权的活动？

（54）公司是否配备了与发明人员数量相对应的适当的知识产权工作人员？

（55）在本公司开发与利用外部知识产权进行的开发之间，公司是否有评价两者利害得失的体制？

（56）公司的业务活动是否反映上述评价结果？

（57）公司是否具有明确的管理、处理知识产权信息、机密情报的规则？公司是否彻底贯彻这一规则？

（58）公司对于没有达到申请水平的发明是否有明确的处理规定？

（59）在整个公司的知识产权相关部门，开发部门是否有网络化的知识产权信息管理体系？

（60）公司是否拥有计算机系统，该系统可以查询发明人向特许厅申请的状况以及其他公司的技术动向等信息？

（61）公司是否拥有有助于知识产权战略决策的知识产权信息管理系统？

（62）在推荐发明时和申请前，公司是否要求相关人员检索现有技术？

（63）公司是否针对其他公司的动向在有计划地构筑专利网络？

（64）是否在公司外挖掘有助于将来业务开展的专利？

（65）上述的挖掘活动是否制度化？

（66）是否对全公司的专利买入情况进行一元化管理？

（67）公司在着手开发新技术时，在调查其他公司权利的同时，是否在技术开发计划中写入针对其他公司权利的对策？

（68）公司在产业化和出售产品之前是否作侵权（侵害其他公司权利）调查？

（69）为开展侵权（侵害其他公司权利）调查和避免侵权，公司在技术开发阶段到产业化阶段的各个阶段是否明确了责任人？

（70）对于其他公司的需要加以注意的申请，公司是否监视其审查情况，并在注册前向特许厅提供信息？

（71）对于其他公司需要加以注意的申请，公司在其被授权后是否提出异议？

（72）关于可否向外国提出申请的判断标准，公司是否明确？

（73）在向外国提出申请时，公司是否明确选择申请国的标准？

（74）公司是否客观地决定可否向外国提出申请？

（75）公司是否根据申请国家数量和对象国选定申请渠道？

（76）对于维持和放弃在海外取得的权利，公司是否有明确的判断标准？

（77）公司对于当地子公司所创造的发明是否有明确的处理规定？

（78）公司是否把握国内外竞争企业的国外申请状况？

（79）公司内是否建立了制度，以调查预定出售国和预定生产国的专利侵权情况？

（80）公司是否具备收集海外法律制度及其应用情况信息的能力？

（81）在把握国外法律制度和商业惯例的基础上，公司是否制定了法律对策？

（82）针对美国的先发明制度，公司是否采取了措施？

（83）公司在培训知识产权工作人员时，是否有与国际知识产权相关的科目？

（84）公司的国内知识产权部门中是否有负责海外案件的人员？

（85）公司在海外是否拥有可以就外国申请、诉讼相商和相托的当地专利事务所或法律事务所？

（86）公司是否确保了在海外实施侵权对策（假冒产品对策等）的人才？

（87）公司是否拥有负责知识产权的代理人或律师？

（88）公司是否拥有应付诉讼的工作人员？

（89）公司是否有完善的包括相关法（版权法、反不正当竞争法、禁止垄断法等）在内的产业风险管理体制？

（90）当发生问题时，公司内做出决断的程序是否明确？

（91）公司是否请知识产权专家核查诸如与其他公司进行共同开发的委托合同等知识产权相关行业的处理规程？

（92）公司是否有专门负责许可的工作人员？

（93）对于每一次许可，公司是否都要把握对象权利的新的获权情况、抽出有问题的专利并采取对策？

（94）为增加本公司的有效权利，公司是否随时准备签订合同、提起诉讼？

（95）公司是否就每一竞争对手分析知识产权战略，制定出许可战略？

（96）公司是否具有明确的许可政策？

（97）公司是否有组织地进行着侵权判定？

（98）公司是否建立了制度，就本公司在有效期内的权利收集其他公司侵权的信息，并研究对策？

（99）在公司之外，是否拥有理解公司知识产权战略的代理人或律师？

（100）公司是否对公司外的律师和代理人进行评价，并根据目的来选择律师和代理人？

二、专利文化

日本企业的专利文化是日本长期进行技术学习追赶的产物。日本企业专利文化已进一步发展成为更具综合创造性的“知识产权文化”。日本企业专利文化体现在战略决策、政策制定、跨组织部门合作等方面，同时具有文化创制功能，影响语言交流方式以及价值观等，专利文化指导了日本企业的专利发明，促进了企业的智力创造与保护。具体体现在以下几个方面：

1. 高层对管理专利事务十分重视。许多日本公司的首席执行官本身就是技术专家和发明家。在日本大公司中，由高层管理人员即专利管理专家专门负责专利事务，专利事务管理经验非常丰富。

2. 所有工程师共同关注专利等知识产权问题。日本企业通过课程培训、专利部门工作轮换与定期参与专利具体事务等，使得工程师们能深入理解专利与技术开发间的重要关系。日本企业已形成以工程师为主体的知识产权管理团队。

3. 专利战略在商业项目计划中被充分评估。日本商业项目计划书中，必须专门涉及专利等知识产权事项，强调将商业项目和知识产权加以融合，深入全面地考虑商业项目中的知识产权问题。通常在项目早期，专利部门就对项目中的专利状况进行综合评估。专利综合评估结果对项目的进行与否起到关键性作用。

4. 明确的专利目标。日本公司都有明确的定量化的专利任务目标。当然有时专利目标定量化也可能会受到非议，因为这样可能会导致只注重专利数量而忽视专利质量。但定量化可以改进技术工作评价与奖惩制度标准，随着定量化作为一种标准发挥作用后，定量化逐渐发展成为一种工作习惯，最后专利质量会逐步提高。

5. 获取专利后的激励制度。如何对个人、团队和各部门的发明工作进行奖励非常重要。曾经有一名日本公司的首席执行官说："我们努力培育这样一种价值观，公司的社会价值在于它对新技术的成功开发。我们致力于提供一种鼓励新思想和奖励原创性技术发明的公司环境。""我们会把年度优秀奖发给当年申请专利最多，开发了专利技术或一流软件的员工。"日本企业重奖发明人。只要知识产权被使用，发明人就能得到奖金，即使人已故去或已离职均能得到奖励。

6. 形成正确的价值观念和培养良好的行为规范。日本企业十分注重培养专利价值观念与行为规范等。日本鼓励工程师加强知识产权事务方面的阅读，养成符合知识产权实务要求的书写习惯，不断积累获取专利的工作经验。

7. 社会文化基础深厚。日本国家和社会文化，对日本企业专利文化的产生提供了强有力的支撑。日本政府长期以来不断进行知识产权法律制度创新和政策扶持，非常注重为企业提供优质高效的专利行政服务。日本知识产权协会是日本特许厅和企业间的联络纽带，对发展优秀企业知识产权文化同样起到重大影响。日本企业知识产权管理者拥有的这种共同的文化，是日本追赶西方技术进步的过程中汲取营养逐渐发展起来的。

三、组织管理

日本企业已逐渐建立起以工程师为主体的相对完整的新型知识产权管理组织。日本企业知识产权资源在专利申请数量与规模水平等方面均有大幅度的提升。知识产权管理组织有如下特点：

1. 日本投入到知识产权管理上的人力资源非常多，同时知识产权管理具有充足的经费保障。

2. 知识产权事务的管理职能由一个综合的知识产权部门来实施，即由专利管理部来处理公司整体的专利协调与合作，由专利事务经理全权负责处理相关事宜以及其他知识产权事务。知识产权部门权力与地位大大提升。知识产权事务经理要经常直接向首席执行官汇报工作，董事会议定期讨论有关专利等知识产权事务，知识产权管理部门由传统上的偏重服务辅助部门成为参与高层管理决策的战略核心部门。规模大、专业水准高的知识产权管理部门不断建立，外部的专利管理资源不断有序转移到企业内部。

3. 技术信息变得非常重要。专利部门在内外部进行技术搜索、制定“专利地图”，促进技术交流、清除专利实施障碍。

4. 专利部门和 R&D（Research and Development，即研究与试验发展：指在科学技术领域，为增加知识总量，以及运用这些知识去创造新的应用进行的系统的创造性的活动；包括基础研究、应用研究、试验发展三类活动；国际上通常采用 R&D 活动的规模和强度指标反映一国的科技实力和核心竞争力）机构形成了良好的合作。日本专利事务人员提前介入 R&D 活动，专利经理采取积极有效举措保证专利工作在技术与贸易领域的作用。当企业计划进入一个新的贸易技术领域时，专利管理部门在项目早期阶段便开始定期对项目中的专利状况进行综合评估。如果评估中发现该项目中大量存在对企业不利的专利问题，知识产权经理有权停止实施该项目，直至专利障碍清除之前。知识产权部门经理有义务向更高管理层汇报新项目情况，对于新产品的上市，知识产权部门经理拥有否决权。

四、信息管理

日本企业非常重视对专利信息的综合全面利用。日本长期习惯借助于技术引进与二次开发来提高企业的核心竞争力，日本通过专利信息管理获得了较大的市场认可与技术提升。

1. 对专利信息管理的重视。专利信息公开中包含大量专利保护具体内容及技术工艺等方面的大量信息。企业通过专利信息管理，跟踪与企业经营有关的任何技术发展，以避免发生侵权或重复研发劳动，获得他人许可或学习他人技术。日本企业把专利信息管理作为中长期技术战略核心要素，通过综合利用专利技术信息，实施专利网战略或寻求技术改进，掌握战略主动权和获取市场竞争优势。日本企业在专利信息管理方面投入的经费与人力资源非常可观。

2. 发挥专利地图作用。日本企业专利信息管理的最大特点是专利地图（专利地图，即专利信息地图化；即将专利信息搜索结果进行分析，绘制出专利地图；亦即通过对专利资料中的经济、技术、利益关系、法律信息进行综合系统分析整理，以明确清晰统计图表呈现）。专利地图最初由日本特许厅发明，后被日本各公司加以完善并使用。企业通过对专利地图分析、对比、研究，做出市场或技术发展研判，为企业制定技术战略、经营战略等提供依据。同时专利地图以数据图标的形式呈现，便于进行定性与定量分析，便于公司内部交流。实践证明，日本企业通过专利地图，取得了较大的技术发展与成功。

3. 知识产权信息管理的评估指标。1999 年 3 月底，日本特许厅公布了《知识产权管理评估指标》，统一了企业知识产权管理评估标准，使得企业能更加客观地评价本企业的知识产权管理实际状况，从而促进企业不断改善知识产权管理。

五、日本实施专利战略的特点

1. 对本国国内市场加强保护。日本的通常做法是推迟批准某些对本国工业发展有重要影响的来自国外的基本专利申请，这样就使得日本企业有足够的时间研究该技术领域，并采取有效措施追赶甚至超越该技术。美国得克萨斯州仪器公司的半导体专利申请，曾经被日本推迟 30 年之久。日本企业利用专利异议程序，使美国企业详细披露了该技术，日本企业模仿该技术申请获得了改进专利。可以看得出日本通过本国专利申请法律，强化了对本国市场的保护。

2. 重视国外专利申请。日本是外贸出口大国，向国外出口产品、技术或进行投资，必须要实行专利先行战略。要想占领国外市场，就必须要高度重视国外专利申请。日本企业要求，在国外的研究人员所做的技术研究过程，要记录在册、署名并公证发明日期，这样做可以防止一旦发生纠纷，能提供发明在先证据。日本企业在专利技术开发上投入了大量的人力、物力、财力。日本向海外输出的专利越来越多，日本已成为专利技术输出大国。

3. 全力构建专利网。日本专利制度容许获得实用新型小专利，使得日本企业能够围绕基础性核心专利，进行二次应用性开发，抢先申请到各具特色的许多小专利，从而可以构筑起紧密的专利网，使国外的基础性核心专利，在该专利网中丧失活力。日本企业非常重视专利网构建。日本的专利立法，为日本实施专利网战略创造便利条件。日本企业通过专利网战略，获得改进专利、应用专利、实用新型小专利等外围专利。因此，国外基本发明专利完成后，如果忽视后期继续开发，会受到日本改进应用发明侵入，基本专利可能会变成孤立状态。

4. 向基本专利战略转移。日本专利网战略的实施，反映了“二战”后日本实行的是专利赶超战略，即引进外国先进技术、消化吸收、改进创新。20 世纪 80 年代以后，日本这种战略的局限性暴露得越来越显著，长期以来日本“轻基础、重应用”，基础性研究投入不足，很多专利是在别人基本专利基础上的小改进、小创新等外围专利，高水平的开创性发明专利较少，基础专利比例也不高。现在，日本开始吸取教训，调整科技发展战略，加大基础研究投入。日本先后提出“科技创新立国”“知识产权立国”并确定为长期国策。日本不断大力推进基础研究，扎实发展基础科学，加强对新原理、新现象的探索，强化技术创新，建立世界一流基础设施设备。日本将“模仿改良创新”改为“以技术创新为主”，在国家层面上启动知识产权战略，强调在生产制造等基础技术领域获得相对竞争优势。总之，日本在由“专利网战略”向“基本专利战略”转移。

5. 采取多种举措促进专利实施。专利实施是促进专利技术商品化的关键，造成专利实施率低的主要原因是专利与市场脱节，在专利与市场之间产业化渠道不畅通。日本在专利发明与发明成果商品化方面都是在企业内部完成的，使得企业专利技术成果可以较快地实施。同时日本政府推出各种举措促进专利实施。另外，日本采取了有针对性举措，对闲置专利进行开发利用。日本政府要求大企业公开自己未应用的专利，要求大企业无偿许可中小企业使用其闲置专利、周边专利。

6. 重视技术引进、消化吸收、改进创新。日本妥善处理引进技术与开发专利的关系，重视对引进技术的消化吸收。日本产业在引进技术、消化吸收的过程中，形成了以专利技术为主体的“引进、消化吸收、创新、输出”的良性循环运行机制。日本的产业结构正在向高级化方向发展。可见一国欲在国际产业竞争中占据优势，必须具有技术优势。对于技术优势的形成，引进技术是第一步，对新技术进行消化吸收是第二步，在此基础上再进行改进创新是最后一步。

第三节 韩国知识产权战略

韩国是后发国家成功的典范。20世纪80年代，韩美之间发生的一系列知识产权争端引发的危机，使韩国认识到知识产权战略的重要性，韩国开始高度重视知识产权战略。韩国政府重视中小企业知识产权的获得，向中小企业提供信息服务与指导，对中小企业进行相关费用减免。

韩国知识产权战略主要体现为：

第一，放松引进技术限制；

第二，实施吸收引进与自主研发相结合；

第三，企业自由引进所需要技术；

第四，完善相关法律法规；

第五，创造产业平等发展机会；

第六，加强政府与企业的合作；

第七，完善国家技术开发资金援助制度；

第八，研究开发关键产业技术等。

第三十章　我国企业知识产权战略

我国知识产权战略研究起步比较晚，一定程度上可以说仍处于初始阶段，面临国际竞争压力的格局下，国家开始提出知识产权战略规划。目前我国知识产权战略仍存在一些问题，需要不断强化知识产权制度研究，才能快速提升我国的知识产权管理水平。

第一节　我国企业知识产权战略现状

整体来看，我国有了一个相对健全的知识产权法律体系，企业有了一定程度的知识产权战略意识。但在知识产权战略的实施和运用上，与外国企业还有一定的差距，主要是我国实行知识产权制度时间短，企业知识产权意识薄弱，还没有完全形成尊重他人知识产权的良好社会氛围。简言之，我国企业知识产权保护水平相对较低，许多问题需要解决。

一、企业知识产权拥有量少，技术含量低

我国企业每年申请取得的专利数量不多。不重视专利等知识产权保护，不重视自己的知识产权和他人的知识产权，高质量的知识产权数量也偏少。

二、知识产权自我保护能力相对低下，知识产权意识缺乏

部分企业过分看重研究开发成果的论文发表，过于看重技术鉴定，而忽视了技术成果的专有确权。由于知识产权意识淡薄，出现侵犯他人知识产权的现象，忽视知识产权作为企业无形资产的资产权益属性。在专利方面，企业对自己发明的重要科技成果，热衷于申报科技成果奖，而不是及时申请专利；科技成果商品化率很低，不能很好地发挥科技成果的价值。

三、企业知识产权战略实施与保障等体系不完善

跨国公司等外国企业知识产权管理机构一般配有知识产权专家、律师等专业管理人员。我国企业设置专门机构或配备专职人员管理知识产权的比较少，一般是兼职部门或配备兼职人员管理知识产权，甚至仍有一些企业专职和兼职的都没有。由于企业知识产权经常涉及工程、科技、经济、法律等知识，而没有相关专业背景的企业知识产权管理人员，对有关法律、技术贸易等理解可能会不全面、不准确，因而具有很大的局限性。

总之，主要问题在于：（1）我国企业知识产权制度不健全；（2）知识产权管理机构缺乏；（3）企业管理机构运行不规范，有的企业没有知识产权管理机构；（4）缺乏专利管理有效人才储备；[①]（5）缺乏管理企业知识产权的专门人员；（6）企业自主创新激励机制不健全等。

四、企业自主创新能力与意识均不足，尤其是缺乏核心技术，引进技术后的消化、吸收、再创新不够

我国企业自主知识产权获得意识不强，不重视技术的自主研发，技术上缺乏自立，自主掌控的核心技术不够多，对市场换来的技术的消化、吸收、再创新也明显不足，自主品牌意识不强。正如有专业人士所言“有制造无创造、有创造无产权、有产权无运用、有运用无保护、有保护无战略、有战略无实施”。

五、缺乏知识产权国际化战略视野

发达国家企业非常重视知识产权的国外确权，它是企业实施国际化经营的法律保障。一项技术产品需要在国外申请专利才能在国外获得保护。以日本东芝公司为例，为了确保在美国获得专利权，公司建立了专门的工作日志制度，要求研究开发人员将发明的技术特征和实施方案加以记录，阐明与现有技术的差别，并附上照片和相关的文件资料，经研究开发人员签名后将该资料提交美国法院公证发明日期，以为解决将来纠纷之用。[②]

---

① 李立、邢光、张占贞等：《企业专利管理状况调查及特征分析——以青岛 284 家重点企业为例》，载《经济理论与经济管理》2009 年第 4 期。

② 企业知识产权战略与工作实务编委会编著：《企业知识产权战略与工作实务》，北京·经济科学出版社，2007 年版，第 69 页。

六、企业创新成果的产业化不足

企业知识产权确权是基础，更有价值的是确权后的知识产权的产业化。知识产权的产业化，是落实国家知识产权战略的重中之重。企业技术创新与知识产权战略紧密结合，才能真正提升企业的核心竞争力。知识产权已成为战略性资源和构建核心竞争力的关键要素。

第三十一章　对我国企业知识产权战略的思考

第一节　国外知识产权战略对我国的启示

世界各国都将知识产权政策融入国家经济社会总体发展政策之中，知识产权政策与一国的科技、经济等政策紧密相连，这为我们提供了一定的启示。

一、发挥政府在知识产权战略制定与实施方面的主导作用

政府的引导、管理在知识产权政策实施中不可或缺，以知识产权政策促进创新、促进竞争、促进知识资源流动，促进市场机制在知识资源配置方面的基础性作用。统筹整合各种资源与力量，共同推进知识产权战略目标的实现。

二、进一步加大知识产权法律体系的建设与完善力度

根据本国发展阶段的客观实际，建立适合本国国情的知识产权制度，并建立与知识产权制度相配套的政策措施。

三、知识产权战略的实施要突出个性化特色

我国各地知识产权发展不平衡，地方知识产权战略的制定实施，要考虑各地区不同的地域特色。适合的就是最好的。区域知识产权战略必须结合当地实际、突出特色。只有如此，知识产权战略才能取得实效。

四、积极实施企业知识产权战略

充分调动企业等市场主体自身的积极性。增强企业知识产权的创造与运用能力，政府通过政策引导、加强服务，帮助企业提高运用知识产权的能力。提高企

业自主创新能力和建立自主品牌的意识。

第二节 借鉴跨国公司等发达国家企业的先进做法

借鉴跨国公司等发达国家企业的做法，我们应做好以下几个方面的工作。

第一，企业应形成一整套知识产权的创造、运用、管理与保护等的策略，并与企业的整体发展战略相一致。

第二，企业应定期梳理、清点、审核自己的知识产权资产，并根据具体情况采取不同的策略。

第三，企业应关注以下问题：综合分析评估确定研发方向，方向确定后再启动课题研究。

第四，把具有核心竞争力的知识产权加重保护。不轻易将核心专利许可他人使用，不披露关键技术。

第五，发现其他企业侵权行为时，及时通过法律途径索赔、止损。

第六，加强高新技术领域技术研发，抢占制高点，获取丰厚利润；企业充分利用好自主知识产权的财产属性。

第七，实行企业优势互补、强强联合，加快实现重大技术突破，把握未来趋势，争取前瞻性市场垄断。

第八，把企业知识产权战略上升到国家战略，发挥国家的导向与引导作用。国家适时把企业重要知识产权纳入国家技术标准、融入国际技术标准，把技术优势转化为产品优势甚至是产业优势，形成垄断地位并巩固之。

第三节 我国企业知识产权战略实施对策

我国企业知识产权战略有许多需要解决的问题，这些问题影响了企业知识产权战略的实施。我们应认真对待，积极采取有效举措。

一、增强知识产权战略意识，完善知识产权制度

知识产权对企业的发展十分重要，企业必须提高知识产权战略意识。首先，

要从思想认识上高度重视；其次，要在企业内部上上下下形成浓厚的重视知识产权的文化氛围。对于知识产权，必须在其获得、使用、管理、争议处理、保护等各方面，建立相对严格规范的法律制度，这样才能使知识产权战略的实施更加有效。

二、建立专门的知识产权管理部门，不断提升人员专业性

企业必须建立专门的知识产权管理部门，专门负责企业知识产权整体管理工作。只有如此，知识产权管理工作才能专业化、规范化、制度化。企业必须聘任专业人才，并加强对这些管理人员与研发人员的教育培训，使他们清楚地了解本行业国内外知识产权现状，熟悉知识产权相关法律法规。

三、大力提升品牌意识，坚定实施品牌战略

企业必须转变观念，以产品的知识产权技术含量优势来获取较大的竞争优势，以过硬的知识产权水平与技术含量，打造高品质的产品，以高品质的产品，塑造良好的品牌内涵、知名度与美誉度，从而持续保持较大的竞争优势，获取合理、稳定的经营利润。

四、不断获取核心专利技术，抢占技术制高点

企业必须不断获取更多的核心技术，抢占国际产业分工中的有利位置。为此，企业必须切实加大科研投入，完善研发机制，提升技术创新能力与产品转化能力，在“高、精、专、特”上狠下功夫，持续不断地运用新技术、制造新产品，这样才能保持绝对的竞争优势。对于一段时间内，我们无法自主研发的核心专利技术，可以考虑通过引进、消化、吸收、再创新，以取得核心专利技术，也可通过跨国并购来获取核心技术。总之，必须抢占技术制高点。

结　语

在社会主义市场经济的当下，企业知识产权已成为企业非常重要的生产要素，它决定了企业的核心竞争力与竞争优势。企业获取与运用知识产权的能力决定了企业发展的可持续性。企业知识产权优势的发挥，需要处理好自主获得与引进、消化、吸收、创新的关系。企业充分运用法律手段保护创新成果，制定并有效实施知识产权战略，将拥有知识产权的创新成果转化为市场竞争优势。企业通过构建知识产权优势从而形成核心竞争力，最终赢得市场竞争优势。

总之，企业知识产权战略是企业整体战略的重要组成部分，是企业获取核心竞争力的关键。

参考文献

[1] 黑格尔．法哲学原理［M］．北京：商务出版社，1961.

[2] 吴汉东．知识产权基本问题研究［M］．北京：中国人民大学出版社，2005.

[3] 李琛．论知识产权法的体系化［M］．北京：北京大学出版社，2005.

[4] 刘春田．知识产权法教程［M］．北京：中国人民大学出版社，1995.

[5]［英］洛克．政府论［M］．叶启芳，瞿菊农译．北京：商务印书馆，1996.

[6] 郑成思．知识产权法［M］．北京：法律出版社，2003.

[7] 李琛．知识产权关键词［M］．北京：法律出版社，2006.

[8] 张楚．知识产权法［M］．北京：高等教育出版社，2010.

[9] 曲三强．现代知识产权法［M］．北京：北京大学出版社，2009.

[10] 冯晓青．知识产权法［M］．北京：中国政法大学出版社，2010（9）．

[11] 张玉敏．知识产权的概念和法律特征［J］．现代法学，2001（5）．

[12] 吴汉东．知识产权法［M］．北京：法律出版社，2014（2）．

[13] 杨天红，马晶．浅议思想和表达二分法［J］．法制与社会，2009（6）．

[14] 刘春茂．知识产权［M］．北京：中国人民公安大学出版社，1997.

[15] 李琛．论知识产权法的体系化［M］．北京：北京大学出版社，2005（3）．

[16] 曹新明．中国知识产权法典化研究［M］．北京：中国政法大学出版社，2005.

[17] 沈达明．知识产权法［M］．北京：对外经济贸易大学出版社，1998.

[18] 冯晓青．著作权法中思想与表达二分法原则探析［J］．湖南文理学院学报（社会科学版），2008（1）．

[19] 郭禾．知识产权法案例分析［M］．北京：中国人民大学出版社，2000.

[20] 史文清，梅慎实．著作权诸问题研究［M］．上海：复旦大学出版社，1992.

[21] ［德］M. 雷炳德著．著作权法［M］．张恩民译．北京：法律出版社，2005.

[22] 丁丽瑛．知识产权法［M］．厦门：厦门大学出版社，2007.

[23] 王迁．知识产权法教程［M］．北京：中国人民大学出版社，2011（8）．

[24] 张鲁民．著作权审判实务与案例［M］．北京：中国方正出版社，2001.

[25] 郑成思．版权法［M］．北京：中国人民大学出版社，1997.

[26] 马克·戴维生、王源扩．计算机网络通讯与美国版权法的新动向［J］．外国法译评，1996（1）．

[27] ［西］德利娅．利普希克．著作权与邻接权［M］. 北京：中国对外翻译出版公司，2000.

[28] 刘春田．知识产权法案例分析［C］．北京：高等教育出版社，2007.

[29] 李扬．数据库法律保护研究［M］．北京：中国政法大学出版社，2004.

[30] 薛红．网络时代的知识产权法［M］．北京：法律出版社，2001.

[31] 韦之．知识产权论［M］．北京：知识产权出版社，2002.

[32] 王迁．论著作权法发行中的界定——兼评全国首宗 BT 犯罪案［J］．华东政法学院学报，2006（3）．

[33] 孙新强．美国版权法［M］．于改之译．北京：中国人民大学出版社，2002.

[34] ［日］中山信弘．数字时代著作权法的变化［J］．外国法评译，1995（2）．

[35] ［美］朱莉·E. 科恩．全球信息化经济中的版权法［M］．北京：中信出版社，2003.

[36] 吴汉东．著作权合理使用制度研究［M］．北京：中国政法大学出版社，1996.

[37] 金勇军．知识产权原理［M］．北京：中国政法大学出版社，2002.

[38] 张玉瑞．互联网上的知识产权——诉讼与法律［M］. 北京：人民法院出版社，2000.

[39] 汤宗舜．著作权原理［M］．北京：知识产权出版社，2005.

[40] 刘白驹．社会科学的著作权问题［M］．北京：社会科学文献出版社，1996.

[41] 李明德．欧盟知识产权法［M]. 北京：法律出版社，2010.

[42]［美］威廉·M. 兰德斯，理查德·A. 波斯纳著．知识产权法的经济结构［M］．金海军译．北京：北京大学出版社，2005.

[43]［美］罗伯特·考特，托马斯·尤伦．法和经济学［M］．张军等译．上海：上海三联书店，1991.

[44] 李扬．网络知识产权法［M]. 长沙：湖南大学出版社，2002.

[45] 李明德．美国知识产权法［M]. 北京：法律出版社，2003（10）.

[46] 熊琦．论著作权合理使用制度的适用范围［J］．法学家，2011（1）.

[47] 吴汉东等．西方诸国著作权制度研究［M］．北京：中国政法大学出版社，1998.

[48] 吴汉东主编．中国知识产权制度评价与立法建议［C］．北京：知识产权出版社，2008.

[49] 李雨峰，王迁，刘有东．著作权法［M］．厦门：厦门大学出版社，2006.

[50]［美］保罗·戈尔斯坦著．国际版权原则、法律与惯例［M］．王文娟译．北京：中国劳动社会保障出版社，2003.

[51]［法］克洛德·科隆贝．世界各国著作权和邻接权的基本原则［R］．上海：上海外国教育出版社，1995.

[52] 孙羽，宋子良．从洪仁玕到《振兴工艺给奖章程》——中国曲折发展的专利制度［M］．自然辩证法通讯，1998（2）.

[53] 冯晓青，刘友华．专利法［M］．北京：法律出版社，2010.

[54] 汤宗舜．专利法教程［M］．北京：法律出版社，2003.

[55] 专利审查指南［Z]，2010.

[56] 袁曙宏．商标法与商标法实施条例修改条文释义［M］．北京：中国法制出版社，2014.

[57] 孙敏洁．商标保护与商业表达自由［M］．北京：知识产权出版社，2013.

[58] 刘期家．商标侵权认定法律问题研究［M］．北京：知识产权出版社，2014.

［59］刘维．商标权的救济基础研究［M］．北京：法律出版社，2016.

［60］刘华俊．商标权诉讼典型案例指引［M］．北京：知识产权出版社，2017.

［61］姜向阳，张艳冰．商标法律事务境界与百案评析［M］．北京：中国法制出版社，2017.

［62］杜颖．商标法［M］．北京：北京大学出版社，2014.

［63］黄晖．商标法［M］．北京：法律出版社，2004.

［64］冯晓青．知识产权法利益平衡理论［M］．北京：中国政法大学出版社，2006.

［65］文学．商标使用与商标保护研究［M］．北京：法律出版社，2008.

［66］孔祥俊．反不正当竞争法新论［M］．北京：人民法院出版社，2001.

［67］郭禾．知识产权法案例分析［M］．北京：中国人民大学出版社，2006.

［68］曹新明．中国知识产权战略研究［M］．北京：知识产权出版社，2010.

［69］郭禾．知识产权法案例分析［M］．北京：中国人民大学出版社，2000.

［70］崔立红．商标权及其私益扩张［M］．济南：山东人民出版社，2003.

［71］贾沙沙．前夕网络搜索引擎所涉及的商标权保护问题［J］．北京邮电大学学报，2010（6）．

［72］陈宗明．符号世界［M］．武汉：湖北人民出版社，2004.

［73］黄海峰．知识产权的话语与现实——版权、专利与商标史论［M］．北京：中国方正出版社，2001.

［74］李茂堂．商标新论［M］．台北：原照出版社，2006.

［75］高荣林．商标领域合理使用的检讨与重构［J］．中华商标，2011（2）．

［76］罗晓霞．论商标法的多元价值与核心价值——从商标权的行与禁说起［J］．知识产权，2010（2）．

［77］孟静，李潇湘．商标混淆可能性认定问题探析［J］．法学杂志，2011（04）．

［78］宋建宝．论商标权的本质及其异化［J］．知识产权，2011（1）．

［79］汤艳春．我国驰名商标反淡化保护立法研究［J］．长春理工大学学报，2011（2）．

［80］唐青林，黄民欣．商业秘密保护实务精解与百案评析［M］．北京：中国法制出版社，2011（3）．

[81] 张耕等 . 商业秘密法（第二版）[M] . 厦门：厦门大学出版社，2012.

[82] 张玉瑞 . 商业秘密法学 [M] . 北京：中国法制出版社，1999.

[83] 戴永盛著 . 商业秘密法比较研究 [M] . 上海：华东师范大学出版社，2005（1）.

[84] 沈强 . Trips 协议与商业秘密民事救济制度比较研究 [D] . 华东政法大学博士论文，2010（5）.

[85] 赵天红 . 商业秘密的刑事保护研究 [D] . 中国政法大学博士论文，2006（4）.

[86] [英] 霍布斯 . 利维坦 [M] . 黎思复、黎廷弼译 . 北京：商务印书馆，1985.

[87] 李昱晓、黄玉烨 . 我国餐饮特许经营企业的知识产权战略研究 [J] . 科技与法律，2010（1）.

[88] [法] 卢梭 . 社会契约论 [M] . 何兆武译 . 北京：商务印书馆 . 1982. 8.

[89] 费磊 . 茅台五粮液等将公开真酒供应量与销售渠道 [Z] . 新浪网，2012（3. 27）.

[90] 孔祥俊主编 . 商业秘密司法保护实务 [M] . 北京：中国法制出版社，2012.

[91] 沈强 . Trips 协议与商业秘密民事救济制度比较研究 [D] . 华东政法大学博士论文，2010（5）.

[92] 蒋红莲 . 商业秘密法律救济制度研究 [D] . 华东政法大学博士论文，2009（3）.

[93] 程合红 . 商事人格权论——人格权的经济利益内涵及其实现与保护 [M] . 北京：中国人民大学出版社，2002（10）.

[94] 郑成思 . 知识产权论 [M] . 北京：法律出版社，1998（5）.

[95] 王荣军 . 食品安全举报奖励　并非一奖了之 [Z] . 广西普法网 . 2015（12. 9）.

[96] 谭洁 . 美国《吹哨人保护法案》对我国食品安全监管的启示 [J] . 广西社会科学，2015（1）.

[97] 章柯 . "鹅肥肝"的秘密 [N] . 第一财经日报，2013. 3. 16.

[98] 黄欢 . 2015 年食品安全热点事件全回顾　专家权威解读 [E] . 中国经

济网.

[99] 胡笑红.12 热点仅 1 例食安事件 [N]. 京华时报, 2013. 1. 9.

[100] 徐晶卉."商业秘密"高于食品安全 [N]. 文汇报, 2011. 5. 25.

[101] 陈方."秘方"不是食品业滥用添加剂的盖头 [E]. 红网, 2015. 12.

[102] 杨洋, 焦阳, 聂雪梅, 贝君, 赵怡芳.2012 年欧盟 RASFF 通报各国输欧食品安全情况分析和对我进口食品安全监管的启示 [J]. 食品科技, 2014 (1).

[103] 鲁润芫, 孙增. 法经济学视角下我国食品安全信息披露制度研究 [J]. 中国外资, 2014 (1).

[104] 隋洪明. 论食品安全风险预防法律制度的构建 [J]. 法学论坛, 2013 (3).

[105] 高秦伟, 谢寄博. 论食品安全规制中的企业主体责任——以日韩食品安全监督员为例. 科技与法律 [J].2014 (1): 26.

[106] 洛里安·J. 安奈沃尔. 美国食品安全政策分析 [J]. 中国食物与营养, 2014 (20).

[107] 涂永前. 食品安全权及其法律构造 [J]. 科技与法律, 2014 (1).

[108] 韩肖, 严卫星. 食品安全风险交流要让老百姓听得懂 [E]. 中国经济网, 2015. 6. 10.

[109] 宁立标. 适足食物权及其法律保障研究 [D]. 吉林大学博士论文, 2010 (6).

[110] 张梅, 田卉.PBL 教学法在护理专业药理学双语教学中的应用与研究 [J]. 现代医药卫生, 2014 (5).

[111] 丁伯平, 黄帧桧, 刘晓平.Seminar 教学法在肿瘤药理学课程中的应用 [J]. 中国医药科学, 2014 (12).

[112] 陈美. 如何在药理学教学中渗透道德教育 [J]. 教育教学研究, 2014 (21).

[113] 于伟凡. 浅谈情感教育在药理学课堂教学中的应用 [J]. 中国中医药现代远程教育, 2013 (9).

[114] Zack M H. Developing a knowledge strategy [J]. California Management Review. 1999 (41).

[115] Grant R M. Toward a knowledge-based theory of the firm [J]. Strategic

Management Journal ，1996（17）.

［116］颜建军，游达明．基于知识的企业竞争优势的形成［J］．管理现代化，2008（1）.

［117］曹建明．和谐司法视野下民俗习惯的运用（N）．人民法院报，2007. 8. 30.

［118］宋世勇．完善的企业思想教育体系：知识管理成功的根基［J］．产品创新管理国际会议论文集．武汉理工大学出版社，2008（10）.

［119］杨立新．天圆地方之说的启示［N］．检察日报，2002. 8. 2.

［120］张莹，李拥军．从一桩案例分析我国餐饮企业知识产权的法律保护［J］．商场现代化，2007（12）.

［121］傅利英，于杨曜，张晓东．"老字号"企业技术创新及专利、商业秘密立体保护措施研究［J］．科技与法律，2010（1）.

［122］阎天．劳动者保守商业秘密的法定义务辨析［J］．北京社会科学，2016（1）.

［123］孙晓霞．从 Whyte 案看不可避免的披露规则与商业秘密保护的关系［J］．法制与社会，2013（5）.

［124］宋世勇．《〈中国商业秘密法〉基本原理与实务》，北京：中国社会出版社，2017.

［125］［美］德鲁克．后资本主义社会［M］，张星岩译．上海：上海译文出版社，1998.

［126］吴汉东．中国企业知识产权的战略框架［J］．法人，2008（1）.

［127］吴汉东．国家软实力建设中的知识产权问题研究［J］．知识产权，2011（1）.

［128］吴汉东．中国企业知识产权的战略框架［J］．法人，2008（1）.

［129］企业知识产权战略与工作实务编委会编著．企业知识产权战略与工作实务［M］．北京：经济科学出版社，2007.